新谷尚紀編

民俗伝承学の視点と方法

—新しい歴史学への招待—

吉川弘文館

はじめに

民俗学とは何か。それは、民俗伝承学である。民俗学が研究対象とする民俗とは伝承である。伝承とは一定の歴史的深度を有して伝えられてきているものである。したがって、民俗とは歴史の投影である。そのことを十分に認識しながら、民俗伝承の歴史的な変遷と、その変遷のなかにあっても根強い伝承力を有するものと、その両方の動態を明らかにするのが民俗伝承学である。そこには文献史学とは異なるもう一つの新しい歴史世界がひらけている。

本書は、平成二十二年（二〇一〇）三月まで約二〇年間、国立歴史民俗博物館に在籍して民俗学の研究に従事し、その後、平成三十年の現在までの九年間國學院大学で民俗学の専門教育に当たってきている編者を中心に、その指導のもとで育ってきている若手研究者の研究実践例を中心に紹介するものである。編者は、国立歴史民俗博物館での歴史学、考古学、民俗学、分析科学などとの学際協業による共同研究のなかから、『伊勢神宮と出雲大社』（講談社選書メチエ、二〇〇九年）、『伊勢神宮と三種の神器』（同、二〇一三年）、『氏神さまと鎮守さま』（同、二〇一七年）、『神道入門』（ちくま新書、二〇一八年）などの著作を通して、古代から現代につながる歴史事象を、古代、中世、近世、そして近現代へと、各時代の史資料と先行研究をもとに、あらためて通史的に読み解き俯瞰し構造的に位置づけて、新しい歴史世界を紹介してきた。なぜ、民俗学の立場から、そのようなダイナミックな歴史視界をもつことができたのか、と問うならば、そこには、「折口信夫が、すべての事実、事象、言語、いずれもその発生から伝承へという運動の中で、浮動と漂流を重ねていく、だからその動態研究には比較研究が有効なのだ」（『神道入門』あとがき）という、折口信夫の伝承分析論の視点への学びと継承があるからである。よりやさしく言うならば、歴史記録と民俗伝承の両方の情報群に対する冷静な比較研究という視点に立つことによって、変遷と伝承の両方の動態を解読していく、民俗伝承の分析方法が活用されているからだということができる。その編者が、この九年間、國學院大学で学部生や大学院生など若い人たちに向けて指導してきたその成果の一部がこの一冊である。ここに収録されている論文にはそれぞれ次のような特徴がある。

タイプ1—全国的な視野で伝承実態を見回しての比較研究　民俗調査の報告資料を収集整理して、全国的な伝承実態を把握しながらの比較研究と、それに併行して文献記録を参照して民俗伝承の変遷と伝承の動態を明らかにするものである。本書では、「鍛冶の神々とふいご祭りの民俗伝承」がその例である。ふいご祭りを全国比較の視点から分析し、変遷論の視点では、祭神の性格の歴史的変遷を、伝承論の視点ではふいご祭りに欠かせない供物としてのみかんの意味を明らかにしている。

タイプ2—個別の詳細な事例研究　具体的な民俗伝承の実例調査と、それに関連する文献記録を参照しての、民俗伝承の変遷と伝承の動態を明らかにするものである。本書では、「農業変化の中の壬生の花田植」がその例である。個別事例研究といえば、比較研究法に対置されるもう一つの民俗学の主流の研究法である。注目される点の一つは、農作業としての田植の基本には、その構成要素としていずれの場合にも「代掻き、苗取り・苗挿し、囃子、オナリ」の四つがあったという指摘であり、「壬生の花田植」という伝統行事にはそれらが近代以降に変遷してきた歴史情報の保存伝承装置としての機能があるという指摘である。

タイプ3—一定の地域的広がりの中での詳細な事例研究と比較研究の併用　一定の地域的広がりの中で複数の同類事例

が群集しながら伝承されている民俗伝承を対象として集中的に調査して分類し、それと併行して文献記録を参照して民俗伝承の変遷と伝承の動態を明らかにするものである。本書では、「宮崎県下の神楽の伝承と現在」と、「関東地方の屋敷神について」がその例である。前者では、これまで研究が少なかった旧薩摩藩領の高原町の神舞について、神徒と仏徒との区分を共通にしていた二地区の神舞の担い手の変遷、および演目構成の変遷から、この民俗芸能の具体的な変遷と伝承の動態を明らかにしている。後者では、柳田國男による村氏神、屋敷氏神、一門氏神という三分類の影響下で、これまで屋敷神についての実証性のない議論の中にあった研究史を批判し反省して、埼玉県東松山市、東京都東久留米市、埼玉県和光市、栃木県真岡市の、一定地域の家ごとの事例の悉皆調査をもとに、ウジガミとイナリの二系統の分布が確認できること、その歴史的背景について、もともとウジガミであったのが、後にイナリの信仰が重なってきていることを論証している。

タイプ4―かつてさかんで現在は微妙になっている民俗事象についての研究　現在では微妙な展開をみせている民俗伝承の、しかしその根強い伝承世界についての追跡整理を試みるもの、本書では、「疱瘡絵をめぐる民俗伝承」がそれである。かつて恐れられていた疱瘡をめぐって、見舞いに赤絵が贈られるなどさまざまな疱瘡除けの習俗が伝承されていたが、赤絵の題材と添えられた文章の解読から、人びとが疱瘡の症状と治療法を理解したうえでの対応を行なっていたことを明らかにしている。

これらのほか、北海道の葬儀の伝承と近年の変化について、全国調査の資料データとの比較の視点を活かしての比較研究（「北海道の葬儀の変化」）、七夕の人形という注目される民俗伝承についての各地の情報整理と、それに対する比較研究の視点からの分析の試論（「七夕の人形」）、である。

これまで民俗学の個別分析法に慣れ親しんできた人たちにとって、比較研究法への取り組みは新しい挑戦であろう。

しかし、民俗調査の現場体験を積んでいる多くの研究者が感じていることであろうが、ただ一つの事例だけではわからないことが、広く近隣や各地の同類事例を調査観察することによって新たに見えてくる視界があることは確かである。これまでに個別調査事例が各地で十分に蓄積されている今、あらためて比較研究法へと舵をきってみたら、新しい発見と成果が得られるにちがいない。

本書が、民俗伝承学という歴史世界を動態的に明らかにしていく、柳田や折口以来の独創的な学問の開拓に、正面から向き合っていく次世代の若き研究者のための一つの布石となることを期待したい。

平成三十年九月

関沢まゆみ

目次

あとがき

第一部　民俗伝承学とは何か

民俗伝承学の視点と方法

新谷尚紀

一　日本民俗学は民俗伝承学である

1　柳田國男による創生と折口信夫の理解協力

（1）日本民俗学は民俗伝承学

民俗学への誤解を解く　日本民俗学は残念ながらまだ誤解の中にある。その三つの以下のような誤解を、いま解いておく必要がある。

⑴民俗学はふつうフォークロア folklore と呼ばれ、日本民俗学会も The folklore society of Japan と名乗ってしまっている。folklore という英語が民俗学という日本語に翻訳されて流通してきたことは事実である。しかし、folklore という学問は、いま西欧中心の学術世界ではその独自性を認められて存在してはいない。日本民俗学はそのような folklore の翻訳学問ではない。その学問的な独自性からいえば、民俗伝承学 The Study of traditions である。安易に folklore と名乗って国際的に学際的に誤解を招いてはならない。

(2)柳田國男が折口信夫の理解と協力を得ながら創生した日本の民俗学が十分には理解されずに、その基本的な視点と方法であった方言周圏論や重出立証法などといわれる比較研究法が、戦後の大学教育の中で誤解の中に全否定されていった歴史をもっている。その柳田の方法論を否定したもう一つの民俗学は自らの学術的独創性を示す存在証明が十分にできないままの現状にある。

(3)一九八〇年代以降の柳田を否定した世代が大学の民俗学の教育の場に立ったことによって、その指導と影響のもとで、民俗学が伝承分析の学問であるという基本を理解できていない世代が育ち、その新たな世代がまた民俗学を名乗りながら活動するという現状が起きてきている。その研究活動の特徴は、文化人類学や社会学の模倣と追随そして亜流というような懸念される傾向の中にある。

民間伝承 traditions populaires の学　日本民俗学への最大の誤解の(1)について、まず説明しておこう。柳田國男が折口信夫の理解と協力を得て創生したのが日本の民俗学である。それはイギリスのフォークロアやドイツのフォルクスクンデの翻訳学問などではなく、もちろん文化人類学の一分野でもない[1]。それは日本民俗学の創生史を追跡してみれば明らかである[2]。文化人類学のアンチテーゼが西洋哲学であるのに対して、柳田の創始した日本民俗学のアンチテーゼは文献史学である。それは東京帝国大学を窓口として輸入された近代西欧科学の中には存在しない日本創生の学問である。だから「官の学問」ではなく「野の学問」だといわれるのである。それだけに、近代科学の中では理解されにくく誤解に満ちているのが現状である。しかし、文献記録からだけでは明らかにならない膨大な歴史事実が存在する、その解明のためには民俗伝承を有力な歴史情報として調査蒐集し分析する必要があるという柳田の主張は独創的であった。その柳田は、イギリスの社会人類学やフランスの社会学に学びながらそれとともに日本近世の本居宣長たちの学問をも参考にして、フランス語のトラディシオン・ポピュレール traditions populaires を民間伝承と翻訳して、自らの学問を「民間伝承の学」と称した。折口信夫はそれをよく理解し「民間伝承学」と呼んでいる。(3) それを継承する私たちの研究姿勢をいまあらためて名乗るなら、traditions populaires から一歩進んで、*traditionologie* culturelle 伝承文化分析学、英語では cultural *traditionology* と名乗るべき学問である。より簡潔に学際的かつ国際的に名乗るならば、*traditionology* トラディショノロジー、伝承分析学という名の学問である。traditions 伝承を研究する学問である。現在の英語でいえば、the study of traditions である。このフランス語の *traditionologie* も英語の *traditionology* もかつて一度使われようとした語ではあったが、西欧近代科学の中では学問として創生されることはなかった。(4) それを学問として完成させていったのが柳田であり、折口だったのである。

折口信夫は國學院大学の臨時講師となる大正八年（一九一九）（三十三歳）よりも早く、すでに大正五年から学内に郷土研究会を作って学生たちを指導していた。教授に就任するのは大正十年、三十五歳のときである。その折口の長年の努力によって、大学部国文学科に必修科目として、民俗学の講座が開講されたのは、昭和十五年（一九四〇）四月のことであった。折口信夫の「民間伝承学講義」(5) は、大正九年末から翌十年にかけて行なわれた郷土研究会での特別講義を記録化したものであるが、そこでは民俗学を民間伝承学と名乗っていた。なぜなら、それは柳田國男が創生した民間伝承の学問こそが自分が学び学生に教えるべき学問であり、それが世間で一般的にいわれている民俗学に通じるものだと考えていたからである。しかし、昭和十二年から翌十三年の「民俗学への導き」(6) では、「民間伝承学は完全な語ではあるが、長すぎるのと、いろいろな語があると混乱するので、これからは民俗学という名称を使いたい」と述べている。それは、めざす学問の理念と文部省や学術世界の現実との間での苦心の調整による名乗りの選択であった。このような理念と現実の中での苦心の調整は、のち昭和二十四年の民間伝承の会から日本民俗学会への名称変更のさいの柳田への折口の緊迫した説得の中にもみられる。(7)

名乗りと内実の矛盾　柳田が苦心の末にみずからの民間伝承の学を創生していく前から、イギリスやドイツから、フォークロア民俗学、フォルクスクンデ民俗学という名乗りが、明治期後半から流通してしまっていたのが現実であった。(8) 柳田が創生していった民俗学はそのフォークロアの翻訳学問ではないにもかかわらず、適切な呼称が準備される前にその類似の呼称フォークロアが流通してしまっていたのである。それがその後もいわば上書き保存をくりかえしてしまっている。そのような、名乗りと内実との矛盾、という問題が、実はこの柳田創生の日本民俗学、民俗伝承学という学問には、その創生の当初からつきまとっていたということが問題なのである。それこそが、今日まで問題を複雑化させている原因なのである。その点はいま日本民俗学、民俗伝承学の学史の上で再確認され、知識共有される必要がある。そして、それをふまえて、これからはあらためて柳田が創生した日本民俗学は伝承を研究する学問である、民俗伝承学 *traditionology*：the study of traditions である、という名乗りを発信し、それとともにこの学問の独創性という内実を、その視点と方法と具体的な研究成果という見えるかたちで発信していくことが必要なのである。

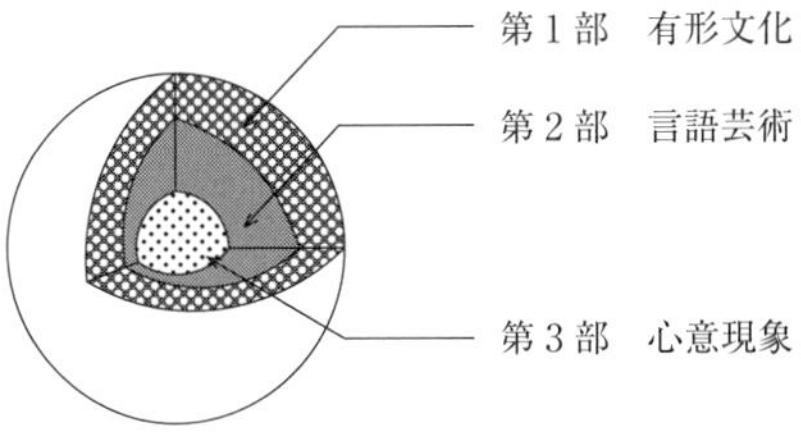

図１　柳田國男の民俗の三部分類（三層分類）

transition（変遷）と tradition（伝承）　日本民俗学がその対象とする、伝承とは tradition であり過去から現在への運動 movement である。だから、伝承の研究は過去を対象としつつも現在をも対象とする。そして、その中間の長い歴史の変遷の過程をもちろんその対象とする。したがって、日本民俗学、民俗伝承学の特徴は、文献記録を中心とする歴史学の成果はもとより遺物資料を解読する考古学の成果にも学びつつ、それらの研究現場にも学際的に参加しながら、自らの研究対象分野としての民俗伝承を中心として、伝承的な歴史事象を通史的に総合的に研究することをめざす点にある。その日本民俗学、伝承分析

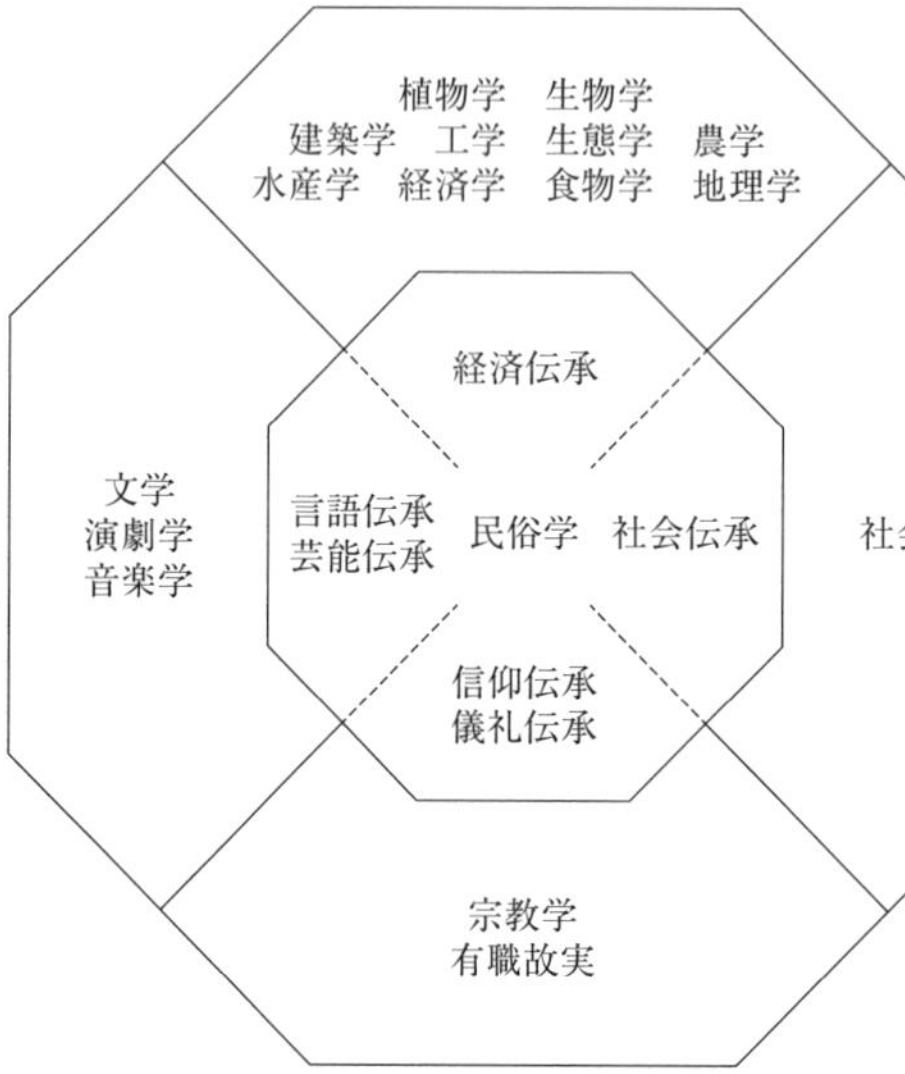

図2　民俗学の研究分野と隣接科学

学は必然的に「変遷論」と「伝承論」という二つの側面をもつのが特徴である。transition（変遷）とtradition（伝承）の両者に注目するのである。その「伝承論」には、広義の「伝承論」と狭義の「伝承論」とがある。広義の「伝承論」は狭義の「伝承論」と「変遷論」との二つを含むものである。狭義の「伝承論」は継承論の意味だと考えられやすいが、その継承論という語はあえて使わない。なぜなら、継承論では伝承という運動の中の取捨選択をめぐる複雑な力学関係という動態論的な重要な問題への意味が失われてしまうからである。

　次に、冒頭の(2)の問題点についてである。民俗伝承学の基本的な方法は、日本各地の民俗伝承を歴史情報として読み解こうとする比較研究法である。変遷論の視点から明らかにしようとするのは、地域差や階層差などを含めた立体的な生活文化変遷史である。たとえば、柳田は小児の命名力に注目しながらデンデンムシの名前にはカタツムリよりも前の呼称があり、それはナメクジであったことを明らかにしている〔柳田　一九三〇〕。方言の伝播と変遷の問題以外にも、一般庶民の結婚の習俗が各地で通い式から嫁入り式へという変遷があったことを論じている〔柳田　一九二九〕。一方、伝承論の視点から明らかにしようとするのは、長い歴史の変化の中にも伝えられ続けている、変わりにくいしくみ、伝承を支えているメカニズム、であり、それを表わす分析概念の抽出である。たとえば、ハレとケ、依代、まれびと、などが柳田や折口の抽出した分析概念であった。

（2）柳田の比較研究法への折口の理解の深さ

柳田と折口のちがい　柳田國男と折口信夫の最初の出会いは大正四年の『郷土研究』誌上の三巻一号と二号の「柱松考」と「髯籠の話」という二つの論文でのことであった。しっかりと手間をかけて数多くの関連資料を集め総合的に情報を整理しながら分類比較をして、多様な民俗伝承の中にも通貫する分析概念の発見をめざすと同時に、むしろそれら多様な民俗伝承の差異の中に生活変遷の段階差、その跡を追跡しようとしていたのが柳田であった。それに対して、多様な民俗伝承の中に重要な共通点を鋭敏な感覚で見つけ出して明晰な分析概念を抽出するのが折口であった。この二人の学問姿勢の根本的な共通点と相違点とはすでにその二つの論文の中でも明らかであった[9]。そうして、依代、常世、まれびと、予祝、もどき、外来魂などさまざまな民俗学の貴重で明晰な分析概念を発見していった折口であったが、そんな折口がむしろ柳田のまわりくどいほどの民俗伝承の資料情報蒐集と分類比較研究という視点と方法とを、もっともよく理解していたことは、折口の文章をていねいに読めばすぐにわかる。

折口の柳田理解　たとえば、昭和四年の「民俗学学習の基礎[10]」では、「民俗学では（中略）我々の**断片的な知識を継ぎ合はせて元の姿を見る事が出来る**のである。民俗学はかういふ点でも少し歴史と変わっている」といい、学生たちに次のように教えている。「**材料は多く集めなければならぬ**。多く集めると共に、その材料が学者の皮肉の間にしみこんでゐなければならぬ。何かの時に一つの戸を開ければ、それに関係ある事が連繫して出て来なければならぬ。それにはどうしても我々自身が体験し、実験して見なければならないのである。（中略）**断片をつなぎ合して一つの形を得る**のは、我々の実感・直感（実感・直感＝洞察力：筆者注）である。（中略）我々の学問はもっと大きくならねばならぬ。次に材料を訪ね探すこと、採訪が疎かにされ勝ちであるがこれはいかぬ。実感を深くとり入れてないと、連繫的な物に逢っても、本道な感じが浮いて来ぬことになる。これでは駄目である。それには**自分の歩いて採訪するの**

が本道であって、一番貴いのである。それが出来ない時には本から材料をかあどに記入しておくのであるが、書物には、著者の観察の違ふものがあったり、色々と欠点があるから、かあどを取るための本は**良い本でなければならぬ**。（中略）採訪とかあどと、この二つはどうしてもやらねばならないことである」。

昭和十年の「民俗研究の意義[11]」でも、「我々の用ゐた郷土研究は、**歴史をもって考へ切れないものを、各地に残存しているもの、比較によって究めようとする**のである」と述べており、結婚式と三々九度の話題から献盃というのはもともと服従を誓うしるしであったが、「此れには、僅かながら歴史的文献もあり、**文献以外にも、飛び飛びに残ってゐるものによって有力に証明できる**」と述べている（太字は筆者、以下同じ）。

民俗伝承は生活の古典　昭和九年の「生活の古典としての民俗[12]」でも折口は、「とにかく、我々の生活には、過去において意義のあったものと、将来に向って意義のあるものとの二通りがあるので、前者の固定したものが民俗として残ってゐるのであるが、其中に全然力を失うたものと、まだ幾らか力を持ってゐるものと、いろいろな段階がある訣だ」と述べて、民俗の変遷についてさまざまな段階差が生活伝承の中に残っていることに注意するということの大切さを指摘している。そして、それに続いて次のような記述がある。

「更に、此れに関連して考へられる事は、偶然或地方に残った事から、其が、元は一般に行はれた事であらうと、たった一つの事に普遍性を認める事が出来る場合のある事だ。即、或地方の古典（古典＝民俗：筆者注）として残ったもので、其地方にだけしか見られない事でも、其に似た事が過去にもあって、此の二つに繋がりがあるとしたら、其は曾て一般に行はれた事だと認めていい様だ。勿論、其には、理會力が必要である。理會力は出し過ぎてはいけず、観察は常に鋭くなければならないのである。一例を挙げると、信州・三州の山間には、今でも、しゃちといふ語が残ってゐる。猟師の鉄砲弾丸の中にあるもので、最後の一つに残ると信じられ、其を射ってしまふとしゃちを失ふ事になるので、必、其一つを残す。しゃちをつなぐと言うてゐる。此は、今では鉄砲弾丸にあると言はれてゐるが、必、弓矢の頃からあったものに相違ない。其頃には、弓矢のどの部分にあったかは訣らないが、とにかく、弓矢なら古代へも続く訣で、其時代にまで持って行くと、此意義が訣る。古事記に、海幸彦・山幸彦の話があるが、此は、幸の字をあてた為に訣らなくなってしまうたのであるが、万葉集には既に得物矢《サツヤ》があてられてゐる。即、ものを得る事・獲物をする事に関係のある語で、猟をする威力の根源がさち・さつであった。古代には、此威力を持った者が社会で力ある人だったので、山の獲物をする威力を持った人が山幸彦、海の獲物をする威力を持った人が海幸彦であったのだ。元は、體に入る――外来魂の密著――と感じたのであるが、其が弓矢にも著くと信じた。其外来魂が、さち・さつで、それのついた矢がさつや・さちやであったのだ。其が鉄砲にまで伝ったのである。此様に、今では理会の及ばない信仰となって残ったしやちが、実は、大昔の海幸・山幸にまで繋がってゐるのである。たった一つの例ではあるが、此比較研究はなり立つと思ふ。**民俗学では、採訪と研究とが一つなのである。**論理でつながるか否か、其を判断するものは、採訪の際に得た実感（実感＝洞察力：筆者注）である。即、単なる知識として受け入れるのでなく、自己の生活の内容にまでするのが実感である。同時に、**比較の材料が豊富でなければならない。**其には、読書万巻が必要だといふ事にもなるのである」。

比較研究法の有効性とその解読力　ここで注目されるのは、第一に、折口が、柳田に学ぶ比較研究法の有効性とその解読力について驚くほどよく理解していたということである。そして第二には、その一例として、しゃち・さち・さつという語の深い意味世界についての折口ならではの鋭い洞察力である。猟をする威力の根源が、さち・さつであり、その猟の威力と獲物の獲得とが外来魂の密著であり、その體に入る外来魂が、さち・さつである、というのである。そのさち・さつに、『古事記』では「幸」の漢字があてられているが、『万葉集』では「得物矢《サツヤ》」の漢字が充てられている。

大夫《ますらを》の　得物矢《さつや》手挿《たばさ》み　立ち向ひ　射《い》る圓方《まとかた》は　見るに清潔《さやけ》し　（巻一：六一）[13]

このようなさち・さつの古語の意味するところからすれば、幸《さち》とは自然の恵みを獲得する威力であり、それを体内化していく生命力である、ということになる。折口のこのような視界から想定するならば、現代人の口にもしばしばのぼる幸運であれ、とか幸福であれ、という意味の応援の言葉、「幸あれ」という言葉のもとの意味とは、人間の生活を豊かにしてくれる自然界の山の幸や海の幸を獲る霊威力のことであり、それを生命力としていく力のことであったと考えられるのである。

2　戦後世代の理解不足と誤解と否定

（1）柳田への理解不足の戦後民俗学

柳田の民俗学を理解継承できなかった『日本民俗学大系』では次に、冒頭で指摘した(1)と(2)のような憂えるべき現状がなぜもたらされたのか、その原因について説明していく。残念ながら、柳田國男の提唱した日本民俗学の視点と方法は、折口信夫を除いてほとんどの研究者に理解されていなかったようである。なぜなら柳田の民俗学を学んだ研究者のすべてが西欧発信の近代科学の思考方法とそのアカデミック・トレーニングを受けた人物ばかりだったからである。つまり、近代西欧科学の思考枠組みの中でしか、柳田の民俗学を理解しようとしなかった、いやできなかった人物ばかりだったからである。柳田の民俗学が日本創生の学問であるだけにその独創性への理解が十分ではなかったのである。そして、むしろ柳田の強い個性への反発感とその学問に対する無理解の上での反発感が強くあったというのが当時の状況であった[14]。昭和三十三年に刊行が開始された『日本民俗学大系』全一三巻〔平凡社　一九五八〜六〇〕は、主要な民俗学関係者の編集と執筆になるもので当時の日本民俗学の研究水準をよく示すものであったが、編集の推進は、柳田の学問への理解が十分でない民族学の岡正雄たちが当たっており[15]、執筆者のほとんどはその専門が民族学・文化人類学、社会学、歴史学、宗教学などで、柳田門下の研究者の場合であってもまだ柳田の学問の独創性への理解が十分ではなかったため、そこに収載された諸論文からは柳田の学問の独創性やそれに対する折口の深い理解と洞察に学ぶという姿勢をうかがうことはできない[16]。

(2) 柳田の方法論の否定

柳田・折口・渋沢を学ばないままの大学教育　戦後の日本民俗学の構築が、大学アカデミズムの中で試みられた場所の一つが、和歌森太郎を中心とする東京教育大学文学部に設けられた新たな講座「史学方法論教室」であった[17]。しかし、そこでは柳田國男の方法論が正確に教授されたとは言いがたく、また折口信夫や渋沢敬三についてはまったく教授されなかったというのが実情であった[18]。

柳田を否定した民俗学　そして、その卒業生の中から柳田の方法論、つまり方言周圏論や重出立証法と呼ばれた民俗資料情報に対する比較研究法という方法に対して、それを理解できないまま、逆に全否定する主張が現われてきた。それが福田アジオ「民俗学における比較の役割」、「民俗学にとって何が明晰か」、「柳田国男の方法と地方史研究」という昭和四十九年の三本の論文からであった[19]。柳田の方法論を否定したその福田が主張したのは、地域研究法とか個別分析法と呼ばれた方法であった[20]。では、その福田の学問実践とは何であったのか、その到達点がよく示されている著作が、たとえば『番と衆―日本社会の東と西―』である[21]。それは社会学や社会人類学の村落構造論や村落類型論の議論に、民俗学の立場から参加した論考であり、村落運営上の特質として、関東は「番」、関西は「衆」がその特徴であるとする論であった。しかし、それは四つの点で疑問のあるものであった。第一には、すでに先行して蓄積されていた社会学の議論や、民族学・社会人類学の議論[22]に対して、研究史的に対等に組み合える程度にまで磨き上げられたものではなかった[23]。第二には、関東の「番」、関西の「衆」という類型化による単純すぎる把握自体に疑問があった[24]。第三には、村落や民俗を類型的に把握する「型」の理論であること自体が、柳田が構想していた民俗の変遷論への視点が欠如した村落把握であった[25]。第四には、日本の歴史と文化をめぐる東西比較論であるが、それはすでに一九八〇年代初頭から流通していた比較論であり、民俗学では宮本常一〔宮本　一九八一〕、歴史学では網野善彦〔網野　一九八二〕が知られており、そこに新たな論として学術的に意味があるとは言いがたいものであった。

「周圏論との矛盾」という誤読　もう一つ、福田の柳田誤読が話題となったのが、『柳田国男の民俗学』〔福田　一九九二〕である。それはのちに、二〇〇一年から〇六年にかけての岩本通弥と福田アジオとの論争へと展開したものである[26]。福田は、同書一三〇～一三一頁で「周圏論との矛盾」という見出しで、次のように述べている。「柳田は両墓制という独特の墓制に霊肉分離の観念を見つけ、それが古くからのあり方を示しているとして、日本人の古くからの先祖観・先祖祭祀をあきらかにする重要な民俗とした。それをいうために柳田がぜひふれる必要があったのは両墓制の分布の問題であったはずである。彼の一般的な理解は、沖縄を最も古い姿と考えるように、日本の中央に分布するものは新しく、そこから東西南北に離れていくほどに古いものが残存しているという周圏論であった。ところが、両墓制の分布は不思議なことにその逆であった。両墓制は近畿地方に最も濃密な分布を見る。（中略）単純に周圏論を適用すれば、両墓制は非常に新しいものとなる、柳田はこのことにふれないまま両墓制を重要な根拠として日本人の霊魂観を説いている」。

柳田理解への再確認　それに対する岩本の批判は、柳田の民俗学は民俗の変遷論の視点に立つものであり、柳田は決して両墓制を古い習俗とはみなしておらず、福田の「周圏論との矛盾」という見出しと内容は明らかに誤読であると指摘した。その後、両者の直接の議論の場が設けられたが[27]、そこでは福田によって前言が翻されるなどして議論がなかなかかみあわなかった。そして、残念ながら肝心の両墓制の分布の問題もその解決への議論とは展開しなかった。そこで、あらためて両者の議論を整理するとともに、両墓制の分布の意味を歴史的に説明したのが関沢まゆみであった〔関沢 二〇一三〕。関沢はそれまでの研究史を整理しながら、両墓制とは十世紀以降の摂関貴族の社会で形成された独特の触穢思想の影響という歴史的背景を背負った墓制であり、それゆえにこそ近畿地方一帯に濃密に分布しているのだという結論を提示した。つまり、両墓制はむしろ歴史的に新しい事象であり、その近畿地方を中心とする分布は柳田の周圏論に合致するものであり、柳田の説いた比較研究法の有効性を理解し、それにさらに研磨を続ける必要があると提唱した。そしてその一方で、宮田登や福田アジオが提唱した地域社会や個別事例の詳細な調査分析の意義も評価し、それと併用するという方法が有効であると提案した。

二 日本民俗学の継承と発展

1 柳田に学ぶ実践

(1) 両墓制と比較研究法

筆者の大学院での研究テーマは、民俗学が発掘したテーマでありながら、概念規定が不統一なままに研究が混迷していた、その両墓制についてであった。研究に取り組む方法としては、第一に、柳田が提唱し最上孝敬[28]が実践していたように、できるだけ数多くの具体的な事例情報を現地調査で直接確認しその整理と比較分析を行なうこと、第二に、現地調査と並行して図書館閲覧で研究史を正確に整理すること、第三に、歴史上の文献記録も資料情報として活用すること、とした。当時、一九七〇年代とは、前述の東京教育大学を中心に柳田の視点と方法であった方言周圏論や重出立証法が強く否定され、個別地域のインテンシヴな民俗誌的調査こそが民俗学の正統な方法であるという主張が支配的な時代であった。両墓制にテーマを定めて数多くの村落を調査して歩き回るという方法は孤独な選択であった。しかし、迷いはなかった。その成果はなかなか実を結ばなかったが、平成三年（一九九一）にようやく『両墓制と他界観』として刊行することができた〔新谷　一九九一〕。

その両墓制の研究では、比較研究法の活用が有効であり、それこそ不可欠であった。なぜなら、両墓制の分布は近畿地方に濃密で、そこから東西南北へと離れると単墓制が一般的であり、それぞれの個別事例の調査だけでは両者の関係もその意味も解けないからであった。できるだけ数多くの事例情報を蒐集し整理して比較分析するのがもっとも適切な方法だったからである。それまでの民俗学の解釈では、両墓制は死穢忌避と霊肉別留の観念を表わす古い習俗であり、単墓制はその古い死穢忌避と霊肉別留の観念が崩れてきてから現われた新しい習俗であると説明されていた。しかし、昭和五十一年（一九七六）時点での筆者の計一四六事例の現地調査から確認できたのは、まずは以下の、(1)と(2)であった〔新谷　一九七六〕。

(1)両墓制はたしかに近畿地方に濃密であり石塔を指標とする。その石塔は早いもので十六世紀末から十七世紀初めのもので、十七世紀後半から増加する。

(2)両墓制と単墓制は、時代的にどちらが古いか新しいかの差ではなく、旧来の埋葬墓地に対して新しい石塔という要素の付着の仕方によって分かれた変化形であり、それは四つのタイプに分類できる。のちに無石塔墓制を含めて五つのタイプに分類できることとなった。

そしてその後、筆者の調査事例にその他の民俗調査報告書類からの引用情報も加えて、近畿地方の両墓制事例における埋葬墓地の呼称について整理してみたところ、(3)のようにまとめることができた。

(3)分布圏の中央部にはミハカが、同心円状の周縁部にはサンマイがその呼称として伝えられていた〔新谷　一九七九〕。文献記録を参照すれば、サンマイは念仏三昧に由来する語で墓地の呼称とされている例もある。ミハカは文献記録にはみえない。民俗伝承の現場では、サンマイは事例によっては両墓制の埋葬墓地、火葬の事例では火葬場、単墓制の事例でも一部地域で埋葬墓地の、三者それぞれの呼称として用いられていた。しかし、ミハカは両墓制の事例でのみ埋葬墓地の呼称として用いられ、現地では身墓《みはか》、つまり、身体が埋められている墓と説明されていた。

そこで、時系列で整理してみれば、(4)のようにまとめることができる。

(4)サンマイは古く十世紀ごろから念仏三昧や常行三昧など仏教用語として使われた語であったが、それがやがて三昧聖など葬送墓制関係の語としても用いられ、墓地の呼称としても用いられるようになった。それは石塔普及以前、つまり両墓制の形成以前からのことであった。それに対して、ミハカは両墓制が形成されたのちに眼前の墓地の説明のための語として使われるようになった新しい呼称であった。

図3　両墓制の埋葬墓地（京都府旧綴喜郡田辺町打田）
昭和48年（1973）

（2）歴史記録と物質資料

また、両墓制の分布をめぐる問題では文献記録の参照が有効であることが確認された。先の埋葬墓地の呼称のサンマイについても、『横川首楞厳

表1　埼玉県新座市普光明寺墓地の石塔建立の変遷1

年代＼型式	五輪塔	宝篋印塔	無縫塔	舟型仏像碑 地蔵	如意輪観音	観音	阿弥陀	その他	丸彫仏像碑	板碑型	駒型	箱型	笠付角柱	角柱	その他	墓誌	灯籠	合計
元和7～寛永17（1621～1640）	5	1																6
寛永18～万治3（1641～1660）	2	2	1	2	1	1	1		1	5								16
寛文1～延宝8（1661～1680）	3	8		11	11	4	3	2		18		1		1				62
天和1～元禄13（1681～1700）			1	27	21	20	5	1	1	23		1	2					102
元禄14～享保5（1701～1720）	1		1	30	25	25	4	1	2	29	1	14	1	2				136
享保6～元文5（1721～1740）				22	18	6		1		29	2	33	5	9				125
寛保1～宝暦10（1741～1760）				13	15	5		1	1	7	5	61	3	6				117
宝暦11～安永9（1761～1780）			3	15	4	2	3			1	2	74	4	7				115
天明1～寛政12（1781～1800）			1	8	1							72	7	14				103
享和1～文政3（1801～1820）				2								57	4	17			2	82
文政4～天保11（1821～1840）			1	1					1			46	6	49			1	105
天保12～万延1（1841～1860）					1				1			19	2	44	2		2	71
文久1～明治13（1861～1880）									1			21		59	2			83
明治14～明治33（1881～1900）								1			1	5		56	5			68
明治34～大正9（1901～1920）								3				6		60	5			74
大正10～昭和15（1921～1940）								7			1	2		50	1	2		63
昭和16～昭和35（1941～1960）												3		46	6	5		60
昭和36～昭和55（1961～1980）	1													50	1	13		65
昭和56～（1981～）														5		2		7
不明		11		7	7	4	1	2	10		1	10	1	8	9	2		73
合計	12	22	8	138	104	67	17	19	18	112	13	425	35	483	31	24	5	1533

院二十五三昧式』（源信撰、永延二年〈九八八〉六月十五日付）、慶滋保胤『日本往生極楽記』、『百練抄』保元元年（一一五六）七月十四日条、『日蓮書状』（「妙法比丘尼御返事」）などにみえる「三昧」の記事が参考になった。近畿地方の農村に濃密な分布をみせる両墓制や宮座祭祀にみられる極端な死穢忌避の観念と習俗の、その背景を考える上では、歴史的に形成された特別な死穢忌避の観念を追跡する必要があった(29)。そこで、『続日本紀』などの国史、『類聚三代格』などの法制史料、『栄花物語』、『本朝文粋』（「浄妙寺願文」）などの文学作品、『小右記』などの古記録類等々の文献記録史料が知らせてくれている、平安時代の十世紀以降の摂関貴族の触穢思想の形成と展開に関する情報が参考になったのである(30)。

表2　埼玉県新座市普光明寺墓地の石塔建立の変遷

時期	型式	造立趣旨		
寛永期	五輪塔・宝篋印塔	菩提	種子	単記
元禄期	↓ 仏像碑・板碑型	↓	↓	↓ 二名連記
宝暦期	↓ 箱　型	霊位	↓	↓
天保期	↓ 角柱型	↓	家紋	↓
明治30年代	↓	↓	↓	先祖代々 ↓

また、文献記録以外にも具体的な墓地と石塔の精密情報は必要であり、比較研究法と併行して個別事例研究も重要であった。石塔の具体的な精密調査による裏付けが両墓制の形成との展開についての解明には必要不可欠である。一九八〇年代の調査では埼玉県下の新座市大和田の普光明寺境内の石塔墓地の事例調査が実現して、その墓地における石塔建立の歴史的展開を確認することができた。その後、二〇〇〇年代の調査では、奈良県下の旧都祁村吐山地区の一〇か所の墓地の事例調査が実現して、それにより集落としての埋葬墓地の共同的設営とそれぞれの家ごとの石塔の建立とが、近世から近代、現代に向かってどのように展開したのか、その中で両墓制と単墓制という概念がどれだけ有効であるのかを追跡整理することができた。そして、その二つの概念には研究史上これまで確かに意味があったが、それだけでは現実的に限界があるということ、したがって、それを相対化して新たな墓制の変遷と伝承のあり方をとらえる視点が必要である、

表3　奈良県旧山辺郡都祁村吐山の石塔建立の変遷（10年ごとの石塔の建立数の追跡整理）

							〔1600〕										〔1700〕				
	4	5	6	7	8	9		1	2	3	4	5	6	7	8	9		1	2	3	4
春　明　院	2		1	4	1			1	1		2		1	1	2	3	1		1	2	
ド　サ　カ			1							1		1	3	5	8	7	8	6	7	8	13
ムシロデン													1	1	1	1	4	1	3	5	5
仏　法　寺									1		1			1			5	1			2
地　蔵　院		1												1			1	3	3	1	1
コ　フ　ケ			1														1	1	3	1	1
草　尾　家												1	2		2			1			1
田 町 マ エ			1									1			1	1	4	2	2	2	3
田町インノウ																					
田町オクガイト																1					4
小　　計	2	1	4	4	1	0	0	1	2	1	3	3	7	9	14	13	24	15	19	19	30

						〔1800〕										〔1900〕					
	5	6	7	8	9		1	2	3	4	5	6	7	8	9		1	2	3	4	5
春　明　院		1	3		1		2	1	1	2					1		4			1	1
ド　サ　カ	7	12	9	4	6	7	5	9	8	6	9	8	8	10	15	10	17	10	13	12	5
ムシロデン	1	6	2	4	2	3	4	4	1	9	3	2	7	4	7	3	5	7	5	4	2
仏　法　寺	2	1	2	2			4	2	2	3	2	1	4	4	3	7	8	9	9	11	4
地　蔵　院	1		3	4	3	2	2	2	2	5	9	5	6	4	2	12	12	11	8	12	5
コ　フ　ケ	1	1			1			1								1					
草　尾　家	1		1	1								1	1		1	2	1	2	2	3	2
田 町 マ エ		4	4		2	1	2	1	1	2	1	2	1	3	3	1	3	6	6	3	
田町インノウ		1			1		1	1			1		1		1	3	1	1	2	4	
田町オクガイト	1		1	1					1		1		2	2	1	4	1	4	9	12	
小　　計	14	26	25	16	16	13	20	21	16	27	26	19	30	27	34	43	52	50	54	62	19

					〔2000〕			
	6	7	8	9		年記計	無年記計	総　計
春　明　院		1	1	1		44	33	77
ド　サ　カ	7	2	2	2		271	165	436
ムシロデン	4	2	2	5		121	35	156
仏　法　寺	2	3	3	1		100	47	147
地　蔵　院	5	7	6	5		144	26	170
コ　フ　ケ		1				14	86	100
草　尾　家		1		1		27	12	39
田 町 マ エ	1	4				68	67	135
田町インノウ	1	1	2	4		26		26
田町オクガイト	5	1	6	4		61		61
小　　計	25	23	22	23	0	876		1347

との結論を得た〔新谷　二〇〇四・二〇〇八〕。そして、二〇一〇年代の現在では、日本各地で公営火葬場の設営と利用が急速に進んできており、土葬が喪失し両墓制が終焉を迎えている中で、その変化の動態や旧来の墓地利用がどのように展開しているのかについての研究や、あらためて火葬の民俗史研究などが進められているのが現状である。(31)

2　道祖神信仰の変遷論と伝承論

民俗学が研究対象とする伝承 tradition は過去から現在への運動である。だから伝承分析学は変遷論 transition の視点と伝承論 tradition の視点との両方の視点に立つ。前者の変遷論の視点からは、地方差や階層差を含めた立体的な生活文化の変遷史が追跡される。後者の伝承論の視点からは、伝承を支えるメカニズムとそれを表わす分析概念が抽出される。いま、それを道祖神の例で要点をしぼって簡単に説明してみよう。

(1)　変遷論の視点

民俗学の比較研究法の基本は、その研究対象について、第一に民俗伝承、第二に文献記録、この両面からの情報蒐集を試みるところから始まる。まずは変遷論の視点から、その情報を整理してみる。

民俗伝承から　まず、民俗伝承からである。道祖神は、村や町などの集落の出入口の路傍に祀られる神という点にその特徴がある。呼称は事例ごとにさまざまである。もっとも注意されるのはその形状で、大別して、A木製や藁製の人形の道祖神、B石造の道祖神、の二つのタイプがある。これまでに調査蒐集されている情報から、表4にその分布の概要を示してみる（二三頁参照）。(32)

まず、Aタイプの伝承であるが、A1のタイプは村境に祀られている人形の道祖神、A2のタイプは小正月に祀ら

図４　〔事例１〕秋田県大館市雪沢字新沢のドンジンサマ

図５　〔事例２〕新潟県旧津川町大牧のショウキサマ

れる人形の道祖神である。Ａ１のタイプの分布は、青森県、秋田県、岩手県、福島県、新潟県、茨城県、千葉県の各県にわたり、山形県、栃木県、埼玉県の一部にもみられる。Ａ２のタイプの分布は、新潟県、長野県、群馬県、山梨県、東京都、神奈川県、静岡県と中部地方から関東西部に集中しているが、富山県、山形県、福島県、秋田県などにも少数ながらあり、広い範囲の分布がみられる。次に典型的な事例を示してみる。

事例１（図４）は、秋田県大館市雪沢字新沢のドンジンサマである。Ａ１のタイプで、木製人形の道祖神である。毎年、田植えの終わった旧暦六月一日（新暦七月初旬）に男女二体の木製の人形に朱を入れて顔をかきなおし、若者にかつがれて村境の小さな祠の中に祀られる。近くの小雪沢にも同じようなドンジンサマが祀られているが、それは文化四年（一八〇七）五月にこの地を訪れた菅江真澄の『雄賀良能多奇』に現在と同じようなものが挿図とともに記されている。

事例２（図５）は、新潟県旧津川町大牧のショウキサマである。Ａ１のタイプで、藁製人形の道祖神である。大牧の村はずれの山の中腹の小屋に安置されている。現在は社殿が造営されているが、

図6　〔事例3〕新潟県旧十日町市新水のドウラクジン

図7　長野県旧中里村小出の道祖神

時代により変化があった。場所は、明治三十五年（一九〇二）生まれの女性の目撃談ではもとは現在地の二股の楢の大木に縛り付けてあった。村の上下の二か所にあった。日時は、旧暦二月二日に作り替え八日に祀っていた。現在は新暦三月二日に作って祭りをしている。作るのはもとは六の坊と呼ばれる六戸であった。のち昭和五十年代半ばまでは四戸が当たっていた。しかし、近年は村の集会所に村人が大勢集まって作り替えている。

事例3（図6）は、新潟県旧十日町市新水のドウラクジンである。A2のタイプで、藁製人形の道祖神である。新水の鎮守社の境内に、毎年一月十五日の午前に作られる。そして、午後に焼却される。オンビロと呼ばれる五色の御幣を厄年の人が持参して焼却する。昭和三十年代までの昔の唱え言葉は、「ドウラクジンの馬鹿が、芋坂よばれて、あとで家を焼かれた」であった。村の家々から「ドウラクジンの人形」と呼ばれる木製人形（ミズキに紙の衣）を持参して一緒に焼いた。

この事例3のように藁人形の道祖神を焼く事例は、新潟県・長野県・神奈川県・東京都・福島県・山形県の一部へという一帯に伝承されている。それは、次にみる石像道祖神の密集地帯からみればその北方と東方の外縁部に当たる。

次に、Bタイプの伝承である。よく知られているのは、図7に見るような石像の男女双体神像で、長野県を中心に、群馬県・新潟県・山梨県・静岡県東

図８　〔事例４〕静岡県御殿場市萩蕪のサイトウ焼き

部・神奈川県の一帯に比較的濃密に分布しており、それらに隣接する東京都・埼玉県・栃木県・茨城県・福島県、岐阜県にも少しずつ点在するかたちで分布している。これまでの調査によれば、寛文年間（一六六一～七三）に造立が始まったこと（神奈川県下で九基、群馬県下で三基、静岡県下で一基）、作品に名前と出身地を記す傾向があることから信州の高遠の石工の活動があったことなどが知られている[33]。そして、この男女双体神像に限らず石造の道祖神の分布は甲信地方を中心にして東西南北へと谷筋を通る街道沿いに広がっている[34]。

事例４（図８）は、静岡県御殿場市萩蕪のサイトウ焼きである。萩蕪の集落のはずれの三叉路に石造の男女双体像の道祖神が祀られている。その男女双体像の両側には損傷の激しい黒く焼け焦げた石の塊が一基ずつある。毎年正月十四日晩に村人の無病息災を祈り病気を焼き払うサイトウ焼きという行事が行なわれるが、そのとき中央の男女双体像の身代わりとして両側の石の塊が火中に投げ込まれる。厄年の男二十五歳と四十二歳、女十九歳と三十三歳はとくに厄払いといってお酒や菓子や果物を集まった人びとにふるまう。この萩蕪では道祖神の身代わりの石が投入されるが、同じ御殿場市内の大坂では身代わりでなく道祖神の神像が投入されるため、ふだん道路脇に祀られているその道祖神は黒く焼け焦げている。

以上が、ＡタイプとＢタイプという道祖神の形状の上での分類とその分布の概要であるが、まず、これらのことから指摘できる点は以下のとおりである。

⑴形状の上では、Ａタイプの道祖神でも、木製の人形道祖神は顔まですべて作ることができるが、藁製の人形道祖

表4　道祖神の分布の概要

A　木製・藁製の人形の道祖神		
	A1　村境に祀られている	青森県・秋田県・岩手県・福島県・新潟県・茨城県・千葉県に多く，山形県・栃木県・埼玉県の一部にもみられる
	A2　小正月に祀られる	新潟県・長野県・群馬県・山梨県・東京都・神奈川県・静岡県に多く，富山県・福島県・山形県・秋田県にも少数ながらみられる
B　石造の道祖神		
	B1　男女双体像	長野県・群馬県・山梨県・静岡県東部・神奈川県に多く，東京都・埼玉県・栃木県・茨城県・福島県・岐阜県には少しずつ点在する
	B2　丸石	山梨県下に限られる

神は顔を作ることが困難であり[35]、顔の部分だけは木製にしている例と紙製にしている例とがある。

(2)分布の上では、木製や藁製のAタイプが、東北地方から北陸地方、関東地方、中部地方の一部に分布しており、石造のBタイプが、関東甲信越地方から中部地方の静岡県東部に分布している。その石造のBタイプは寛文年間に造立が始まったものであり、歴史的にその普及の年代を把握することができる。

(3)AタイプとBタイプの分布が互いに重なり合う中間地帯ともいえる新潟県中部から長野県へそして静岡県東部から神奈川県へという中部日本の北から南へのいわば帯状の一帯では、小正月行事の中で道祖神を焼き払う例がみられる。

そして、その他の道祖神に関する民俗伝承から指摘できるのは、以下の点である。

(4)小正月行事で道祖神を焼く事例で、その理由として語られているのは、一つは、①道祖神は村人を病気にする帳面をもっているので焼き払って病気にならないようにする、もう一つは、②道祖神は兄妹婚という近親婚禁忌を犯したため見せしめにする、である[36]。

(5)兄妹相姦という禁忌違犯を語る事例は、岐阜県、長野県、群馬県を中心としてその外縁部の愛知、静岡、富山、新潟、栃木の各県の一部にみられるという特徴的な分布をみせている。そして、その一方で、島根、福岡、長崎、熊本の各県下でこれまで把握されているのはわずか一例ずつではあるが存在する。また、父娘相姦[37]という禁忌違犯を語る事例が九州地方に伝えられており、福岡、長崎、熊本、大分の各県にその分布がみられる。

(6)道祖神に灰を塗る事例が、新潟県、静岡県、岐阜県などにみられる。また、道祖神に燃料としての柴を供える事例が、愛知県や岐阜県にはみられる。これらは、道祖神を焼くことを省略したかたちと考えられるものである。

以上が、道祖神についての、まず民俗伝承からみた資料情報の概要である。そこで、次に参考になるのが、歴史記録からみる道祖神についての資料情報である。

歴史記録から　次に、歴史記録である。以下に注目される記事をあげてみる。

文献1：『倭名類聚抄』（承平年間〈九三一～九三八〉成立）

道祖和名佐倍乃加美　岐神布奈止乃加美　道神和名太無介乃加美

この記事によれば、道祖はさへのかみと読まれており、岐神（ふなどのかみ）や道神（たむけのかみ）とは別であるとされている。

文献2：『小野宮年中行事』藤原実資（九五七～一〇四六）

道饗祭事　天慶元年（九三八）九月一日外記云　近日東西両京大小衢　刻木作神　相対安置　凡厥體像髣髴大夫　頭上加冠　鬢邊垂纓　以丹塗身　成緋衫色　起居不同　遞各異貌　或所又作女形　対大夫而立之　臍下腰底　刻絵陰陽　搆几案於其前　置坏器於其上　児童猥雑　拝礼慇懃　或捧幣帛　或香花　號曰岐神　又称御霊　未知何祥　時人奇之

この記事によれば、道饗祭に際して、平安京の街路の大小の巷に木造で朱塗りの、性器を強調した男女の人形が祀られており、それを岐神とか御霊と呼んでいたことがわかる。ただし、道祖神とか、さへのかみと呼ばれたとは書かれていない。なお、これと同じ内容の記事は、『扶桑略記』（平安後期成立）や『本朝世紀』（平安末期成立）にも収録されている。

文献3：『今昔物語集』（保安元年〈一一二〇〉以降、十二世紀前半成立）巻一三　第三四話

天王寺僧道公誦法花救道祖語第三十四　今昔、（中略）紀伊ノ国ノ美奈部郡ノ海辺ヲ行ク程ニ日暮レヌ。然レバ其ノ所ニ大ナル樹ノ本ニ宿ヌ。夜半許ノ程ニ、馬ニ乗レル人　二、三十騎許来テ、（中略）一ノ人ノ云ク、「樹ノ本ニ翁ハ候カ」ト。此ノ樹ノ本ニ答テ云ク、「翁候フ」ト。（中略）亦馬ニ乗レル人ノ云ク、「速ニ罷出デテ御共ニ候ヘ」ト。亦、樹ノ本ニ云ク、「今宵ハ不可参ズ。其ノ故ハ、駄ノ足折レ損ジテ乗ルニ不能ザレバ、明日駄ノ足ヲ疏ヒ、亦、他ノ馬ヲマレ求テ可参也。年罷老テ行歩ニ不叶ズ」ト。馬ニ乗レル人々此レヲ聞テ皆打過ヌ、ト聞ク。夜嗟ヌレバ、道公此ノ事ヲ極テ怪ビ恐レテ、樹ノ本ヲ廻リ見ルニ、惣テ人無シ。只道祖ノ神ノ形ヲ造タル有リ。其ノ形旧ク朽テ多ク年ヲ経タリト見ユ。男ノ形ノミ有テ、女ノ形ハ無シ。前ニ板ニ書タル絵馬有リ。足ノ所破タリ。（中略）我レハ此レ此ノ樹ノ下ノ道祖、此レ也。此ノ多ノ馬ニ乗レル人ハ行疫神ニ在ス。国ノ内ヲ廻ル時ニ、必ズ翁ヲ以テ前使トス。若シ其レニ不共奉ネバ、笞ヲ以テ打チ、言ヲ以テ罵ル。此ノ苦実難堪シ。然レバ、今此ノ下劣ノ神形ヲ棄テテ、速ニ上品ノ功徳ノ身ヲ得ムト思フ。

この記事によれば、道祖神は翁の姿で現われているが、男女の性器が強調される下劣な形の神であり、行疫神の前使として疫病をまき散らし、行疫神の命令に従わないと笞で打たれ言葉で罵られるみじめな神とされている。

文献4：『宇治拾遺物語』（建保元～承久三年〈一二一三～一二二一〉ごろ成立）第一話

一、道命、和泉式部の許に於いて読経し、五条の道祖神聴聞の事

今は昔、道命阿闍梨とて、傅殿の子に色に耽りたる僧ありけり。和泉式部に通ひけり。経をめでたく読みけり。それが和泉式部がり行きて臥したりけるに、目覚めて経を心をすまして読みける程に、八巻読み果てて暁にまど

ろまんとする程に、人のけはひのしければ、「あれは誰ぞ」と問ひければ、「おのれは五条西洞院の辺に候ふ翁に候ふ」と答えければ、「こは何事ぞ」と道命いひければ、「この御経を今宵承りぬる事の、生々世々忘れがたく候ふ」といひければ、道命、「法華経を読み奉る事は常の事なり。など今宵しもいはるるぞ」といひければ、五条の斎曰く「清くて読み参らせ給ふ時は、梵天、帝釈を始め奉りて聴聞せさせ給へば、翁などは近づき参りて承るに及び候はず。今宵は御行水も候はで、読み奉らせ給へば、梵天、帝釈も御聴聞候はぬひまにて、翁参り寄りて承りて候ひぬる事の忘れがたく候ふなり」とのたまひけり。(下略)

この記事によれば、読経の名手で好色の僧、道命阿闍梨が和泉式部といつものように同衾した夜、ふと目が覚めて法華経を心をこめて読誦していたところに、五条の斎、つまり五条のさいのかみ、道祖神が現われたという。この道命阿闍梨と和泉式部との好色相姦の物語は、『古事談』(建暦二～建保三年〈一二一二～一五〉ごろ成立)、『古今著聞集』などにも記されており、中世前期から広く流布していたものと考えられる。

五条の道祖神については、すでに藤原明衡(九八九?～一〇六六)撰『新猿楽記』にもよく知られた記事があり、十一世紀の平安京では性的な神であると強調されていた。そして、その五条の橋を一つの共通点として、中世後期の文献5：室町物語集『和泉式部』になると、道命は和泉式部が若いころに産み捨てた子どもであるという母子相姦の話へと展開している。そして、このような古代から中世の貴族社会で流行した近親相姦の話を伝える例としては、文献6：娘を妻とした法師順源の『拾遺往生伝』巻下(三善為康〈一〇四九～一一三九〉撰)や、文献7：母子相姦の明達律師の『宝物集』巻五(治承元～養和元年〈一一七七～八一〉ごろ成立。平康頼〈一一四六～一二二〇〉撰)の記事などが知られている。

民俗伝承情報と歴史記録情報　こうして、民俗資料と歴史史料との双方から関連情報を蒐集整理してみると、相互の関係性が浮上してくる。

⑴民俗資料の中のＡ１のタイプの事例１は、歴史史料の中では文献２に対応している。

⑵民俗資料のＡ１、Ａ２のタイプの事例２と事例３、Ｂ１のタイプの事例４は、歴史史料の文献３に対応している。

⑶民俗資料の中の兄妹や父娘の近親相姦の話を伝える事例については、歴史史料の文献４、文献５、文献６、文献７に対応している。

つまり、十世紀ごろからそれ以降に平安京で展開した道祖神にかかわる民俗信仰が、その後も変化の中に伝承されながら、長い時代波の継続の中で東国方面へも変化を重ねながら伝播し定着し、それぞれの土地でまた変化を重ねていったという動向が想定されるのである。兄妹相姦の伝承の場合にはその分布傾向からみて東国へは主として中山道沿いのルートが想定できる。民俗伝承情報に対して歴史記録情報を比較参照枠として活用すれば、民俗伝承の中に歴史的な変遷をたどる情報を見出すことができるのである。そして、歴史記録に残されていない歴史世界が存在することを追跡確認することができる。

以上、ここでは、簡単に道祖神信仰の伝播と変容の軌跡を追跡する作業例の一部を紹介してみたが、実際はさらに民俗と歴史の双方の精緻な資料情報の蒐集と比較分析という方法によって、道祖神の信仰以外についても、これまで見えていなかったような歴史世界の動態を追跡解明していくことができるであろう。

（２）伝承論の視点

次に、「伝承論」の視点からである。伝承を支えるメカニズム、歴史の変遷の中でも変わりにくく通貫しているメカニズム、それを抽出し一定の分析概念として設定するためには、道祖神信仰の特徴に注目することが重要である。

その道祖神の特徴とは、

(1)村境に祀られる
(2)村人を疫病から守ってくれる
(3)男女の神で性器が強調される
(4)石造の男女双体像の事例では兄妹や父娘という近親相姦の話が付随している例が多い

などである。

そこでまず、(1)と(2)の道祖神の祀られ方について注目してみる。すると、前述の事例2の新潟県旧津川町大牧のショウキサマの例が典型的であるが、毎年旧暦二月二日（現在は新暦三月二日）、その日に村人が集まって作り替え、その材料の藁は村人の身体の痛いところや病んでいるところにこすりつけた新藁をみんなで持ち寄って作っている。それは、いわば厄除けや疫病除けのヒトガタ（人形）の作成に通じるものであり、人間の災厄をヒトガタ（人形）に依りつけて祓えやるという意味の儀礼ととらえることができる。

次に、(3)と(4)の男女の性器、兄妹相姦、という道祖神独特の伝承に注目してみる。すると、この(3)の特徴から想定されるのは、ふつうにはすでに古くJ・G・フレイザーが提示したImitative Magic類感呪術[38]のメカニズムであり、田の神信仰などにみられる生殖機能からの豊穣祈願へという類似連想であろう。それはたしかに、東京都板橋区赤塚の田遊びや愛知県小牧市の田縣神社の豊年祭など日本各地の民俗事例から解説できるところである。しかし、この道祖神の場合には、それは当たらない。(1)(2)(3)の特徴との整合性が見出せないからである。

(4)の兄妹相姦というのは近親相姦禁忌違犯であり、『延喜式』「祝詞」が伝える「天つ罪・国つ罪」にも通じる、罪穢れの典型例である。そこで、ここに道祖神の(1)(2)(3)という特徴にとってその整合性を得ることのできる概念として、ケガレという分析概念を設定してみる必要がある。

分析概念としてのケガレ　日本民俗学におけるケガレという概念の提示と議論のはじまりは、一九七〇年代に展開された文化人類学の波平恵美子と民俗学の桜井徳太郎を中心とするハレ・ケ・ケガレ論によってであった(39)。波平は、ハレは清浄性・神聖性、ケは日常性・世俗性、ケガレは不浄性をそれぞれ示す概念であるとして、ハレに対立する概念がケガレであり、日本の民間信仰のヴァリエーションはこのハレ・ケ・ケガレの三項対立の関係性とその差異によってとらえることができると論じた。この波平のハレ・ケ・ケガレ論は、柳田國男の「ハレとケ」、E・デュルケムの「聖と俗(40)」、E・リーチやM・ダグラスの「浄と不浄(41)」という三者の折衷によるものであり、そのE・リーチやM・ダグラスの規定した「不浄」dirt: pollution という概念は、物事の体系的な秩序づけや分類の副産物であり、中間領域にあるものや変則的なものは分類や秩序を乱すものであるために、区別立てされたものを脅かすものとして不浄とみなされるのだとする理論にもとづくものであった。それに対して、桜井はハレとケとを対立関係ではなくハレとケの媒介項としてケガレを設定し、ケガレは稲の霊力であるケが枯れた状態、つまりケ枯れでありそのケガレという生命力の枯渇した状態から回復するのがハレの神祭りであるとして、ハレ→ケ→ケガレという循環論を主張した。しかし、これは社会学のP・L・バーガーのノモス・カオス・コスモス論(42)の流用ではないかと思われるものであった。この波平と桜井の二つの立場のハレ・ケ・ケガレ論は当時話題にはなったが、波平のケが日常性と世俗性、つまり柳田の「ケ」とE・デュルケムの「俗」とをあわせた概念であるのに対して、桜井のケは「毛」「気」という柳田の「ケ」とはまったく異なる概念であるなど、それぞれの概念が借用と流用などであり、いずれも独自性のある概念提示ではなかったために両者の議論がかみあうことはなかった。

その一九八〇年代に国立歴史民俗博物館の共同研究「儀礼・芸能と民俗的世界観(43)」に参加して、その波平や坪井洋

表5　ケガレの具体例と特徴

（身体）	糞尿・血液・体液・垢・爪・毛髪・怪我・病気・死など	不潔 危険 強力 感染	死
（社会）	貧困・暴力・犯罪・戦乱など		
（自然）	天変地異・旱魃・風水害・病害虫・飢饉・不漁・不猟など		

文や宮田登らの議論に立ち会っていた筆者は、そのとき柳田のハレとケという概念はむやみに動かすべきではなく、ハレとは祭礼・年中行事・冠婚葬祭など衣食住の装置から人びとの行為にいたるまでの非日常的な消費と遊興を特徴とする時間と空間であり、ケとは労働と休息を中心とする衣食住の装置から人びとの行為にいたるまでの日常的な経済的生産を特徴とする時間と空間である、として再定義しておくことこそが重要であり、ケガレについてはむしろ新たな概念設定こそが必要であると主張した。そして、E・リーチやM・ダグラスの境界論的な浄・不浄論の立場からの不浄 dirt: pollution の概念の翻訳語としてではなく、あらためて記紀神話の伊邪那岐の黄泉国訪問譚の語る死穢忌避の感覚や[44]、奈良朝の密教呪法としての解穢法[45]、平安貴族の觸穢思想[46]、等々に由来する日本歴史の中の「穢れ」観念から抽象化されるところの、死穢を基本とする概念としての新しい「ケガレ」論の必要性を主張した。そして、表5にみるように、日常の生命活動の中で必然的に再生産される不浄で汚穢なるもの、感染力があり放置しておくと死をもたらす危険なもの、を包括してケガレと概念化するとした。ケガレとは死穢および死の吸引力：power of death であると定義したのであった。

そのようなケガレの処理の民俗伝承事例情報を蒐集整理することによって、それは祓へやられても無化することなく、むしろその不気味な力の逆転現象が起こり、縁起物へと転じまたそこから神々が誕生するというメカニズムの存在を提示するものであった〔新谷　一九八七〕。日本神話の神の典型例である天照大神や須佐之男が伊邪那岐の死穢の禊祓によって誕生したとする神話や、民俗神の典型例である道祖神が疫病や近親婚の伝承をともなう民俗などを例示したその仮説[47]は、「ケガレ→ハラへ→カミ」（kegare→exorcise→kami〈deities〉）論というべきものであり、ケガレ（死穢の吸引力：power of death）の対概念はカミ（生命の神秘力：power of life）であるという概念設定であった。つまり、日本民俗学の視点からあらためて提示することができたのが「ケガレとカミ」という分析概念であり、「ケガレからカミへ」という逆転のメカニズムの存在であった。

文化人類学のケガレ論　波平のケガレ論は前述のようにもともとE・リーチやM・ダグラスの浄・不浄論の導入によるものであったが(48)、日本の歴史学や宗教社会学もこの概念を援用していった(49)。しかし、歴史学や宗教社会学はその不浄という概念自体の問題設定をあらためて問い直し、みずからその概念設定を提示し直すことはなかった。欧米の文化人類学でも、フランスのルイ・デュモンは、M・ダグラスがPurity and Dangerを刊行したのと同じ一九六六年に発表した論著で、インドのヒンドゥー社会について同じく浄・不浄の対立的枠組みでそれをとらえ、カースト社会は浄・不浄のイデオロギーによって階層的に規定されていると論じていた(50)。

それに対して、ルイ・デュモンと同じインドのその近隣のヒンドゥー社会を調査して、あらためて浄・不浄論の不浄とは明確に区別される新たなケガレ論を提示したのが関根康正であった〔関根　一九九五〕。M・ダグラスやL・デュモンのいう「不浄」は、秩序の中心という境界の外部からケガレを眺めた産物であり、二項対立という構造主義的、客観的体裁をもってはいるが、その実は特権的視点から見下した固定的、実体論的概念である、それに対して、関根のいう「ケガレ」は、ケガレという境界状況の内部に身を置く、つまり境界線上に止まってその内外発生の瞬間を生き続けると表現できる真の構造主義的視点の所産であった。「ケガレ」は自己自身の主体的問題として語る限りにおいて差別を脱することができる、このような関根の指摘は、日本の歴史と民俗における罪穢れ観念、祓へ清めの職能、差別と尊厳などの問題を現実的かつ具体的に考慮中であった筆者にとってきわめて刺激的であった。フィールドワークとは自己変革である、という民俗学の大前提がいまさらながら再想起され、ケガレのただ中にいる自己供犠のかまえ、権力関係の空間の中にケガレ論を更新していくことの意義、それらの重要性が再認識されたのであった。[51]
以上のような先行研究や隣接研究をふまえながら、道祖神信仰の民俗伝承からその他の関連する民俗事象をも含めて、そして歴史記録情報も参照して、民俗伝承学の「伝承論」の視点から導き出すことができたことを、ここにまとめておくならば、前述のような「ケガレとカミ」という分析概念である。そして、民俗伝承の世界には「ケガレ→ハラヘ→カミ」、「ケガレからカミへ」というケガレの逆転のメカニズムが存在するという指摘である。

三　国立歴史民俗博物館と井上光貞初代館長の新歴史学創生構想

1　日本民俗学と国立歴史民俗博物館の創設

昭和五十八年（一九八三）三月、千葉県佐倉市に国立歴史民俗博物館が開館した。その国立歴史民俗博物館は、歴史学、考古学、民俗学、情報資料研究という四つの研究部にそれぞれ教授、助教授、助手の一二人ずつと研究部長各一人の計五二人の研究職の定員枠を確保した、新たな広義の歴史学創生のための先端的な学術調査研究と資料活用のための研究博物館として創設されたものであった。はじめ文化庁所轄の博物館構想のもとに始動していた創設案を、文部省所管の国立大学共同利用機関へと大転換させてその創設を実現した最大の功労者は初代館長の井上光貞（一九一七～八三）であった。その井上の識見と実現への苦労は並大抵のものではなかったが、その結果は歴史的にも学問的にも大きな意義あるものであった。その点についてはぜひ拙著『民俗学とは何か―柳田・折口・渋沢に学び直す―』[52]の記述と整理を参照していただきたい。日本民俗学の立場からいえば、それはまさに歴史的で画期的な意味があったのである。前述のように日本民俗学は日本創生の学問であり、西欧近代科学の中に存在しない学問であるために、東京帝国大学をはじめとして日本の大学では正式に講座が設置されることのなかった学問であった。それが一足飛びに国立大学の文部教官としてのポストを教官一二＋研究部長一人の計一三人も与えられたのである。(53)井上光貞が『定本　柳田國男集』をよく読んでいたという目撃談や、和歌森太郎門下の若き民俗学者宮田登をよき相談役としてさまざまな情報を蒐集していたという目撃談や伝聞談など、すでに伝説化しているものも多いが、少なくとも新しい広義の歴史学創生のために、文献史学、考古学、民俗学という三学協業というスローガンのもと、民俗学の研究部を公的に設置した井上光貞の、柳田國男の民俗学への理解はきわめて深いものであった。民間伝承の学問が歴史的世界を切り開くことができるもう一つの史学である、という柳田の文章が、井上には的確に読み取れていたからこそ、文献史学と考古学と民俗学という三学協業による新しい歴史学の創生のための一環としての位置を民俗学に与え、またそれを期待したのである。その民俗学とはもちろん柳田の創生した、民俗伝承学 *traditionology:* the study of traditions のことであった。

昭和五十八年三月十六日、国立歴史民俗博物館の開館式典が挙行され、十八日から展示の一般公開が始まった。しかし、そこに井上光貞初代館長の姿はなかった。残念なことにその開館の直前、二月二十七日にまだ六十五歳の若さで急逝してしまっていたのである。しかし、井上初代館長が蒔いておいた学問の種子は、新たな広義の歴史学の創生へ向けて進むこととなった。とくに民俗学の研究職として国立の先端的研究機関にそのポストが得られたということには、前述のように学術的な歴史の上で大きな意味があったのであり、柳田國男がその生涯をかけて創生した日本民俗学の研究実践への道がようやくそこに大きく開けたのであった。

2　文献歴史学と遺物考古学と民俗伝承学と資料分析学との協業

井上光貞氏が構想したのは、単なる「歴史学」ではなく学際協業による新たな「歴史科学」の創生であった。それは文献歴史学と遺物考古学と民俗伝承学が協業し、そこに資料分析科学が参加することによって開拓される、挑戦的で創造的な歴史科学である。学際協業に際しては、たがいの学問の特徴と独自性とを相互に理解しあうことが大切である。たとえば、文献歴史学や遺物考古学は精密な史資料情報解読によって歴史世界を解明する学問であるが、それは歴史の局面をいわば「静止画」として精密な画素でもって描き出す点に特徴がある。それに対して、民俗伝承学が解明する歴史世界は歴史事象の変遷と伝承の動態をいわば「動画」として描き出す点に特徴がある。井上光貞氏が創設した国立歴史民俗博物館に職場を与えられた筆者は、数々の共同研究への参加の機会を与えられた。そして、その成果としてたとえば研究展示「日本の神々と祭り―神社とは何か―」（二〇〇六年三〜五月）を共同開催することができた。[54] そこから出発して民俗伝承学の立場から文献歴史学と遺物考古学との協業という観点を通してまとめていくことができたのが、拙著『伊勢神宮と出雲大社』[55]、『伊勢神宮と三種の神器』[56]、『氏神さまと鎮守さま』[57]、『神道入門』[58] などであった。

（1）伊勢神宮の創祀

そのときの古代史研究との協業関係のおかげで提示することのできた伊勢神宮に関する論点をあげてみれば、以下のとおりであった。

創祀の画期　伊勢神宮の創祀に向けては、雄略朝の斎宮制、推古朝の日神祭祀、天武・持統朝の創祀、という画期があり、確実な造営は天武二年（六七三）四月の大伯皇女の泊瀬の斎宮への参籠から翌三年十月の伊勢への出発の段階であった。垂仁紀が記し垂仁記が記さない倭姫による近江を経由した鎮座伝承は、壬申の乱（六七二年）に関係するルートであり、天武・持統朝における『書紀』編纂の過程で編修仮託された記事である可能性が大である。

新益京と伊勢神宮　持統六年（六九二）の伊勢行幸と新益京（藤原宮）の造営には密接な関係がある。中国王朝の律令国家の南北軸の世界観を導入して造営されたのが新益京であるが、その新益京の中央道路は東経一三五度四八分三七秒にあり、その中軸線の真南の延長上にしかも視覚的に遠望できる場所に造営されているのが天武の檜前大内陵である。それに対して、新益京の中軸線上の真北五五キロの地点、東経一三五度四八分三七秒に造営されているのが天智の山科陵である。一方、伊勢神宮は、北緯三四度三〇分の新益京の大極殿の土檀からみてほぼ同緯度の真東の太陽の昇る方角の海に近い伊勢の地、内宮がおよそ北緯三四度二七分、外宮がおよそ北緯三四度二九分に立地している。つまり、夫帝と父帝とが南北軸で守る新益京に対して、皇祖神天照大神を祀る地点として海に近い伊勢が選定されたのは、「日の御子」を自称した倭王にとって伝統的であった東西軸の世界観にもとづくものであった。

天照大神と持統天皇　神話上の天照大神のモデルとして歴史上の持統天皇が想定できる。それは次の二つの事実からである。①その諡号が大宝三年（七〇三）十二月十七日の記事では「大倭根子天之広野日女尊」、養老四年（七二〇）成立の『日本書紀』では「高天原広野姫天皇」となっている。②天照大神が皇孫瓊瓊杵尊の天孫降臨に当たって与えた「天壌無窮」の神勅は、『続日本紀』慶雲四年（七〇七）七月壬子（十七日）条の「不改常典」と共通しており、持統天皇から皇孫の文武天皇への譲位というきわめて異例なかたちでの皇位継承の正当性を主張している。

遷宮の意味　伊勢神宮の祭祀の特徴の一つが二〇年ごとに行なわれてきている遷宮である。その創始は持統四年、持統即位の年と伝えられており、それは持統三年の朔旦冬至に対応するものであり、初めは一九年間隔の暦法章首をもとにしたものであったが、延暦十年（七九一）の内宮焼亡などを経るうちに二〇年一度へ変化したという石野浩司説にもっとも説得力がある。[59]もう一つ重要な点は、神宮社殿は中国王朝の都城制にならう南北軸で造営されているが、二〇年ごとの遷宮は太陽の運行の東西軸での古殿地への往復運動であるという事実である。それは伝統的な「日の御子」の東西軸の世界観にもとづく神霊の永遠の呼吸運動という意味があり、その伝承が現在に至るまで根強く伝えられているのである。

（2）宗像沖ノ島祭祀遺跡

また、古代史と考古学との学際協業のおかげで、民俗伝承学の視点から、宗像沖ノ島遺跡とその祭祀伝承に関しては、以下の論点を提示できた。[60]

沖ノ島祭祀の変遷　四世紀後半と推定される一七号遺跡から発見された「鏡・劔・玉」という遺物組成は、記紀神話の語る三種の神器に相応し、銅鏡は伊勢神宮の御正体に相応する。それに対して、七世紀初頭と推定される二二号遺跡から発見された「金銅製紡績具」の類は、伊勢神宮の遷宮神宝に相応するものである。つまり、神宮祭祀を中心とする律令神祇祭祀の形成が、七世紀初頭の六〇〇年派遣の遣隋使による文化衝撃を画期とするものであった可能性が大である。

原初の王から制度の王へ　『魏志倭人伝』に記されている卑弥呼の「鬼道」と航海安全のための「持衰」という二つの存在を比較するならば、「シャーマン shaman」という既成の概念とは別に「忌人 *imibito*」という新たな概念の設定が必要である。「鬼道」＝「シャーマン shaman」に対する、「持衰」＝「忌人 *imibito*」である。異霊界との通信交流という信仰的機能の上からみれば、前者は受動と能動の双方向的な存在であるのに対して、後者は受動のみという一方向的な存在である。この二つの概念の設定により、古代天皇祭祀の中の「鎮魂と大嘗」と「散斎・致斎と大祓」という二つの重要儀礼の形成とその意味の解読が可能となる。はじめ大王（天皇）がシャーマン shaman と忌人 *imibito* という不安定要素を含む「原初の王」であった段階があり、それがあらためて「儀礼と制度の王」という安定した王へと転換したという歴史的事実があったということを示しているのである。「鎮魂と大嘗」は「鬼道」＝「シャーマン shaman」に通じる受動と能動の双方向的な意味をもつ儀礼である。それに対して、「散斎・致斎と大祓」は「持衰」＝「忌人 *imibito*」に通じる受動のみの一方向的な意味をもつ儀礼である。

消えた勾玉　四世紀後半と推定される一七号遺跡から発見された「鏡・劔・玉」という遺物組成は、記紀神話の語る三種の神器に相応するが、『日本書紀』の記す歴史時代の記事では、持統天皇の即位式で登場する三種の神器は「神璽・鏡・劔」である。その後の律令国家の時代の天皇の三種の神器は一貫して「神璽・鏡・劔」であり、考古学と神話文献の世界での勾玉は文献歴史の中では消えてしまっている。それに替わって「璽」が神器の主要な位置を占めるようになっているが、それは律令国家における文書行政の整備にともなう変化であった。

勾玉の歴史的意味　考古学の成果によれば、勾玉の意味がある程度解明されている。

⑴勾玉は縄文時代から弥生時代そして古墳時代まで長い寿命を保っていた宝器であった。

⑵弥生時代中期に北部九州圏を舞台として登場した翡翠製定型勾玉がその後の勾玉の基本形となり、弥生後期後半以降は瀬戸内海ルートを経由して東方の畿内へと流入した。

⑶古墳時代前期に製作された翡翠製丁字頭勾玉は畿内の王権から各地の首長へと分配されており、畿内を中心とする広域的で求心的な集団関係を構築するために配布されたものと考えられる。

⑷「鏡・劔・玉」の三種の神器の組成品は古墳時代の大和を中心とする王権結合・王権連合の紐帯品としての機能

を果たすものであった。

以上のような歴史的展開をふまえるならば、律令制下に消えていった勾玉のその後の歴史上の伝承力として注目されるのが、国造制を形式的ながら存続させた出雲国造の伝承である。八世紀初頭から九世紀にかけて出雲では翡翠ではなく碧玉や瑪瑙や水晶ではあったが、勾玉の製作が続けられ、国造の代替わりごとに出雲国造神賀詞奏上とともに「鏡・劔・玉」の三種の神器の組成品が出雲神宝として朝廷に献上され続けたのである。

民俗伝承は歴史事実のいわば上書きや消去の履歴の保存装置であり、データの消去や上書き保存がいくら繰り返されても、民俗伝承の構成要素の多様性の中に、それらの歴史情報は伝存している。(61)そうして、顕在や潜在や伏流する歴史事象に注目してその動態構造を明らかにするのが、立体的な歴史世界を見通す柳田や折口が創生した民俗伝承学の特徴なのである。

3　新たな「歴史科学」へ

このような国立歴史民俗博物館での学際協業による共同研究への参加の中で、幸いにも多くの学問的恩恵を受けることができた。上記の他にも、①古代史では、死の発見と王権と貨幣の誕生について、(62)②中世史から現代史までの通史的な変遷論としては、葬送の担い手についての「A血縁→B地縁→C無縁」（Cは貨幣が介在するので無縁）という三波展開の民俗変遷史と、それに対応する伝承論としては親と子の生と死の民俗伝承に通貫している「コヤラヒとオヤオクリ」という分析概念の抽出、(63)そして、③近代史では、戦争犠牲者に対する慰霊と鎮魂、そして軍神の創造という問題について、(64)戦時における日赤看護婦の勤務実態についての記録と記憶の資料論について、(65)④現代史では、高度経済成長と生活変化や農業変化の実態について、(66)などの研究成果を得ることができた。

東京大学名誉教授で国立歴史民俗博物館初代館長の井上光貞という一人の歴史学者によって蒔いておかれた学問の種子は、ただひとり佐倉にだけではなかったはずであり、小さな筆者個人の研究活動への恩恵だけではもちろんなかったはずである。これからの二十一世紀の新たな「歴史科学」においては、数多くの挑戦的な若い研究者が、みずからの基本研究領域を大切にしその学術鍛錬を重ねながらも、文理協業を基本として内外対話の学際協業に果敢に挑戦すること、それこそが新たな研究成果を生んでいくにちがいない。学際主義と国際主義にもとづく新たな「歴史科学」創生へという「井上光貞精神」をこれからも継承発展させていくことが大切である。緻密な「静止画」をきちんと描き出す文献歴史学や遺物考古学の専門から、学際的に一歩踏み出して、歴史の実相としての「動画」をつかまえていく民俗伝承学の視点と方法を、そこに取り込むことによって、歴史世界の深い実態を把握できる新たな「歴史科学」の世界が拓かれていくことであろう。民俗伝承学ももちろんこれから文献歴史学や遺物考古学と積極的に学際協業できる体質と技能と力量を日々鍛錬し研磨していかなければならない。民俗伝承学と文献歴史学と遺物考古学の今後を担う若き研究者たちに向かって、柳田や折口が創生した民俗伝承学 The study of traditions: *Traditionology* への理解と学習と学際協業への参加交流と、それにもとづく新たな「歴史科学」の創生を、ここに呼びかけておきたい。

註

（1）現在の日本学術振興会ＪＳＰＳの科学研究費助成金の制度の上では、民俗学は文化人類学の一分野と位置づけられている。それは石田英一郎をはじめ先輩諸氏の努力の結果であり、現実的で社会的な重要な意味をもっている。民俗学の継承と発展のためにという筆者たちもその恩恵を受けてきたことは事実である。重要なことは、それぞれの学問の独自性についての自覚である。

（2）新谷尚紀『民俗学とは何か―柳田・折口・渋沢に学び直す―』（吉川弘文館、二〇一一年）六〜一〇頁、参照のこと。

（3）折口信夫「民間伝承学講義」（『折口信夫全集』ノート編第七巻、中央公論社、一九七一年。大正九年末から翌十年にかけて行なわれた國學院大學郷土研究会での特別講義）。

（4）社会人類学のトム・ギル Prof. Tom Gill の教示によれば、W. W. Newell, (1906), *Journal of American Folk-lore* で、The phenomena of traditionology, if the term may be allowed, have therefore some resemblance to those of botany、と「このような表現を認めていただけるなら」と述べているのが実情である。また、フランス語でも、A・V・ジェネップ（A.V. Gennep）が、Le folkloriste s'adresse aussi a ses lecteurs, en leur demandant conseil quant au nom de la discipline: Admettra-t-on un jour traditionologie, populologie, populographie ou populosophie? Si un lecteur peut nous offrir une solution raisonnable, nous lui en serons tous reconnaissants と述べている程度である。

（5）折口信夫「民間伝承学講義」（『折口信夫全集』ノート編第七巻、前掲註（3））。

（6）折口信夫「民俗学への導き」（『折口信夫全集』ノート編第七巻、前掲註（3））。

（7）新谷『民俗学とは何か』（前掲註（2））一五二～一五七頁、参照のこと。

（8）明治四十五年（一九一二）五月設立の日本民俗学会と雑誌『民俗』のそれはフォークロアやフォルクスクンデの翻訳にすぎなかった。昭和四年（一九二九）設立の民俗学会と雑誌『民俗学』も柳田が構想していた民間伝承の学とはまったく異なるものであった。新谷『民俗学とは何か』（前掲註（2））の四六～四八、七四～七七頁、参照のこと。

（9）新谷『民俗学とは何か』（前掲註（2））五八～六一頁。

（10）『折口信夫全集』第一六巻（中央公論社、一九五六年）。

（11）『折口信夫全集』第一六巻（前掲註（10））。

（12）『折口信夫全集』第一六巻（前掲註（10））。初出は『古典風俗』第一巻一号、一九三四年）。

（13）この得物矢《サツヤ》についての岩波古典文学大系『万葉集　一』（一九五七年）の補注六一（三三七頁）の解説は不適切である。

（14）新谷『民俗学とは何か』（前掲註（2））の七五～七六、一五二～一五六、一七〇～一七二頁、また、新谷「日本民俗学と國學院大學」（『國學院雑誌』第一一八巻四号）六二～六三頁の注（21）、参照のこと。

（15）岡正雄の柳田への無理解については、新谷『民俗学とは何か』（前掲註（2））六七～七七、九四～一〇一、一二四～一二八頁、参照のこと。

（16）『日本民俗学大系2』には、「日本民俗学の課題と方法」という章立てがなされているが、そこには柳田の独創性や折口の深い理解に学ぶ姿勢はうかがえない。新谷『民俗学とは何か』（前掲註（2））一四八～一四九頁、参照のこと。

(17) 昭和二十四年(一九四九)四月の東京教育大学創設当初に文学部史学科に学科共通の講座として「歴史学」が設置され、それが同二十七年に「史学方法論」と改称されて民俗学と考古学を専攻する講座となった。

(18) 史学方法論教室第一期生の平山和彦の体験談と筆者宛私信、および史学方法論教室初代助手の宮田登の発言『渋沢敬三著作集第5巻』(付録「月報」5、一九九三年)。

(19) 福田アジオ「民俗学における比較の役割」(『日本民俗学』第九一号、一九七四年)、同「民俗学にとって何が明晰か」(『柳田国男研究』第五号、一九七四年)、同「柳田国男の方法と地方史研究」(『地方史研究』第一二七号、一九七四年。『日本民俗学方法序説』〈弘文堂、一九八四年〉に収録)、同『日本村落の民俗的構造』(弘文堂、一九八二年。初出「村落生活の伝統」〈『日本民俗学講座』第二巻、一九七六年〉などの論文を収録)など参照。

(20) 福田の「民俗をそれが伝承されている地域において調査分析し、民俗の存在する意味とその歴史的性格を、伝承母体および伝承地域において明らかにすることを民俗学の目的とすべきである」(福田「民俗学における比較の役割」〈『日本民俗学』第九一号、前掲註(19)〉)という提言にもとづくものである。ただし、地域民俗学の提唱はすでに宮田登「地方史研究と民俗学」(『史潮』第一〇〇号、一九六七年)が先行していた。

(21) 福田アジオ『番と衆―日本社会の東と西―』(吉川弘文館、一九九七年。福田「民俗の母体としてのムラ」〈『村と村人』日本民俗文化大系8、小学館、一九八四年〉、同「近世の村と民俗」〈『岩波講座 日本通史13』岩波書店、一九九四年〉)。

(22) 社会学の村落類型論の蓄積は多く、有賀喜左衛門の「家連合」論(『村落生活―村の生活組織―』〈国立書院、一九四八年〉、「村の生活組織」〈『有賀喜左衛門著作集』5、未来社、一九六八年〉)、福武直の「同族結合」の東北日本型と「講組結合」の西南日本型という分類(『日本農村の社会的性格』〈東京大学出版会、一九四九年〉)、磯田進の「家格型」と「無家格型」という分類(「村落構造の二つの型」〈『法社会学』第一号、一九五一年〉、「村落構造の『型』の問題」〈『社会学研究』三―二、一九五一年〉、『村落構造の研究』〈東京大学出版会、一九五五年〉)、川島武宜の「家凝集的」と「家拡散的」という分類(「農村の身分階層制」〈『川島武宜著作集1』岩波書店、一九八二年〉、『イデオロギーとしての家族制度』〈岩波書店、一九五七年〉)などがすでにあった。

(23) 民族学や社会人類学では、岡正雄たちの「同族制村落」と「年齢階梯制村落」という分類(岡正雄ほか「伊豆伊浜部落の村落構造」〈『人文学報』第一二号、一九五五年〉、岡正雄「日本文化の基礎構造」〈『日本民俗学大系2』平凡社、一九五八年〉、江守五夫「社会構造―村落の社会組織に関する研究の回顧―」〈『日本民族学の回顧と展望』日本民族学協会、一九六六年〉)などがあった。

なお、蒲生正男の「当屋制村落」という概念が成立しえないという点については、拙稿「分析概念と村落民俗誌」（『柳田民俗学の継承と発展』吉川弘文館、二〇〇五年）を参照いただきたい。

(24)　そのような単純な把握は実態として無理であることが指摘された。伊藤良吉「村落構造論」（『講座　日本の民俗学3　社会の民俗』雄山閣出版、一九九七年）、関沢まゆみ『宮座と老人の民俗』（吉川弘文館、二〇〇〇年、三九〜四〇頁）、同「老いの価値―年齢の輪の発見―」（『往生考』小学館、二〇〇〇年）、同「村落研究と民俗学」（『日本民俗学』第二二七号、二〇〇一年。印刷ミスの部分は第二二八号に掲載）。

(25)　この点は岩本・福田論争の一端となる。岩本通弥は「戦後民俗学の認識論的変質と基層文化論」（『国立歴史民俗博物館研究報告』第一三二集、二〇〇六年）で、柳田の民俗学が「形」の変化を重視して民俗と生活の変遷過程の解読を主眼としたのに対して、それとはまったく異なり、福田の論は「型」の理論であると批判した。また、福田の提唱する地域研究法は地域完結的な方法にほかならず、それは柳田がもっとも否定した「劃地主義」であり、この点でも福田の見解と主張は、柳田の民俗学とはまったく異なるものであったと位置づけている。

(26)　①岩本通弥「「節用禍」としての民俗学」（『柳田國男全集』「月報」一七、筑摩書房、一九九九年）、②岩本「「家」族の過去・現在・未来」（『日本民俗学』第二三二号、二〇〇二年）、③日本民俗学会談話会「『先祖の話』をどう読むか」（二〇〇三年一月）、④福田アジオ「誤読しているのはだれか」（『日本民俗学』第二三四号、二〇〇三年）、⑤岩本「戦後民俗学の認識論的変質と基層文化論―柳田葬制論の解釈を事例として―」（『国立歴史民俗博物館研究報告』第一三二集、二〇〇六年）。

(27)　日本民俗学会談話会「『先祖の話』をどう読むか」（二〇〇三年一月）。

(28)　最上孝敬は『詣り墓』（古今書院、一九五六年）などで当時両墓制研究をリードしていた。

(29)　関沢まゆみ『宮座と墓制の歴史民俗』（吉川弘文館、二〇〇五年）、同「宮座祭祀と死穢忌避」（『排除する社会　受容する社会』吉川弘文館、二〇〇七年）は近畿地方村落の両墓制と宮座の民俗伝承の根底に平安貴族の觸穢思想以来の神社祭祀における強い死穢忌避観念の影響があるとしている。

(30)　新谷尚紀「ケガレの構造」（『岩波講座　日本の思想　第6巻』岩波書店、二〇一三年）、関沢まゆみ『盆行事と葬送墓制』（吉川弘文館、二〇一五年、二一九〜二二三頁）、ケガレの観念については、一般論に終始するのではなく、A人類一般の死穢や血穢などを忌み避ける観念と、B日本の平安時代の摂関貴族の社会で歴史的、文化的に形成された触穢思想における死穢や血穢や罪穢れなどを極端に忌み避ける観念と、そのAとBの二つがあることに注意する必要がある。

(31) 関沢まゆみ「土葬から火葬へ―火葬の普及とサンマイ利用の変化―」(『民俗学論叢』第二六号、二〇一一年)、同「火葬化とその意味―「遺骸葬」と「遺骨葬」:納骨施設の必須化―」(『国立歴史民俗博物館研究報告』第一九一集、二〇一五年)、同「民俗研究映像「盆行事とその地域差」―盆行事の民俗史/火葬化の現在史―」(『盆行事と葬送墓制』吉川弘文館、二〇一五年)、など。

(32) 道祖神の調査研究の成果としては、大島建彦「日本神話研究と民俗学」(『日本神話研究の方法』有精堂、一九七七年)、脇田雅彦「サエノカミ信仰における柴供えと兄妹婚伝承」(『性と民俗』名古屋民俗研究会、一九八〇年)、脇田雅彦「サエノカミ信仰における灰の習俗と兄妹婚伝承」(『日本民俗学』第一五一号、一九八四年)、倉石忠彦『道祖神信仰論』(名著出版、一九九〇年)、大島建彦『道祖神と地蔵』(三弥井書店、一九九二年)、神野善治『人形道祖神』(白水社、一九九六年)、椎橋幸夫『双体道祖神調査資料集大成』(名著出版、二〇〇七年)などが参照される。本文中の事例については、筆者も現地調査を行なっている。

(33) 寛永二年(一六二五)とされている群馬県倉淵村権田能久保の道祖神は、正しくは寛文二年(一六六二)の造立である。椎橋幸夫『双体道祖神調査資料集大成』(名著出版、二〇〇七年)。

(34) 地域的な特徴もあり、丸彫単体像が静岡県の伊豆北部に、石祠の形が山梨県甲府盆地・静岡県伊豆南部に、丸石の形が山梨県甲府盆地に、それぞれみられる。

(35) 藁製でも顔まで特別ていねいに造る例が、秋田県大森町や雄勝町のショウキサマなど一部にはある。

(36) 長野県上伊那郡宮田村の伝承事例「ある所に非常に美しい兄妹が二人住んでいた。年頃になったので、兄は美しい嫁を、妹は美しい男を探すために、おのおの別の途に出かけた。兄は各地を巡遊したが、思うような美しい女はなかった。あるとき森を通ると一人の美しい女がいた。兄はすぐさま求婚して二人は夫婦になった。そして、二人はいろいろ話してみると、その美しい女は美しい男を得るために出た自分の妹であった」(『長野県上伊那郡誌　民俗編上』一九八〇年)。

(37) 熊本県球磨郡球磨村一勝地の伝承例「むかし芦北方面から旅していた公卿の父親が、情事(父が娘を犯す)の末に、良心の呵責に耐えられず、娘を切り捨て、道端に埋め、柴を立てて立ち去った。村人がこのことを知り、娘を哀れみ堂を建てて祀った」(『ふる里の伝統行事』球磨村教育委員会)。

(38) J・G・フレイザー『金枝篇』(簡訳本。永橋卓介訳、岩波書店、一九五一年)。

(39) 波平恵美子「日本民間信仰とその構造」(『民族学研究』三八―三、一九七四年)、同「通過儀礼におけるハレとケガレの観念の分析」（『民族学研究』四〇―四、一九七六年）、桜井徳太郎「結衆の原点―民俗学から追跡した小地域共同体構成のパラダイム―」（鶴見和子・市井三郎編『思想の科学』筑摩書房、一九七四年）、波平恵美子・坪井洋文・宮田登・谷川健一『徹底討議ハレ・ケ・ケガレ『現代思想』一〇号』（一九八三年）、波平恵美子『ケガレの構造』（青土社、一九八四年）、同『ケガレ』（東京堂出版、一九八五年）、桜井徳太郎『結衆の原点』（弘文堂、一九八五年）、同「民俗宗教の生活律―ハレとケとケガレの相関―」（『日本民俗宗教論』春秋社、一九八二年）。

（40）Emile Durkeim（1858–1917）, 1912, *Les formes elementaires de la viereligieuse*（古野清人訳『宗教生活の原初形態』上・下、一九七五年）。

（41）Edmund Leach, 1961, *Rethinking Anthlopology*, London: Athlon Press, エドマンド・リーチ『人類学再考』（井上兼行訳、思索社、一九八五年）、同「言語の人類学的側面」（『現代思想』一四―三、諏訪部仁訳、一九七六年。初出は一九六四年）、Edmund Leach, 1963, *Culture and Communication*, Cambridge University Press, エドマンド・リーチ『文化とコミュニケーション』（青木保・宮坂敬造訳、紀伊国屋書店、一九八一年）、Mary Douglas, 1966, *Purity and Danger: An Analysis of the Concepts of Pollution and Taboo*, London: Routledge & kegan Paul, メアリー・ダグラス『汚穢と禁忌』（塚本利明訳、思潮社、一九七二年）。

（42）P・L・バーガー『聖なる天蓋――神聖世界の社会学』（薗田稔訳、新曜社、一九七九年）、Peter Ludwig Berger, 1967, The Sacred Canopy–Elements of a Sociological Theory of Religion, Doubleday. ノモス（世俗日常的な意味秩序）から、死などの限界状況に出会うことによって、カオス（意味づけ不能の混乱状態）へと直面する、しかしその克服の過程でコスモス（高次な超俗的で神聖な新たな意味秩序）を産み出す、という仮説理論。

（43）『国立歴史民俗博物館研究報告』第一五集（共同研究「儀礼・芸能と民俗的世界観」一九八七年）。

（44）記紀神話によればアマテラス、ツクヨミ、スサノオの三貴神は、黄泉の国を訪問して死穢に汚染されたイザナギの禊祓によって誕生したという。死穢の逆転が神々の誕生へというメカニズムの存在がそこにも示唆されている。

（45）『続日本紀』には八世紀半ばの称徳朝の詔勅に「穢」の文字が頻出する。和気清麻呂が別部穢麻呂と名替えされているが、天皇への反逆心を「穢」と表現する詔勅が目立つ。密教の呪法に通じていた弓削道鏡の関与も推定され、天平期以降に流布した『陀羅尼集経』巻九にみえる烏樞沙摩解穢法印や、『大日如来剣印』の加持三業法にみられる解穢法の記事から、当時の「穢」の観念には密教の影響が大であったと考えられる。

（46）『記紀』『続日本紀』などにみえる「穢」の表現は「穢き」とか「穢す」などという形容詞や動詞としてであった。名詞の「穢」の用例は『日本後紀』承和三年（八三六）九月十一日条が初見である。名詞の「穢」の定着は「穢れ」観念の定着を意味する。公式な規定については、三橋正「弘仁・貞観式逸文について―『延喜式』穢規定成立考―」（『国書逸文研究』第二二号、一九八九年）は弘仁十一年（八二〇）撰進の『弘仁式』においてだという。ただし、その見解は一〇世紀後半成立の『西宮記』のしかも逸文を参考とするものである点にやや疑問が残る。時代状況からみて『弘仁式』の時点ですでに『延喜式』にみるような觸穢規定が制度的に成立していたとは考えがたい。なお、大本敬久『触穢の成立』（創風社、二〇一三年）も参照のこと。

（47）新谷尚紀『ケガレからカミへ』（木耳社、一九八七年）、同「火とケガレ」（『日本人の葬儀』紀伊国屋書店、一九九二年）、同「貨幣には死が宿る―民俗学からみた貨幣―」（『お金の不思議　貨幣の歴史学』山川出版社、一九九八年）、同「死とケガレ」（宮田登・新谷尚紀編『往生考―日本人の生・老・死―』小学館、二〇〇〇年）、同「部落の古老女性に聞く」（『国立歴史民俗博物館研究報告』第九九集〈共同研究「近代社会における差別の史的研究」二〇〇三年〉）。

ここで、「ケガレからカミへ―ケガレ・ハラへ・カミ―」のメカニズムの存在を示唆する民俗例として、次の五つの例をあげておく。第一は、神社での賽銭である。神聖なる神社の神様に向かって硬貨を投げ込む。第二は、正月や節分など年越しに際しての祓へ清めに登場する門付けの宗教者や芸能者、それらの儀礼的表象としてのナマハゲやトシドン、また観念的表象として折口信夫が発見した「まれびと」（「国文学の発生（第三稿）」〈『折口信夫全集』第一巻、中央公論社、一九五五年〉）。第三は、日本の民俗神の典型例である村境に祀られる道祖神。忌むべき兄妹相姦の伝承をともないながら火中に投ぜられる石像であったり、人びとのケガレを依りつけた藁で作られ巨大な性器が強調される藁人形であったりする。第四は、汚い水死体が漁村では逆にエビス神として祀られるという例。第五は、民俗の中の多くの縁起物の類である。葬送の棺担ぎ役の人が脱ぎ捨てた草履を拾って履くと足が丈夫になる、汚い馬糞を踏むと背が高くなるとか足が速くなる、女性の髪の毛が船霊様のご神体として祀られる、兵士の弾丸除けになる、等々、普通に考えれば汚い不潔で不気味なものが逆に縁起物や神様のご神体となっている民俗例が多い。

（48）前掲註（41）参照。

（49）たとえば、山本幸司『穢と大祓』（平凡社、一九九二年）、門馬幸夫『差別と穢れの宗教研究』（岩田書院、一九九七年）、辻本正教『ケガレ意識と部落差別を考える』（解放出版社、一九九九年）、服藤早苗ほか編『ケガレの文化史――物語・ジェンダー・儀礼』（森話社、二〇〇五年）など。

(50) Loius Dumont, 1980 (1966). *Homo Hierarchicus: The Caste Systemand its Implications* (complete revised English edition), Chicago: The Univ. of Chicago Press (*Homo Hierarchicus*, Paris: Gallimard, 1966).

(51) 差別の問題も含めてのケガレ論については、新谷「ケガレの構造」(『岩波講座　日本の思想　第6巻』〈前掲註(30)〉) を参照いただきたい。

(52) 新谷『民俗学とは何か』(前掲註(2)) 一九八～二〇一、二二一～二二三頁を参照いただきたい。

(53) 二〇〇四年の法人化により、国立歴史民俗博物館の文部教官の身分も定員制も廃止され、それにともない民俗学関係の定員制も廃止されたが、そうした人事の流動性の中でも実質的な研究活動は継続されている。

(54) 国立歴史民俗博物館展示図録『日本の神々と祭り―神社とは何か?―』(二〇〇六年)。

(55) 新谷尚紀『伊勢神宮と出雲大社―「日本」と「天皇」の誕生―』(講談社、二〇〇九年)。

(56) 新谷尚紀『伊勢神宮と三種の神器―古代日本の祭祀と天皇―』(講談社、二〇一三年)。

(57) 新谷尚紀『氏神さまと鎮守さま―神社の民俗史―』(講談社、二〇一七年)。

(58) 新谷尚紀『神道入門』(筑摩書房、二〇一八年)。

(59) 石野浩司「朔旦冬至と「神宮式年遷宮」立制論」(『神宮と日本文化』皇學館大學、二〇一二年)。

(60) 『伊勢神宮と三種の神器』(前掲註(56)) 一三二～一九二頁参照 (初出は新谷「日本民俗学 (伝承分析学・*traditionology*) からみる沖ノ島―日本古代の神祇祭祀の形成と展開―」〈「宗像・沖ノ島と関連遺産群」研究報告Ⅱ－1「宗像沖ノ島と関連遺産群」世界遺産推進会議 (福岡県・宗像市・福津市)〉二〇一二年)。

(61) 新谷『氏神さまと鎮守さま』(前掲註(57)) 二七～二八頁参照。

(62) 新谷「貨幣には死が宿る」(前掲註(47))、同「民俗学の王権論」(広瀬和雄・仁藤敦史編『支配の古代史』学生社、二〇〇八年)。

(63) 新谷尚紀『葬式は誰がするのか―葬儀の変遷史―』(吉川弘文館、二〇一五年)。

(64) 新谷尚紀「慰霊と軍神」(藤井忠俊・新井勝紘編『人類にとって戦いとは3』東洋書林、二〇〇〇年)、同「慰霊と軍神　再考」(『国立歴史民俗博物館研究報告』第一三三集、二〇〇六年)。

(65) 新谷尚紀「日赤看護婦と陣中日誌―語りと記録の資料論・試論―」(『国立歴史民俗博物館研究報告』第一〇一集、二〇〇三年)、同「戦時体験の記録と語り―日赤看護婦のリアルタイムの「陣中日記帳」と、晩年の「記憶と語り」より：一九三七年の上海戦線と病院船勤務―」(『国立歴史民俗博物館研究報告』第一四七集、二〇〇八年)、同「戦死者記念と文化差―memorialと慰霊、fallen soldiersと英霊―」(関沢まゆみ編『戦争記憶論』昭和堂、二〇一〇年)。

(66) 新谷尚紀「電気洗濯機の記憶」(『高度経済成長と生活革命―民俗学と経済史学との対話から―』吉川弘文館、二〇一〇年)、同「高度経済成長と農業の変化―日本民俗学からの一試論―」(『国立歴史民俗博物館研究報告』第一七一集、二〇一一年)、同「葬送習俗の民俗変化(1)(2)」(『国立歴史民俗博物館研究報告』第一九一集、二〇一五年)、同「食品産業と企業倫理についての民俗伝承学的研究」(『国立歴史民俗博物館研究報告』第二〇七集、二〇一八年)。

参考文献

網野善彦　一九八二　『東と西の語る日本の歴史』　そしえて
新谷尚紀　一九七六　「両墓制についての基礎的考察―両墓の形態より―」『日本民俗学』第一〇五号
新谷尚紀　一九七九　「両墓制成立の一背景―死体埋葬区画の呼称より―」『民俗と歴史』第七号
新谷尚紀　一九八七　「人と鳥のフォークロア」『国立歴史民俗博物館研究報告』第一五集
新谷尚紀　一九九一　『両墓制と他界観』　吉川弘文館
新谷尚紀　二〇〇四　「村落社会と社寺と墓地」『国立歴史民俗博物館研究報告』第一一二集（『柳田民俗学の継承と発展』吉川弘文館、二〇〇五年、に収録）
新谷尚紀　二〇〇八　「石塔と墓籍簿」『国立歴史民俗博物館研究報告』第一四一集
関沢まゆみ　二〇一三　「「戦後民俗学の認識論批判」と比較研究法の有効性」『国立歴史民俗博物館研究報告』第一七八集
関根康正　一九九五　『ケガレの人類学』　東京大学出版会
福田アジオ　一九九二　『柳田国男の民俗学』　吉川弘文館
宮本常一　一九八一　「常民の生活」『東日本と西日本』　日本エディタースクール出版部
柳田國男　一九二九　「聟入考」『三宅博士古稀祝賀記念論文集』　岡書院（『定本　柳田國男集』第一五巻）
柳田國男　一九三〇　『蝸牛考』　刀江書院（『定本　柳田國男集』第一八巻）

比較研究法の有効性

――時差のある変化：その研究実践例から――

関沢まゆみ

一　戦後民俗学の認識論批判をめぐって

戦後日本の民俗学は、柳田國男が提唱した民俗伝承情報に対する比較研究という基本的な視点と方法について、その継承か否定か、という点で、三つの段階を歩んできて現在に至っている。①理解不足、②完全否定、③継承発展、という三段階である。その中でとくに注目されるのは、一九七〇、八〇年代の②完全否定、つまり、福田アジオ「民俗学における比較の役割」〔福田　一九七四a〕をはじめとする一連の論文〔福田　一九七四b・一九七四c・一九七六〕による柳田の方法論の完全否定であった。その福田による柳田否定の論調の影響は大きく、それによって一九八〇年代以降の民俗学で主流とみなされてきたのは福田の主張したいわゆる地域研究法であった。しかし、一九九〇、二〇〇〇年代になると、岩本通弥「地域性論としての文化の受容構造論―民俗の地域差と地域性に関する方法論的考察―」〔岩本　一九九三〕や、同「戦後民俗学の認識論的変質と基層文化論―柳田葬制論の解釈を事例にして―」〔岩本二〇〇六〕などにより、福田の主張に対する根本的な疑問の提示がなされていった。岩本のいう、戦後日本の民俗学というのは、東京教育大学の和歌森太郎門下の福田アジオの提唱した民俗学の方法論にならう流れをさすものであり、民俗の伝承母体たる地域社会に注目する地域研究法の主張であった。それは、一定の村落社会の精密な民俗調査によってこそ、その村落社会の民俗的な歴史世界が再構成できるという視点に立つものであった。しかし、そのような村落社会を類型化し固定化してとらえる視点や論理は、柳田の最も否定した「劃地主義」に他ならないと、岩本は批判したのである。その岩本の主張を整理すると、主要な論点は以下の通りである。

(1)柳田の議論の基本は、変化こそ「文化」の常態、とみる認識であった。

(2)しかし、戦後民俗学では、民俗を変化しにくい存在、ととらえる認識が優勢となった。

(3)その認識の変換の背景として考えられるのは、民俗を変化しにくい地域的伝統とみなす、根底的文化論が混入したことであり、その主な原因は、和歌森太郎による基層文化論の誤謬的受容にあった。それが東京教育大学を中心とする戦後アカデミズム民俗学の内部に浸透し定着したからであった。

(4)そこで、基層文化／表層文化、と関連づけて、村落の民俗／都市の風俗・流行、という対比的な二分法的な分類が行なわれて、村落の民俗＝基層文化、という位置づけとなっていった。

(5)和歌森から福田への過程で、「型」の設定＝民俗は不変、という考え方が前提となっていった。形（観察できる現象としての形、要素）を、型（要素の組合せ）と混同して、民俗資料の類型化論へとなっていった。形の変化を見ようとした柳田の視点が学ばれることなく、不変の型を抽出する視点が優先された。変化と変遷の中にある民俗を時間的あるいは空間的に固定化させてとらえることとなった。

岩本による、柳田の議論は変化こそ「文化」の常態であるとみる認識であったのが、戦後民俗学では、民俗を変化しにくい存在、ととらえる認識が優勢となり、結果として類型化論になっていった、という批判とその指摘は重要である。それは民俗学の基本的な方法論とも密接に関係する問題でもあるからである。実際の戦後民俗学の世界では、柳田の変遷論の視点の継承、また比較研究法の活用の可能性を検証することは重視されず、むしろそれを否定し放棄して、個別村落の民俗調査による歴史世界の再構成を目的とした地域研究法、個別分析法の活用の主張が主流となっていった。しかし、岩本は、その戦後民俗学というのは民俗の変遷論を無視した点で、柳田の構想した民俗学とはまったく別の、硬直化したものとなってしまったと、その問題点を鋭く指摘したのである。

一方、地域研究法が主流となっていった一九八〇年代以降の民俗学の流れの中でもそれとは別に柳田の比較研究法の継承を実践したのが新谷尚紀『両墓制と他界観』〔新谷　一九九一〕、同『柳田民俗学の継承と発展』〔新谷　二〇〇五〕などであった。新谷は、福田の提唱した民俗学は柳田が創生した民俗学とはまったく異なる「もう一つの別の新しい民俗学」であったと位置づけている。そうした流れの中で、戦後日本の民俗学において主流とみなされてきた地域研究法に対して、それはもちろん重要であるが、それと同時にやはり柳田の提唱した比較研究法の活用こそが有効であり必要である、という見解が、関沢「『戦後民俗学の認識論批判』と比較研究法の可能性—盆行事の地域差とその意味の解読への試み—」〔関沢　二〇一三〕などにおいて提示され、近年ではそれに続く新たな論考が現れてきているというのが現状である。

二　文化変遷の遅速差と段階差

では、民俗学創生の基本である柳田國男が民俗伝承の変化について論じている文章をここで再確認してみよう。

「幸いにして都鄙遠近のこまごまとした差等が、各地の生活相の新旧を段階づけている。その多くの事実の観測と比較とによって、もし伝わってさえいてくれるならば、大体に変化の道程を跡付け得られるものである」〔柳田　一九四六〕。

「文化変遷の遅速：いわゆる計画記録の最も豊かであった中央の文化がかえって最も多く変遷していたこと、それから距離の遠くなるに比例して、少しずつ古い姿の消えて行き方が遅くなっていること」〔柳田　一九三五〕。

「風俗の変遷はいつも斜線をえがいてかわっていく（中略）。ただ大きな都会の世相だけを見ていてはわからないのである」〔柳田　一九七九（一九五四）〕。

つまり、柳田は、文化の発信地としての中央（都市）、そして地方（農村）という関係をもって、歴史的な変化の段階差に注目することを提唱しているのである。たとえば、女性の化粧の変化について、紅《べに》・白粉《おしろい》で顔を装うことは、本来は神事・結婚などのハレの日に限られていたが、日常化して女性の容色を整えるための手段となった。しかし、その変化の実態は「町方では早くから化粧の本来の意義が喪失したが、古風な土地には、まだ化粧はハレの日に限るという風が見られた」という例をあげている〔柳田　一九七九（一九五四）〕。このような、斜線を描く風俗の変化をとらえる視点から、柳田は「実は自分は現代生活の横断面、すなわち毎日我々の眼前に出ては消える事実のみに拠って、立派に歴史は書けるものだと思っているのである」。自然史の方面では立証されていることであるが、「もし採集と整理と分類と比較との方法さえ正しければ、彼に可能であったことがこちらに不可能なはずはないと考えたのである」〔柳田　一九三一〕と述べている。

1　眉剃りと鉄漿の終焉

まず、中央で早く変化したことが地方の農村部においてはどのくらい後に変化が確認されるのか、という時間差と段階差を考えさせられる事例とその資料をみてみよう。

明治政府の近代化政策のなかで、鉄漿《かね》も眉剃りも「旧来の弊習」として廃止の措置がとられ、明治六年（一八七三）三月三日に昭憲皇太后が鉄漿を剃ぎ、黛を落とした。それ以後、東京ではしだいに鉄漿つけの風習が廃れたとされるが、東京から離れた農村などではいつごろまで継承されていたのであろうか。明治の終わりから大正の初めごろの奈良県内の村々の様子を記した『奈良県風俗志』資料（奈良県立図書情報館蔵）の、「顔面其他身体装飾」という項目をみてみよう。

眉剃《まゆぞ》りと歯染《はぞめ》については、「眉剃スルハ三十歳以上ノ婦人、歯染スルハ五十歳以上ノ婦人ニ多ク」（添上郡五ケ谷村）、「眉剃リ三十四、五才ノ婦人ハ皆剃ル習慣アリ。歯染五十才以上ノ老婆ノミ染歯スルノ習慣アリ。昔時ハ染歯ニヨリテ既婚者ノ標トセシモノニテ、女子ノ結婚ノ同時ニ染歯セント聞ケド今ハカヽル事ナク老婆ノ間ニ形見テ残セルモノアルノミ」（添上郡田原村）、「眉剃ハ従来行ハレ来リシモ、今来ハ少ク、村内ノ約一割位ナリ。然レ共中年以上ノ婦人ニ多ク行ハル。歯染モ古来ヨリノ風習ニシテ結婚式ノ翌日ハ必ズ染歯スルヲ例トセシガ、今年ハ漸ク廃レテ四十才前後ノ婦人ニシテ歯染ヲナセルモノ十中ノ一二位ナレ共四十才以上ノ婦人ハ今モ歯染ヲナセリ」（山辺郡豊原村）、とある。

つまり、明治末から大正初年のころに、すでに若い人たちの間では眉剃りも鉄漿付けも行なわれなくなってきていたが、それでも眉剃りは三十歳代以上の女性たちに、歯染めは五十歳代以上の女性たちの間では、まだ旧来の習慣として行なわれていたことがわかる。

奈良県の山間地方の村落の事例では、昭憲皇太后が眉剃りも鉄漿もやめてから、二〇年以上も遅れて明治三十年代以降、しだいに、若い世代から廃れていったことがわかる。

このほか、大正のころ、白粉が普及していったが、『奈良県風俗志』資料には白粉について、次のような記述がある。

「女子ハ年齢十五六才以上、三十才位迄ハ白粉ヲ使用ス。其ノ使用ノ状況ハ祝日、祭日、農家ノ休日並ニ他人家ニ行ク時、多数人ノ集合ノ際、結婚、葬式等ノ時ナリ。白粉ハ処女時代ハ通ジテ用ヒラレ、婦人トナリテ他出ナドニハ用ヒラルレドモ、日常之ヲ用ルモノ少シ」（吉野郡国樔村）、「十五六才頃ヨリ四十才前後マデ用フ、但平常ハアマリ用ヒヅ」（吉野郡小川村）などと、当時は、白粉は十五、六歳から四十歳前後までの女性がつけるもので、日常的に用いるものではなく、外出や冠婚葬祭のときなど特別な場合に用いられていたことがわかる。

ここで、柳田が『明治大正史 世相篇』で指摘している「現代生活の横断面」という視点で、『奈良県風俗志』資料にある女性たちの顔面の様子についてみると、同じ時代の同じ村の中に、A白粉をつけず、歯は黒くし、眉を剃った顔の四十歳から五十歳以上の年配の女性たちと、C白粉をつけて白い歯、眉も剃らない三十歳代くらいまでの女性たちと、その間に、B白い歯であるが眉を剃った顔の女性たちという三者が混在していた様子がわかる。この横断面には、A地肌・黒歯・眉剃りから、C白粉・白歯・自毛眉へと変化する様子と、その中間形B白歯・眉剃りとがあり、それらは新旧の段階差として解釈できるというわけである。

黒い歯と眉剃りに一人前の女性として誇りをもっていた時代の女性の聞き取り資料が残されている。瀬川清子『若者と娘をめぐる民俗』（瀬川 一九七二）に収める資料である。そこには、千葉県富津市の松崎せんさん（八十六歳）という嘉永年間（一八四八〜五四）生まれの女性が、「私は聟を貰いに行く時、カネをつけて行った。眉毛をおとさずに黒い歯だとかわいらしいものだ。それを半元服という。一九の春の風にあわせないで眉毛をとったものだ。二〇歳になっても眉毛があれば風《ふう》が悪い。いつまで白歯でいるんだ、鬼みたい、といわれるので、嫁に貰い手がなくても、一九の坂をこえればオハグロをつけた。そうすれば、おまえ元服したんか、といって髪につけるものを祝ってやった。歯が白くては鬼婆みたいで気味が悪かったが、この頃はみなれた。昔は白歯を亭主にみせるものではなかった」と語ったという記述がある。このせんさんは、眉剃りと鉄漿が一人前の女の表象であった時代に生まれ、眉剃りも鉄漿もすっかりなくなった時代まで見てきたのであった。「歯が白くては鬼婆みたいで気味が悪かった」という美的感覚には現代人は驚かされるが、昭和の初めにはすでに既婚者のそのような古風な身体装飾はなくなり、白い歯が定着してきていたことがわかる。若い世代と年配者世代との間に、新しい変化への対応差があったのは、時代と社会の変化の中で、「年齢相応の装い」という基準は維持されながら、その美意識の感覚の差が時代の変遷の中で常に生じているからである。

歴史の中の変化を追跡する文献史学と異なり、民俗学は変化だけでなく変化のなかでも変わりにくいもの、伝承の中核になる部分にも注目するのがその特徴である。『奈良県風俗志』資料にみる眉剃りや鉄漿の変化では、若い世代が先にそれを行なわなくなったものの、鉄漿は五十歳代以上、眉剃りは三十歳代以上にはまだ継続されていたことが注目される。もともと、眉剃りも鉄漿も結婚と同時に行なうものであったが、それは女性既婚者の身体表象とみなされていたものであった。その規範にしたがうことが当時の五十歳代以上の「老婆」たちには自身の存在証明でもあった。化粧のあり方は時代とともに変化していくが、社会規範としての身体表象という意味、自身の存在証明という意味には変わりないのである。

2　お宮参りとお食い初め

現在の民俗伝承においても、子供が生まれると、およそ三〇日目ごろを目安にお宮参りが行なわれている。このお宮参りについて、ずっと古く室町時代の記録には、たとえば、蜷川俊成『俊成日記』天文七年（一五三八）二月四日条に「里御料人明日為百一日之間、イロナオシノ小袖為代二十疋・鯛二・海老廿」とある。また『山科家礼記』には、大沢久守の孫竹寿丸（大沢重敏）の色直も、誕生日である文明十二年（一四八〇）五月二十一日の一〇一日目にあたる九月四日に行なわれており〔菅原　二〇〇三〕、いずれも現在の生後三〇日前後よりも遅く、生まれてから一〇一日目に行なわれていたことがわかる。

「色直し」は、「ご料人（山科定言）御まいりそめ（参初）、御いろなおし（色直）三（王）御社参候也」（『山科家礼記』文明九年三月五日条）と、日吉山王社にお宮参りをした記事にも、「お宮参り」の意味で使用されている。江戸時代中期の有職故実書『貞丈雑記』には「百日の内は白小袖、百一日め、色直しとて、産婦児並仕女《つかいめ》も、色小袖を著す、色直しの祝あるべし、色直し有て、三七日の後、吉日次第、宮参あるべし」とある。十七世紀末ごろの京都の町の習俗を記録した『日次紀事』には、「良賤産婦幷小児血忌明日、宮参、或寺参」とある。産の忌が明けるまでは白い小袖を着用しており、明けるとその翌日、これが一〇一日目になるが、色モノを着せてお宮参りに行く習俗があったことがわかる。

これらの室町時代から江戸中期までの記事をみると、現在よりもお宮参りの日が遅かったことがわかる。資料の制約はあるが、江戸時代後期、庶民の間でお宮参りがいつ行なわれていたのか、文化年間（一八〇四〜一八）の『諸国風俗問状答』をみてみると、大きく二つの傾向がみられる。

一つは、室町から江戸中期の記録と同様で、初宮参りを一〇〇日目とか一一〇日目に行なうというものである。そのような事例では、宮参りと同じ日に喰い初めもセットで行なわれているのが注目される。

百十日始て産神へ詣、喰初、かながしらを焼物に用ふ。又石を皿に入れ膳の向に附て、箸にてはさむ真似して喰しむる也。(『伊勢國白子領風俗問状答』)

男子は廿一日、女子は廿二日めを忌明と申。内にて祝ひ事、餅抔搗、神に備へ、婦の里親又隣家へ送り、取上婆へ禮を勤候事御座候。宮参り、此日はいたさず、百日にいたし候。生れて百十日目を百日《ももか》と申、喰初とて親をとり、招て祝ひ事仕候も御座候。宮参り此日いたし候。(『備後國品治郡風俗問状答』)

男子十八日目、女子二十一日目に忌明内祝等仕候。男子百日目、女子百十日目に百々日《ももか》と申て、氏神へ参詣いたし申候。(『備後沼隈郡浦崎村風俗問状答』)

それに対して、もう一つは、現在と同様で、三〇日前後に宮参りを行なうというものである。そのような事例では、喰い初めは一〇〇日とか一一〇日に行なわれており、宮参りと喰い初めとが別の日に行なわれるものとなっている。

在方にては、誕生より男子は三十一日目、女子は三十二日目に宮参りと申、産神へ参詣仕、又喰初と申、男子は百二十日目、女子は百十日目に相祝申候。(『丹後國峯山領風俗問状答』)

男子なれば三十一日、女子は三十三日目、忌明にて、氏神へつれて参詣いたし申候。百日目は、喰初とて、赤小豆飯にて祝ひ、飯粒を給初させ申候。(『阿波國風俗問状答』)

そしてさらに、この二つの中間のような初宮参りの方式も報告されている。これは忌明けの二一日前後とか三三日目に氏神の神社の石壇や鳥居など入口までは参るものの、中には入らないで、あらためて一〇〇日目とか一一〇日目に宮参りをするという事例である。

男子は廿一日、女子は廿二日を忌明けと申、餅つき、神にもそなへ候て、氏神の石壇迄小児を抱き参候。百十日をも〻かと申、宮参仕り、神酒そなへ、小児に膳をすへ初め候。(『備後國福山領風俗問状答』)

三十三日目に、母にても乳母にても抱きて生土神へ参るなり。後ロ参といふ。神殿拝殿など迄は参らず、鳥居の外にて拝をして帰るのみなり。此神詣を児の外へ出る初とするなり。是より以前は聊にても外へは出ず、故に下賤のものなどは婦の親里などへも行難ければ、甚不自由なるによりて此参詣はするなるべし。児の初めて出る事故にまづ神社へ参るなるべし。後ロ参といふは児を抱きたるま〻にて拝し、改て児を神社には向はしめざれば云なるべし。百十日目に箸揃《はしそろ》へとて、初て物を食ひ初めさする也。例の親類など請じて、さて児の膳を居へて産婆、児に箸を取ていさ〻さかく〻めて食はするなり。饗膳の料理等は定りなし。さて後は(或いは前にても)生土神へ参詣して守りをもらひ来るなり。此守生涯身に附くる守にて、是より此神をウブ神とも氏神とも云ふなり。

(『三河國吉田領風俗問状答』)

これらの記録資料情報により、江戸時代後期には、初宮参りの日取りは、一〇〇日とか一一〇日に行なわれるところと、忌明けが早くなって二一日から三〇日前後に行なわれるところとがあったことがわかる。つまり、産の忌みの弛緩をめぐる歴史的な変化の段階差が地域差の中に現れていたのである。民俗学が追跡する生活文化の変遷というのは、全国一斉にすべてが一気に変わるのではなく、常に地域差や段階差の中に変化の過渡期を含みながら変わっていくのであり、民俗学が注目するのがその地域差や事例差なのである。現在も伝承されている一〇〇日目の食い初めというのも、そのような歴史的変化の中の一断面として伝えられているものと位置づけられるのである。

3　冬至の食物――小豆粥から南瓜へ

もう一つ、「現代生活の横断面」という視点から、冬至の食物についてみてみよう。現在でも、冬至には南瓜を食べると風邪をひかないと言い伝えられており、「冬至南瓜」は根付いているといえる。しかし、南瓜はポルトガル人によって天文年間に豊後の大友宗麟に献上されたのが最初とされているが、日本各地で栽培されるようになるのはずっと後の江戸時代末である。『東都歳事記』には冬至の柚子湯の記事はあるが、その他江戸時代の歳時記類には南瓜の記事はない。つまり南瓜が冬至の食物として受容されていったのは明治以降と考えられるのだが、その理由について、冬至を境に復活していく太陽と黄色（南瓜、柚子）への類似連想があったのではないかと考えられている。(1) ここでは、再び『奈良県風俗志』資料から、明治の終わりから大正の初めにかけてこの地方の村々の冬至に食するものについてみてみよう。

六八事例のうち、小豆粥（二三事例）、南瓜（四〇事例）、どちらでもない（七草粥〈小豆入り〉、茶粥、汁類、赤飯など六事例）、とくになし（一八事例）であった。複数回答もみられ、「小豆粥と南瓜」の両方を食べるのが一五事例あり、小豆粥だけ食べるのは八事例で、南瓜だけ食べるのは二五事例となっている。

冬至に南瓜を食べれば中風症にかからない、中風が起こらないように「一片たりとも食するものとす」、そのため、当年の夏に作った南瓜を冬至に用いるために貯えておく、「俗説ニ冬至ノ日、南瓜ヲ食セバ中風症ヲ免ルトテ之ヲ用フルモノ多シ」（吉野郡大淀村）、「迷信として此日は貯へ置きたる南瓜を煮て食ふ。中風疾を予防するの効ありと云ふ」（三本松村）、「南瓜ヲ食ヘハ中風病ヲ発セズトテ食フモノアリ」（吉野郡四郷村）など、南瓜の効用が中風との関連で説明されている。

一方、小豆粥については、「冬至ニハ昔ヨリノ仕来リニテ豆粥ヲ食シ、又南瓜ヲ煮テ食フコトアリ、豆粥ニハ多クハ小豆ヲ用フ」（吉野郡川上村）、「あづき（小豆）の粥を食するの外何等なす事なし」（吉野郡賀名生村）、など、特別な効用には触れられていない。

「粥ヲ煮、神仏ニモ供ヘ油揚ヲ食ヒ又南瓜ヲ食スル家モ稀ニアリ」（宇智郡）も、粥が基本で、稀に南瓜の家もあるという書きぶりである。

これらの記述から、この明治の終わりから大正の初めのころ、小豆粥だけの家、小豆粥と南瓜の家、南瓜だけの家という大きく三つがあったが、その背景には、もともと小豆粥が食べられていたところに、新しく南瓜が入ってきたこと、その南瓜だけを食する家もあるが、小豆粥から南瓜への中間形として両方を食する家もあったということ、がわかる。

こうして冬至の食物についてみると、もとは小豆粥であったのが、明治以降、新しく南瓜の例もみられるようになってきたのであるが、長い歴史をもつ小豆粥にはとくに食する理由が語られていないのに対し、新しい南瓜については、中風にならないなどの効用が語られているのが特徴的である。新奇なものには説明がつくという現象である。現在では、「冬至南瓜」は広く定着しているが、年中行事の食習全体としてみると、冬至の小豆粥はこのようにまだ地域によって残ってはいるが、小豆粥といえばやはり小正月の行事である。冬至や正月など冬季の行事では太陽への一陽来復の信仰と小豆の赤色への類感的感覚、また、産育や長寿祝いの習俗では血液と生命力への類感的感覚、それらが総合されて民俗信仰の場では赤色の厄災除け、魔除けの力への信仰が伝えられている。冬至の食物も小豆から南瓜に変わってても旧来の小豆も残っており、新旧の要素はいずれも強い伝承力を保ちながら併存している。そして、変わりにくい部分として底流しているのは、冬至という極陰の行事の中に根強く伝えられている太陽の回復へという一陽来復の願いである。

以上、柳田が注意を喚起した「現代生活の横断面」という視点の有効性について、身近な例をあげて簡単に説明してみた。そして、江戸後期の『諸国風俗問状答』や、明治・大正期の『奈良県風俗志』資料を参考にして、それが一定の程度有効であるということを紹介した。眼前の民俗伝承の多様性への注目とその比較研究という方法は、生活変化の遅速差という歴史情報を読み取る有効な一つの方法なのである。

三　盆行事の地域差とその意味

1　民俗は歴史の投影

ここでもう一つ民俗伝承学の作業例を紹介しておこう。

民俗伝承は伝承であることからして一定の歴史的深度をもつものである。たとえば、奈良県下や滋賀県下など近畿地方の村落には、八人衆とか十人衆などと呼ばれる氏神の神社の世話をする宮座の長老衆が存在し、村人の代表として祭祀を執り行なっている例が多い。この長老衆は年長者から数えて八人とか一〇人で構成され、基本的に終身制である。そのため、父と息子との二人がなる場合もある。日本の多くの村落構成が家単位であるのに対して、この長老衆の例では、家の規定を受けない個人が構成単位となっている点が特徴で、そこに、中世の惣村結合の伝統がみられるという指摘がなされてきた〔福田　一九九七、関沢　二〇〇〇a〕。

また、近畿地方の村落の墓地の立地と墓参習俗の有無にも特徴があり、若狭地方や淡路島、奈良県東山中などを点々と結ぶ近畿地方の周縁部には埋葬墓地にまったく墓参を行なわない地域が円環状の分布を示しており、それと対照的に畿内の中心部の平野では郷墓の設営と三昧聖の存在が認められることが注目されている。そして、その背景としては十世紀以降の摂関政治のもとで歴史的に醸成された觸穢思想とその後の展開という歴史的な動向を受けて現在にまで伝承されてきているものと解釈されてきている。その点については、新谷尚紀「民俗は歴史の投影である―墓地と死穢：近畿地方の民俗的特性―」〔新谷　二〇〇五〕などを参照されたい。

この福田、新谷ともに近畿地方の村落を研究対象として、ともに民俗と歴史の関係を指摘し民俗に歴史をみるという視点は共通しているものの、二人の柳田の方法論についての見解は大きく異なる。福田は、地域差は空間差であり、時間差（歴史）ではないとして、柳田國男の提唱した比較研究法を批判し否定して、個別村落ごとの地域研究を実践している〔福田　一九八四〕。一方、新谷は柳田の比較研究法を評価してそれを継承しようとして、一定範囲の複数の事例研究を積み重ねて地域差に歴史情報を読み取り、これを歴史上の変遷の段階差として立体的な歴史世界の展開をみようとしている〔新谷　一九九一・二〇一一〕。

そして、近年では、柳田の比較研究法の視点を活用して、広く民俗事象の分布を確認しながら、地域差に歴史情報を読み取ろうとする研究例が発表されてきている。たとえば、関沢の日本各地の盆行事の地域差に注目するもの〔関沢・歴博編　二〇一五〕や、武井の沖縄の清明祭と十六日祭について〔武井　二〇一七〕、また、新谷の葬儀の担い手の歴史的変化をめぐる研究〔新谷　二〇一五〕などである。それぞれこれまで個別事例を中心とした分析がなされてきたが、それらを東北地方から九州地方までの広い範囲に視点を広げ、あるいは沖縄と南西諸島という一定の範囲での伝承状況をとらえ、分布の傾向性と現状の調査および文献記録を参照しながらの分析視角を提示したものである。そして、これらの盆行事の地域差や、清明祭と十六日祭についての研究は、柳田國男『蝸牛考』の方言周圏論的な視点を活用工夫したものであり、一方、葬儀の担い手の変化についての研究は柳田國男『聟入考』の重出立証的な視点を活用工夫した方法によるものである。

2　盆棚設営と墓参習俗と霊魂感覚をめぐる地域差

（1）柳田の三種類の霊魂論

柳田國男がお盆に迎える霊魂には本仏と新仏と無縁仏の三種類があるとしたことはよく知られている。『先祖の話』（柳田　一九四六）のなかで「現在の盆の精霊には、やや種類の異なる三通りのものが含まれている」と述べ、盆にまつる霊には、先祖の霊である本仏（みたま）、亡くなって一年から三年以内の新仏（荒忌みのみたま）、そしてまつり手のない無縁仏（外精霊）の三種類があること、そして、それぞれのまつられる場所が屋内、縁側、屋外というふうに分けられていることを指摘している。同書で、この三種類の霊のうち無縁仏について、「九州の南部から島々にかけて、外精霊と呼んでいるものがある。東北地方だけには妙に聴くことが少ないが、関東以西の広い区域にわたってこれがあり、ただその名称だけは土地によって、あるいはホカドン、トモドンといい、御客仏といい無縁様といい、または餓鬼とさえいう処が少なからず、従ってその考え方にも大分のちがいが出来ている。しかしともかくも必ず家で祭らなければならぬみたまより他の霊が、盆の機会をもって集まって来ると見たまでは一つである。岐阜県の一部にはこの外精霊を一切精霊様といっている村がある。また壱岐の島でサンゲバンゲというのも三界万霊の訛音かと思われる。これはわが国固有の先祖祭思想の、おそらく予期しなかった新しい追加である。（中略）このいわゆる外精霊の解釈は、教化の程度によってほとんど地方ごとにちがっている。したがってまたこれに対する家々の待遇ぶりにも、著しい差等があるのだが、今までこういう点を比較しようと思った人もなかったために、誰でも自分の土地の風のみを、全国普通のものと速断する傾きがある」と述べている。

そして、餓鬼には、(1)家にまったく縁のない亡霊、家のない餓えた求食者で、盆には家々の精霊様の供物を横取りするといって、先祖の霊を静かにもてなすためにまず彼らに何らかの食物を与えて、邪魔をせぬようにする必要があると考えられているもの、(2)家の族員で未婚のまま死んだ者（関東その他でみられる）、(3)妻の里方の親兄弟、他家に嫁入した姉妹または甥姪などで御客仏とも呼ばれるもの（和歌山県紀ノ川沿岸）、の三つの場合があり、「日本の外精霊には統一も何もなく、またどうして手分けをして家々に入って来るのかの、理由が明白でないものが多かった」と述べている。そして、その意味をめぐる地域的多様性を指摘して、今日は無縁といわゆる本仏との間に、何か境を設けようという趣旨が先に立って、たとえば無縁仏に供えた食物は家の者が分けて食べることはせずに、すべて一器に集めておいて最終に流し棄てるなど、明らかに意識した差別待遇をしている、といい、「これが初秋の魂祭に伴のうて、最初からあったものとは思われぬ以上、この点は少なくとも仏教の感化、またはその刺戟に基くものと言ってよかろう」と述べて、それは仏教の感化による新しい変化であろうととらえている。

そして、「祭とほかいとはまったくの同義語ではない。ほかいが同時に行器の名でもあり、盆は家から外へ送りださるる食物であったに反して、祭はすなわち一家の裡において、遠い親々と子孫との間に行わるる歓会であり、また交感であった」と述べて、盆の基本は「先祖の祭」、「魂祭」であったのに、それに加えて一種の外郭行事ともいうべき「群霊」「外精霊」「無縁ぼとけ」への供養に重きがおかれるようにと変化し、さらにはまた新仏のための「新盆」の供養がさかんになってきたのだというのである。

「盆は田の水や草取の労苦も一応かたづいて、静かに稲の花の盛りを待つ楽しい休息の時であったはずなのに、これを寂しい感傷の日としてしまったのは、必ずしも単なる季節のためではない。いわば、この日の大切な訪問者の中に現世の絆のなお絶ちきれず、別離の涙のまだ乾かぬ人々がまじり加わって、しかも正座を占めるように考える人が多くなった結果であって、忌と祭との古来の関係を思い合せる、これはおそらくはまた一つの近世の変化であった」と述べている。

つまり、柳田の論点は多岐にわたって複雑ではあるが、盆の行事の歴史と民俗についての要点としては次の二点ということになるであろう。(1)本仏、新仏、無縁仏の三種類の霊魂がそれぞれ区別されてまつられている例が多いが、もともとの盆の行事の基本は先祖の魂祭りであった。(2)その先祖の魂祭りに付随するかたちで外精霊などと呼ばれる群霊への供養が仏教の感化もあって加わって盛んとなり、やがてそこから死んでまもない近親者の新仏の供養が中心のように考えられてきた。各地の民俗にはそのような盆行事と霊魂感覚の変化の跡を示すような情報が満ちている、というのである。

(2) 柳田以後の三種類の霊魂論

その後、盆に迎える霊と盆棚の形態および設置場所に関する柳田以降の研究をみてみると、いずれもこの柳田の三種類の霊魂説の強い影響下にあったといえる。そして、無縁仏と先祖の霊をまつる場所の相違についての研究としては、最上孝敬「無縁仏について」〔最上　一九六〇〕、伊藤唯真「盆棚と無縁仏」〔伊藤　一九七八〕、喜多村理子「盆に迎える霊についての再検討—先祖を祭る場所を通して—」〔喜多村　一九八五〕、高谷重夫「餓鬼の棚」〔高谷　一九八五〕などがある。最上は「縁側、さらには外庭、あるいは門口などで祭っていたものが、仏壇ができ位牌がつくられるようになって、〔中略〕古い祭りの場所は、家へあげられない無縁仏などの祭壇とみなされるようになったのではなかろうか」と述べ、仏壇や位牌の成立と普及によって、屋外に設けられる盆棚にまつられていた先祖の霊が屋内の座敷でまつられるように変化したとする見解を示している。また喜多村も、但馬沿岸地方の屋外の棚の調査事例に基づき、「先祖の祭場が庭先、軒下、縁側、室内でも縁側寄りの場所、座敷のなか、床の間、仏壇の前と様々であるのは、先祖祭はすべて仏壇で行なうというパターン化されてしまうまでの過渡的な諸形態と理解されよう」と論じている。高谷も、岡山県、鳥取県、三重県などの事例から、先祖の霊も本来戸外にまつっていたものが、時間の経過とともに、室内でまつられるように変化し、その結果、無縁仏だけは戸外に取り残されたものと、ほぼ同様の見解を示している。このように柳田以降の民俗学研究においては、盆の行事では古くは屋外で先祖も新仏も無縁仏もまつられていたのが、位牌や仏壇の成立と普及によって、先祖の祭場が屋外から屋内へ移動した結果、無縁仏だけが屋外に取り残されたとする見方が示され、盆棚の設置場所とまつる霊の地域差には、時代差が反映されており変遷の過程を示しているとする見解が示されてきたのが一つの流れであった。

それに対して、近畿地方およびその周縁地域だけでなく広く全国を視野に入れようとしたのが、関沢「長老衆と死・葬・墓」（関沢　一九九九）や新谷尚紀「盆」（新谷　二〇〇三）であった。そこでは、①先祖と新仏と餓鬼仏の三種類の霊を区別し、それぞれ屋内と屋外とに区別してまつるタイプ（近畿地方を中心に伝承されている）。②三種類の霊の区別はとくにはせず、共に屋外でまつるタイプ（近畿周縁地域から中国、四国、九州の一部、東海、関東の一部に伝承されている）。③屋内の座敷に盆棚を設け、その棚の下の一隅に無縁仏や餓鬼仏のための供物を供えるだけでとくに無縁仏の棚までは設けないタイプ（全国各地にみられる）。④仏壇をきれいにしてまつるだけで盆棚は設けないタイプ（最も一般的）など、四つのタイプに分類がなされ、これらの形態の違いは、一方のタイプからもう一方のタイプへと変遷してきたという時間差を示しているのではなく、それぞれの地域における盆棚と霊魂感覚の特徴を示しているのだとする解釈にとどめていた。その時点では、まだ東北地方や九州地方の調査事例の蓄積が十分でなかったため、盆行事の変遷という見方に対しては慎重な姿勢を保っていたわけである。

（3）文献記録にみる盆行事の歴史的変遷

もう一つ、盆行事の歴史的変遷について文献記録の上から追跡していたのが前述の新谷「盆」であった。そこで明らかにされたのは大略以下の諸点である。⑴盂蘭盆会の初見は『日本書紀』の斉明三年（六五七）の飛鳥寺でのそれであるが、寺院での設斎が四月八日と七月十五日に行なわれた記事がみえるのはそれより早く推古十四年（六〇六）である。⑵盂蘭盆の行事の起源を説いているのは、西晋（二六五～三一六）の竺法護訳『仏説盂蘭盆経』であり、そこでは釈迦の弟子の目連が餓鬼道に堕ちて苦しむ母を救うために、七月十五日の衆僧自恣の日に僧侶たちに供養することにより、亡母が餓鬼の苦しみから救われたという故事をのせている。しかし、この経典は釈迦の説いたものではなく、中国で撰述された偽経の一つとされている。⑶盂蘭盆の語源をサンスクリット語のウランバナに求め、倒懸の苦とする解釈は七世紀前半の唐の僧玄応の『一切経音義』が最初であるが、中国の南北朝期六世紀の『荊楚歳時記』から日本の十世紀初めの『西宮記』や十世紀末の『三宝絵』をはじめ奈良、平安時代から鎌倉時代にかけては、この倒懸の解釈はまったくみられず、盆とは文字通り盆供を盛る容器の意味と考えられていた。ようやく倒懸の解釈がみられるのは一条兼良の『公事根源』であり、むしろこの倒懸の解釈が仏教学関係者の間で一般化するのは近代の仏教学者荻原雲来（一八六九～一九三七）の影響であった。⑷柳田は、盆が中世以前はみな瓫と書かれていること、ホトキという『和名抄』（十世紀前半）や『塵袋』（十三世紀後半）などの記録類、ホカヒという民俗語彙などに注目して、盆の名は精霊に供える容器の意味だと論じていた。⑸仏教学者の岩本裕は盂蘭盆のサンスクリット語からの由来説を否定して、三世紀以降に西域地方で活動してきていたイラン系のソグド人が用いていた死者の霊魂を表すウルヴァン urvan が盂蘭盆の原語であるとした〔岩本　一九六八〕。⑹『延喜式』『西宮記』『江家次第』などの文献によれば、古代の盆行事の中心は寺院への盆供にあった。⑺その後、『蜻蛉日記』『小右記』『今昔物語集』などの記事によれば、十世紀末から十一世紀以降は寺院への盆供送りから先亡の親の霊前への盆供へと変化していったことがわかる。(8)『吾妻鏡』などの記事によれば、源平の争乱で大勢の死者を出したのち、盂蘭盆会に加えて非業の死者の霊魂を慰めるための万灯会や施餓鬼会がさかんに行なわれるようになった。(9)鎌倉時代の『明月記』には十三世紀前半ごろ京都の民家では盆に高灯籠を立てる風習が流行してきていることが記されている。また同書には盆供のなかでもとくに両親が健在の場合には魚食が盆の習俗となっていたことも記されている。(10)南北朝期から室町時代にかけての京都の公家たちの盆行事については『師守記』が詳しく、それによれば盆供だけでなく墳墓への盆の墓参や邸宅での盂蘭盆講がさかんに行なわれるようになっていたことがわかる。(11)室町時代の『十輪院内府記』の文明十三年(一四八一)七月十四日条には「座敷を調え盆供を設く」(原漢文)とあり、それは盆棚や精霊棚の早い例と推定される。(12)近世初頭の『義演准后日記』の慶長二、三年(一五九七、九八)の記事によれば、寺院では十三日の菩提寺墓所への墓参、十四日の小座敷に懸けた列祖の像への盆供の調進と夕方の迎え経、十五日の水向けと南縁での送り経、十六日の盆供道場の撤去などが記されており、盆供の対象としての盆の精霊の迎えと送りとが一般化してきていたことが知られる。(13)『日本歳時記』(一六八七年)以降、近世の記録類によれば、江戸時代の盆の行事はすでに近現代の昭和期まで日本各地に伝えられていた習俗とほとんど共通するものとなっていたことがわかる。むしろ一九六〇年代から一九七〇年代の高度経済成長期を経る中でそれらの古い習俗が変貌し廃絶しているのが現状といえる。

以上、限られた記録類からの情報ではあるが、現在の民俗調査で確認される近畿地方の盆棚の類の習俗は、十五世紀から十六世紀にかけて京都の公家や寺院の間から始まったものと推察される。しかし、日本各地に伝えられている民俗には、以上のような文献記録からはみえてこない盆行事の歴史と変遷の情報が豊富に含まれている可能性がある。

そこで、柳田の三種類の霊魂論の再検証という意味をも込めて日本列島各地の盆行事に注目してみることとする。

（4）盆行事の地域差——近畿地方と東北・九州地方との対照

一九九〇年代後半まで，近畿地方の村落では自宅での葬儀後，土葬が行なわれており，遺骸はミハカやサンマイと呼ばれる埋葬墓地に埋葬されていた。二〇〇〇年ごろからそれまで土葬だった村落も公営火葬場を利用する形に変化し，これまで民俗学が研究対象としてきた両墓制の習俗も終焉を迎えているところである〔関沢　二〇一二〕。近畿地方の村落における墓参の習俗についての調査研究はとくに両墓制の研究にともなって進められてきた。最上孝敬『詣り墓』〔最上　一九五六〕は埋葬墓地に参らないタイプを両墓制の基本的なかたちだとしてそれらの事例情報を収集しており，新谷尚紀『両墓制と他界観』〔新谷　一九九一〕も両墓制事例における埋葬墓地と石塔墓地への墓参のあり方について多くの事例情報を収集している。とくに同書の「両墓制と墓参習俗」では，埋葬墓地を死穢の場所として忌避し墓参の対象とはしないタイプの事例が「近畿地方の各地に点在しており，それがいわば円環状の特徴的な分布を示している」ことを確認しており，その近畿地方の円環状の地域とは，大阪府豊能郡能勢町の一帯から兵庫県多紀郡多紀町一帯へ，淡路島の南半部へ，そして北方は若狭地方，東は三重県の伊賀地方，奈良県東部の山間地帯，南は吉野方面から淡路島へ，と連なる地帯である。図1の奈

図1　盆なのに墓参が行なわれていない埋葬墓地（奈良県山辺郡山添村勝原，1997年8月13日）

図2　座敷に先祖，縁側に新仏，軒下に無縁仏をまつる（奈良市水間町，1998年8月13日）

良県山辺郡山添村勝原の事例などがその一例である。かつて野田三郎が「流葬を伴う両墓制」といって注目していた、和歌山県紀ノ川など大きな河川の岸辺や中洲に埋葬墓地が設けられ、大雨や河川の氾濫によって蓄積した遺体が墓地ごと流されてしまうような事例も、この円環状の地帯に含まれる〔野田　一九七四、関沢　二〇一六〕。このように、近畿地方のとくに円環状の村落においては埋葬墓地へ参らないで、死者の遺骸に対する執着がほとんどないのがその特徴であるが、その一方では、それと反比例するかのように、盆に迎える霊魂に対しては、図2にみるように、前述の柳田『先祖の話』やその後の伊藤唯真「盆棚と無縁仏」においても早くから注目されていた本仏、新仏、無縁仏の三種類を区別してそれぞれに対して丁寧に行なわれているのが、また特徴的でもある。遺骸に対する冷淡さと霊魂に対する丁重さという両者の極端なまでの好対照である。

図3　藤澤一族の「墓祝い」（秋田県大仙市中仙町大神成）　8月13日夕刻に一族の共同墓地に，本分家の者が皆でお参りし，タナコと呼ばれる棚にお赤飯やお煮しめなど持ち寄った料理を供えて先祖の霊とともに墓地で飲食をする。

図4　墓地での飲食（鹿児島県薩摩川内市上甑村平良）　8月16日夜，初盆の家はお参りに来た島の人みなにごちそうをふるまう。

その一方、近畿地方から遠く離れた青森県、秋田県、山形県など東北地方や熊本県、鹿児島県、長崎県など九州地方においては、図3、4にみるように、近畿地方のような墓地を死穢の場所として極端に忌避するのとはまったく逆に対照的な盆の墓参と墓地での飲食の行事が伝えられてきている。

近畿地方のように日本列島の中央部には墓地の死穢を極端に忌避して盆にも墓参をしないという地域が存在しているのに対して、その一方で、日本列島を東西南北に見わたせば、このようにまったく対照的に、盆には丁寧に墓参をして墓に棚を設けて飲食物を供えたり、多くの灯籠をあげて死者を供養し、飲食もするというような事例が、東北地方と九州地方の一部地域に伝承されているのである。これはまさに柳田國男の注目した「遠方の一致」という現象としてとらえることができるのではないか。

図5　オショライサンの棚（兵庫県香住町）「ご先祖様がくるところ」だという。新仏の場合も，特別なしつらえはなく，このオショライサンの棚で同様にまつっている。

図6　砂　盛　り（神奈川県秦野市）（提供：小川直之氏）

また、近畿地方では三種類の霊魂を屋内外に区別してまつるタイプが顕著であるのに対し、東北、九州地方ではそれらをまったく区別しないで墓地に墓棚を設けたり飲食をして死者や先祖の霊魂との交流を行なうタイプが顕著である。その中間地帯は広範囲にわたるが、近畿地方から西方に離れて、中国地方と四国地方、さらに東方に離れて東海地方と関東地方へと、盆行事の事例を通覧してみると、図5にみるように、庭に死者（「死者全般」）や先祖の霊を迎える棚を設けたり〔喜多村　一九八五、小松・金丸　一九七五、愛知県教育委員会　一九六八、後藤　一九八一、文化庁文化財保護部　一九九〇、文化庁　一九六九、永沢ほか　一九七六、梅野　二〇〇一など〕、きれいな砂で砂盛りを作ったり〔小林　一九六四、鈴木　一九九〇・一九九二、寒川町　一九九一など〕する事例が多いのが注目される。

東京都、埼玉県、茨城県、栃木県など関東地方の盆棚はそのほとんどが屋外ではなく、屋内の家の座敷に作られることが多い。しかし、そうした中にあっていくつか屋外で精霊を迎えまつるという例も一部にはみられる。その一つは、図6にみるような神奈川県下の盆の砂盛りであり、盆の精霊迎えや精霊送りにあたって家の庭先に作られる。このような屋外の装置で先祖の霊を迎えまつる事例は、神奈川県域でも北部の津久井郡や南部の三浦半島地域ではみられず、とくに東海道に沿うような東西に伸びる分布圏をもって広くみられる。

千葉県下にも一部に先祖をまつる装置を屋外に作る例や墓に棚を作る例が伝えられている〔佐久間　一九八七〕。また、内陸部では茨城県笠間市や栃木県下都賀郡都賀町など一部に飲食物を供えるためにお盆に墓地へ竹などで棚を作る例が知られている〔村上　一九八一、都賀町史編さん委員会　一九八九など〕。それらも東北地方に広くみられる墓棚の類の一種に連なるものとして注目される。

3　盆行事の地域差とその意味

（1）三つの類型とその位置づけ

以上、東北地方北部や九州地方南部と、近畿地方との対比を行ない、その中間の東西の周辺地域の事例についても、盆の盆棚の設営場所と霊魂の迎え方とまつり方について概観してみた。ここで、これらの情報の分類と整理を行なっ

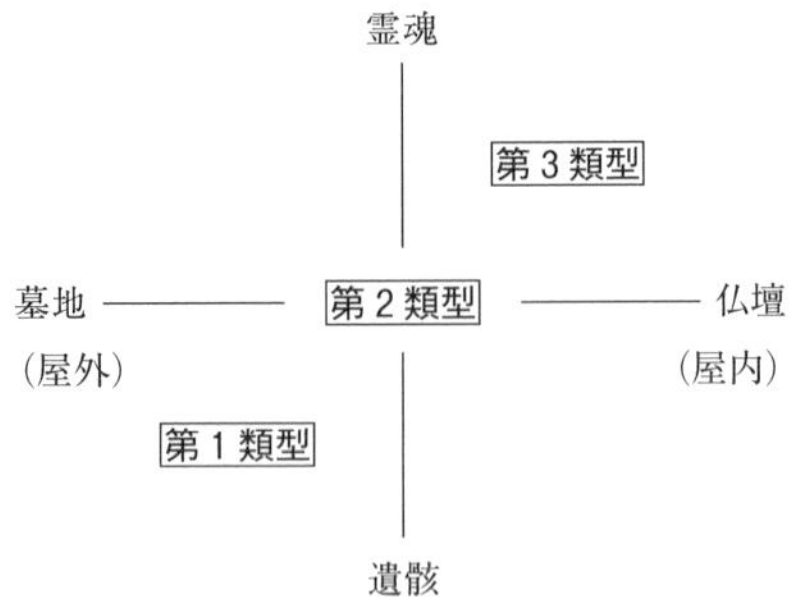

図７　盆の死者供養と供養対象の重視度からみる位置づけ

てみる。

まず、先祖・新仏・無縁仏の三種類の霊魂とまつる場所を屋内外に明確に区別してまつるタイプ（第3類型）が列島中央部の近畿地方に顕著にみられる。一方、それらを区別しないでオショライサンなどと呼んで精霊を屋外に設けた棚や高灯籠や砂盛などを作ってまつるタイプ（第2類型）が中国、四国、東海、関東などのいわば中間地帯に多くみられる。そして、同じく三種類に区別せずに、しかも墓地に墓棚を設けてそこで八月十三日の夕方や、十六日の夕方などに家族、親族が一緒に墓参して飲食をし、死者や先祖の霊と交流を行なうタイプ（第1類型）が、青森、秋田、岩手、山形など東北地方北部と、宮崎県南部から鹿児島県、熊本県、長崎県など九州地方西南部とにみられるという事実が指摘できる。

そこで、盆の死者供養の上でその認識対象として重視されている要素をあげてその比較を試みてみると、一つには、死者の遺骸か霊魂か、屋外の墓地か屋内の仏壇か、という二つの対比軸が設定できる。図7にみる通りである。つまり、第1類型が具体的な遺骸と屋外の墓地とを重視するタイプ、第3類型が抽象的な霊魂と屋内の仏壇を重視するタイプ、第2類型がその中間的なタイプであり、お盆に屋内外に臨時に設けられる盆棚や精霊棚を重視しているタイプである。それは、この屋外の臨時の盆棚が屋内の常設的な仏壇よりも先行するものであろうということは前述の最上たちの指摘の通りであろう。しかし、お盆に墓参して先祖と飲食をする習俗が存在するのが、青森県、秋田県、岩手県などの東北地方北部と、熊本県、鹿児島県、長崎県、宮崎県の一部の九州西南部とであり、一方、近畿地方の周縁地域では墓参習俗が存在せず、それに代わって家の仏壇で丁寧に霊魂をまつるだけという事実は、何を意味するのか。

（2）民俗伝承の地域差を読み解く

このような民俗伝承の上での大きな地域差は、何を意味しているのであろうか。どのような歴史情報を発信しているのであろうか、そのメッセージを読み取る方法はないか。そこで、注目されるのが、柳田が提唱した民俗伝承に対する比較研究の視点と方法である。柳田は『蝸牛考』で、デンデンムシ系統の語が列島の中央部に、カタツムリ系統の語が東西両方の周縁部に分布していることに注意したが、それと同時に歴史記録をも参照している。つまり、周縁部のカタツムリ系統の語が十世紀の『和名抄』に「加太豆布利」とあり、中央部のデンデンムシ系統の語が十七世紀の『日次記事』に「出出蟲蟲」とあることをも参考にしているのである。そして、歴史記録にみえないマイマイ系統の語、さらには最も古い語で確実に使用された語でありながらまったく歴史記録に残らないナメクジ系統の語が東北地方の青森、岩手、九州地方の熊本、宮崎、佐賀、長崎の各県の一部に、「遠方の一致」ともいうべきかたちで伝えられていたことを発見したのである。そうして文献記録に残らない歴史がたしかに存在するのだということを示してみせたのであった。

（3）歴史記録情報を参考にする

そこで、民俗伝承の地域差の発している歴史メッセージを読み解くために、歴史記録も参考にしてみよう。すると、現在では死穢忌避の観念や感覚から墓地を避け墓参をしないという事例が円環状に伝承されているその近畿地方においても、古代の文献記録の情報からは、墓地をとくに忌避せず家屋敷の近くに設ける、墓地に往来もしくは庵居して死者をねんごろに供養する、墓地で死者のために飲食物を供えたりともに飲食をして交流する、というような習俗が存在していたということがうかがえる記事がある。

『続日本紀』延暦十六年（七九七）正月壬子（二十五日）条には、山城国の愛宕、葛野の両郡の人々のあいだでは、死者あるごとに家の側に埋葬するのが習慣となっていた。それに対して、このたびの平安京の造営により京師に接近することとなったので、凶穢避くべしということで、かたく禁断を加える、とある。また、それ以前の『続日本紀』神護景雲二年（七六八）二月庚辰（五日）条には、九州の対馬の上県郡の人、高橋波自米女は、その夫の死後、貞節をつくした女性であったが、その父も死んだ後、墓の側に廬を結んで、毎日斎食した。これによって彼女は孝義の至として褒賞され終身免租となったとある。近畿地方でも、『続日本紀』承和八年（八四一）三月癸酉（二日）条には、右京の人衣縫造金継女は河内国志紀郡に住み、十二歳で父を亡くしたが、悲しむこと人に過ぎ、父の墓にいっては朝夕哀慟した。毎年父の忌日には斎食誦経し、母が死ぬとその墳墓を守り、深く仏法を信じて香を焚き、送終のことにあたったとある。『三代実録』貞観七年（八六五）三月二十八日己酉条にも、近江国言、伊香郡の人石作部広嗣女は、十五歳で嫁にいった。三十七歳で夫を亡くし、常に墳墓を守って泣きくらしていた。同じ墓穴に入りたい、再婚は考えない、その意たる操を慮り、節婦というべし、とある。

前述のように、九世紀末から十世紀以降にかけて、とくに神聖化されていった天皇〔新谷　二〇〇九〕の側近く仕えて政治《まつりごと》・祭祀を行なう摂関貴族は穢れに触れてはならない存在であり、そのような極端な觸穢思想の形成と不可分な政権であるいわゆる後期摂関政治が成立してくる十一世紀においては、墓地は貴族にとって死穢の充満する場所として強く忌避されるようになるのであるが(2)、それ以前の八世紀、九世紀にあってはまだ死者の眠る墓地がこのように重視されていたことが知られるのである。

(4)「遠方の一致」

こうした歴史情報を参考にしてみると、先の東北地方と九州地方の両者には、前述のように柳田のいう「遠方の一致」という現象を見出せる。そして、その両方に第1類型が伝承されてきているということから、それは歴史的な展開の結果を示しているという推論が導かれる。第1類型に近いようなそれとよく似た墓制が、日本の古代社会では近畿地方にも存在していた可能性が大なのである。それが、十世紀から十一世紀にかけての摂関貴族社会の極端な触穢思想の高揚によって、近畿地方の村落社会では墓地への対応が大きく変容していったものと考えられる。

つまり、第3類型と第1類型という特徴的な地域差の背景にあるのは、十、十一世紀の摂関貴族の極端な死穢忌避観念の影響を荘園支配や荘園鎮守祭祀などを通して強く受けた近畿地方の村落社会と、それを強くは受けなかった東北地方と九州地方の村落社会という、それぞれ相違する歴史展開であろうと考えられる。眼前の事実としての民俗伝承における事例差や地域差というのは、そのような歴史展開を反映しているものと考えられるのである。つまり、歴史の段階差ということでいえば、東北地方や九州地方の村落社会において死者の霊魂は遺骸を埋葬した墓地にこそあるという観念が伝承されているのがより古いかたちであり、死穢にまみれている遺骸は棄てて霊魂を丁重に家に迎えて盆の棚でまつるという近畿地方の村落のあり方は、十~十一世紀以降新たに形成されてきた墓地忌避の認識と行為の伝承の結果であろうととらえられるのである。

死者や先祖の霊魂をめぐる盆行事の歴史は列島規模で立体的な変遷史を歩んできており、現在では東北地方の一部や九州地方の一部に伝えられている第1類型の習俗は、古代の八世紀から九世紀の日本では近畿地方においてもみられたであろう習俗に通じるものであり、その当時は近畿地方以外にもその第1類型に通じるような習俗は日本各地にみられたであろうことが、現在の民俗の分布の上からも古代の文献記録の情報からもここに推定されるのである。現在、近畿地方の一部に濃密に分布がみられる第3類型の習俗は、平安貴族の觸穢思想やそれに連動する武家や寺社勢力という権門が影響を与えた霊魂観念の変化の結果として生まれてきた習俗であろうと考えられる。盆行事の変遷の上からみれば、第1類型が古く、第2類型がそれに次ぎ、第3類型がもっとも新しく生まれた習俗であると推定される。そして、それは冒頭でも言及しておいた柳田國男がその三種類の霊魂論の中で指摘していた、無縁や餓鬼というのは仏教の感化による新しい霊魂観であったろうという解説とも合致するのである。

四　民俗の変遷と伝承

歴史の中の変化を精密に追跡する文献史学と異なり、民俗学は変化だけでなく変化の中でも変わりにくいもの、伝承を支えるその中核になるような部分にも注目する、それが民俗学の特徴である。そして、その変わりにくい中核を分析概念として提示する。柳田や折口の場合はハレとケ、依代、まれびと、などであったが、民俗学の比較研究法を実践する中で析出できたいくつかの成果の内の一つの例をここに紹介して本論を閉じることとしたい。それは「年齢の輪：the circulation of life」である〔関沢　二〇〇〇b・二〇〇五〕。詳細は拙著を参照していただくこととして、ここでは要点のみを紹介しておく。

近畿地方の村落で根強く伝えられているのが氏神の神社祭祀における宮座という組織である。その座衆の構成原理の中に、年齢を重視して年長順に八人衆とか十人衆などと呼ばれる長老衆を編成している事例が多い。最高齢の長老を一老と呼んで敬い、二老、三老も特別な存在として尊敬し、その指示のもとに祭祀が執行される。たとえば、奈良市奈良阪の奈良豆比古神社の宮座では、八十歳代後半から九十歳代の「一老、二老、三老は神様のような存在」だといわれている。氏子はまず二十歳で二〇〇円、三十歳三〇〇円から六十歳五〇〇〇円まで五年もしくは一〇年の区切りごとに年玉と呼ばれるお金を奉納しており、それを反映して逆に、座衆の一人ひとりの年齢は氏神様から授かる年齢でもあり生命力でもあるとして神聖視されている。その氏神様から授かった年齢は強力で神聖な生命力の象徴であり、八十歳代後半から九十歳代の一老や二老や三老をはじめとする長老衆はその年齢の数だけ氏神様から年玉を授けられた者と考えられている。家にいればただの老人だが、宮座祭祀の場ではもっとも神様に近い神聖な存在だとされているのである。

そして、それらの宮座祭祀の長老衆の伝承の中の中核的な部分として注目されたのが、長老からその年に生まれた新生児に対して、「相撲の餅」と呼ばれる円錐形にご飯を固めたものや「花びら餅」、「長老餅」などと呼ばれる平たく伸ばした餅が配られるという伝承であった。福井県敦賀市白木の宮座のように、餅ではなく神事の一役をつとめる順番を記していく「座人帳」の中で最年長の長老と新生児とが年齢差を超えて直接結びつくかたちをとっている例もあった。つまり、氏神という村人の生命を守る神の祭祀において、神様の加護により年玉を重ねて年齢力を身につけてもっとも神様に近い存在となっていると考えられている最長老から、生まれたばかりの新生児へと、その年齢力と生命力とが餅や座人帳の記載を通して連結されているのである。それこそ宮座祭祀の伝承の中核であり「年齢の輪」と呼ぶべきものであった。宮座祭祀のあり方の変遷は時代の変化とともに必然であるが、長老と新生児の生命をつなぐその「年齢の輪」によって祭祀の神役がぐるぐると途切れることなく担われつづけるというしくみは、宮座祭祀の伝承を支えつづけるものとして注目されたのである。

民俗の伝承という動態の中では、それぞれの習俗の構成要素は時代ごとに変わるのであるが、構成原理は変わらない根強さを保っている。「年齢の輪：the circulation of life」は、民俗学の伝承論の視点から提示することができる分

析概念の一つであり、長老衆を創出した宮座祭祀におけるその構成原理といってよいであろう。(3)

註

（1）冬至と太陽と黄色の果物や野菜との類似連想については、近年では、黒田迪子「ふいご祭りの伝承とその重層性について：祭日・祭神・供物を中心に」〔黒田　二〇一五〕がみかんの伝承事例を整理しながら論じている。

（2）歴史的な觸穢思想の形成と、ケガレ概念をめぐるその構造論については、新谷「ケガレの構造」〔新谷　二〇一三〕参照のこと。両墓制と宮座をめぐる死穢忌避の問題については、関沢『宮座と墓制の歴史民俗』〔関沢　二〇〇五〕、同「宮座祭祀と死穢忌避」〔関根・新谷編　二〇〇七〕参照のこと。近世におけるその死穢忌避観念の弛緩と洛中墓地の形成については、高田陽介「境内墓地の経営と触穢思想」〔高田　一九八六〕（『日本歴史』四五六、一九八六年）参照のこと。

（3）近畿地方村落の宮座で、長老衆が形成される場合とされない場合がある点については、新谷〔二〇一七：一四五〜一四八〕参照のこと。

参考文献

愛知県教育委員会　一九六八　『矢作ダム水没地域民俗資料調査報告』二

伊藤唯真　一九七八　「盆棚と無縁仏」大島建彦編『講座　日本の民俗6　年中行事』有精堂

岩本通弥　一九九三　「地域性論としての文化の受容構造論―民俗の地域差と地域性に関する方法論的考察―」『国立歴史民俗博物館研究報告』五二

岩本通弥　二〇〇六　「戦後民俗学の認識論的変質と基層文化論―柳田葬制論の解釈を事例にして―」『国立歴史民俗博物館研究報告』一三二

岩本　裕　一九六八　『仏教文学研究3　目連伝説と盂蘭盆会』　法蔵館

梅野光興　二〇〇一　「祖霊は水辺に集う―高知県の盆行事から―」『国立歴史民俗博物館研究報告』九一

喜多村理子　一九八五　「盆に迎える霊についての再検討―先祖を祭る場所を通して―」『日本民俗学』一五七・一五八

黒田迪子　二〇一五　「ふいご祭りの伝承とその重層性について：祭日・祭神・供物を中心に」『國學院雑誌』一一六―八

後藤　淑　一九八一　「奥三河の盆行事」『民俗と歴史』一二
小林梅次　一九六四　「盆行事の研究」『藤沢民俗文化』一
小松理子・金丸良子　一九七五　「鳥羽・志摩の盆」『民俗と歴史』一
佐久間明美　一九八七　「白子の焼米食い食い」『民俗と歴史』一九
寒　川　町　一九九一　『寒川町史12　別編　民俗』
新谷尚紀　一九九一　『両墓制と他界観』　吉川弘文館
新谷尚紀　二〇〇五　『柳田民俗学の継承と発展』　吉川弘文館
新谷尚紀　二〇〇三　「盆」新谷尚紀ほか編『暮らしの中の民俗学2　一年』　吉川弘文館
新谷尚紀　二〇〇九　『伊勢神宮と出雲大社』　講談社
新谷尚紀　二〇一一　『民俗学とは何か―柳田・折口・渋沢に学び直す―』　吉川弘文館
新谷尚紀　二〇一三　「ケガレの構造」『岩波講座　日本の思想　第六巻　秩序と規範』　岩波書店
新谷尚紀　二〇一五　『葬式はだれがするのか』　吉川弘文館
新谷尚紀　二〇一七　『氏神さまと鎮守さま―神社の民俗史―』　講談社
菅原正子　二〇〇三　「男子の成長と儀礼―日記からのアプローチ―」服部早苗・小嶋菜温子『生育儀礼の歴史と文化』　森話社
鈴木通大　一九九〇　「盆の砂盛りについて」『民俗』一三七・一三八
鈴木通大　一九九二　「神奈川県下にみられる盆の砂盛り習俗について」『神奈川県立博物館研究報告』一八
瀬川清子　一九七二　『若者と娘をめぐる民俗』　未来社
関沢まゆみ　一九九九　「長老衆と死・葬・墓」新谷尚紀編『死後の環境』　昭和堂
関沢まゆみ　二〇〇〇a　「長老衆と村落運営―滋賀県水口町北内貴の事例より―」『宮座と老人の民俗』　吉川弘文館
関沢まゆみ　二〇〇〇b　「老いの価値」宮田登・新谷尚紀編『往生考』　小学館
関沢まゆみ　二〇〇五　『宮座と墓制の歴史民俗』　吉川弘文館
関沢まゆみ　二〇〇七　「宮座祭祀と死穢忌避」関根康正・新谷尚紀編『排除する社会　受容する社会』　吉川弘文館
関沢まゆみ　二〇一一　「土葬から火葬へ―火葬の普及とサンマイ利用の変化：滋賀県下の事例より―」『民俗学論叢』二六

関沢まゆみ　二〇一三　「『戦後民俗学の認識論批判』と比較研究法の可能性―盆行事の地域差とその意味の解読への試み―」『国立歴史民俗博物館研究報告』一七八
関沢まゆみ　二〇一六　「民俗学の災害論・試論―危険と豊饒：伝承事実が語る逆利用の論理―」『国立歴史民俗博物館研究報告』二〇三
関沢まゆみ・国立歴史民俗博物館編　二〇一五　『盆行事と葬送墓制』　吉川弘文館
関根康正・新谷尚紀　二〇〇七　『排除する社会　受容する社会』　吉川弘文館
高田陽介　一九八六　「境内墓地の経営と触穢思想」『日本歴史』四五六
高谷重夫　一九八五　「餓鬼の棚」『日本民俗学』一五七・一五八
武井基晃　二〇一七　「南西諸島における葬送・洗骨・墓参の変化」　関沢まゆみ編『民俗学が読み解く葬儀と墓の変化』　朝倉書店
都賀町史編さん委員会　一九八九　『都賀町史　民俗編』
永沢正好・市原輝士・松本麟一・坂本正夫　一九七六　『四国の歳時習俗』　明玄書房
野田三郎　一九七四　「流葬を伴う両墓制―紀伊日高川を中心に―」『日本民俗学』九三
福田アジオ　一九七四a　「民俗学における比較の役割」『日本民俗学』九一
福田アジオ　一九七四b　「柳田国男の方法と地方史研究」『地方史研究』一二七
福田アジオ　一九七四c　「民俗学にとって何が明晰か」『柳田国男研究』五
福田アジオ　一九七六　「村落生活の伝統」『日本民俗学講座』二　朝倉書店
福田アジオ　一九八四　「民俗の母体としてのムラ」『日本民俗文化大系8　村と村人』　小学館
福田アジオ　一九九七　『番と衆』　吉川弘文館
文化庁　一九六九　『日本民俗地図Ⅰ（年中行事）』
文化庁文化財保護部　一九九〇　『盆行事Ⅰ　岡山県』無形の民俗文化財記録第三三集
村上葉子　一九八一　「茨城県小原の盆と隣町宍戸の盆」『民俗と歴史』一一
最上孝敬　一九五六　『詣り墓』　古今書院
最上孝敬　一九六〇　「無縁仏について」『霊魂の行方』　名著出版

柳田國男　一九九〇（一九四六）『先祖の話』『柳田國男全集』一三　ちくま文庫
柳田國男　一九九〇（一九三一）『明治大正史　世相篇』『柳田國男全集』二六　ちくま文庫
柳田國男　一九九〇（一九三五）『郷土生活の研究法』『柳田國男全集』二八　ちくま文庫
柳田國男編　一九七九（一九五四）『明治文化史13　風俗』原書房

祖霊と未完成霊

——折口信夫と柳田國男の祖霊信仰論——

小川直之

はじめに

今、若い民俗研究者や民俗学を学ぶ学生たちに「祖霊」とか「未完成霊」などといっても、これらがどれほどの現実感をもって受け止めてもらえるかわからない。現在の民俗学のなかでは、もはやこうした観点からの日本人の神観念や霊魂観とか信仰のありようなどは、遥か彼方にある過去の研究課題で、自らの研究をかつて行われたこれらについての議論と結びつけて論じようとする者はいるのだろうかと、悲観的にならざるを得ない。

しかし、すでに別稿〔小川　二〇一六〕で述べたように生殖医療の進展、人工授精技術の発展、臓器移植という医療の進化などによって死生観は変わりつつあるし、死をめぐる儀礼においても、いわゆる自然葬や家族葬が増え、死者をまつるための墓については「墓じまい」などといわれる放棄が広まっている。高齢者の介護も、究極はその死を誰がみとり、だれがどのようにその御魂をまつるのかという、容易には解決できない問題が存在している。この稿で扱う折口や柳田の祖霊信仰論は、従来の議論では、いずれも日本人の神信仰の基盤になっているのであるが、その前提となる死者や先祖の祭祀のありようが変化してきているのが現状である。

変容しつつある死者祭祀や先祖祭祀の動向を捉え、これからのあり方を考えるにあたり、本稿では第一に、今までの研究では行われていない折口信夫の祖霊信仰論を祖述・検証し、その理論形成において柳田國男の祖霊信仰論がどのように関連しているのかを明らかにすること、そして第二には、折口信夫は戦後の最晩年に未完成霊論を提示するが、これが以前からの祖霊信仰論とどのように結びついているのか検討することを目的としている。

柳田と折口には、アジア・太平洋戦争中から戦後にかけての重大関心事と言える戦死者祭祀をめぐって、戦没者を家の先祖としてどのようにまつるかの論述がある。日中戦争からアジア・太平洋戦争までの戦没者は全国で三一〇万人と言われ、その御魂の祭祀は大きな問題で、柳田國男は終戦間際から執筆を始めて昭和二十一年(一九四六)四月に出版する『先祖の話』で具体案を示している。これに対し折口信夫は、昭和二十七年(一九五二)一月に、硫黄島で戦死した養嗣子の藤井春洋に関する遺品が新聞社の硫黄島取材で発見された後、七月に執筆を始めた「民族史観における他界観念」で若い戦死者への思いを込めて、新たな死者祭祀の理論を提示している。

柳田國男は『先祖の話』で、累代の親たちは順次「先祖」の仲間入りをしてまつられるということで、戦地で死んだ親の御魂も遠くにいるのではなく、子孫の近くにいるとし、この書の最後では、「国のために戦って死んだ若人」の御魂のまつりは、直系の子孫が行うという考え方を修正し、古くから存在する叔母から姪へ、伯父から甥へという相続方法、あるいは血縁のない者に家名を継がせた習俗に倣い、その若人を初代にした家の魂祭りを提案している。「新たに国難に身を捧げた者を初祖とした家が、数多く出来るといふことも、もう一度この固有の生死観を振作せしめる一つの機会であるかも知れぬ」(柳田　一九六九a:一五二)と言う。戦争に命を捧げた未婚の若人を初祖とする家の創設は、現実には進まなかったようだが、『先祖の話』で柳田が説く戦死者の祖霊としての祭祀は、これ以前から靖国神社の「招魂祭」にも現れていた(1)。

柳田は自らの祖霊信仰論のなかで若い戦没者をまつることを提案するのに対し、折口信夫は、「民族史観における他界観念」で、宗教としての神道のありようと教義の再構築をめざしながら、新たな霊魂論と他界論の立ち上げに向かっている。ここでは柳田の祖霊信仰論とは大きく異なる論理を「完成した霊魂」（完成霊）と「未完成な霊魂」（未完成霊）として示している。この論文は、岡野弘彦〔一九七八〕が「戦場における死者、鎮まざる若き未完成霊の問題をもっぱら対象にして書かれている」と指摘する通り、従来の祖霊と御霊《ごりょう》という死者祭祀理論で捉えるのではなく、新たな枠組みのなかで戦死者の魂祭りを位置づけようとしている。長い難解な論文だが、ここでは祖霊としての完成霊ではない、未婚の若者たちの未完成な霊魂は、古くから鍛錬されることによって他界の完成霊へと昇華できると考えられてきたのであり、この鍛錬の民俗によって若い戦没者は祖霊として祭祀できるという理論を提示している。

大君によって「ますらを」を神とするというのではなく、何度も通って実見している三遠南信地域に伝承される新盆の念仏踊りに見られる、若者たちの修練ともいえる全身を躍動させる舞の姿から導きだした考え方で、若者たちはこうした修練を重ねて人間界では「おとな」となり、他界では「老人《オキナ》」になると考えたと説いている。「年齢不足の為に資格の欠けた霊の場合は、ある期間の苦行によつて、贖はれるものと考へた」〔折口　一九九六ａ：三六〕と言うのである。この理論は、柳田が説く家累代の親子関係の中での魂祭りではなく、地域社会としての魂祭りとして提示されていて、来訪神としての「まれびと」論同様、「家」を基盤にはしていない。

戦後に日本人の生活が大きく変わろうとしている時に柳田と折口は、こうした提言や理論提示を行っているのである。そして、現代は初めに述べたように死生観や死者祭祀に、従来にはなかったような動向があり、改めて先祖祭祀のあり方や従来の祖霊論・祖霊信仰論の再検討が必要な時代と言える。

一　折口信夫の「まれびと」論と「祖先神」

日本文化における祖霊信仰の位置づけは、たとえば堀一郎は、村落祭祀の「信仰の根原の一つに、祖霊信仰と、その前段階をなすと思われる死霊信仰が濃く残存し、その周辺に、その機能を分化し、また外方から受容した種々の信仰が複雑な重層的で併存的なかかわり合いをもって、村人の信仰生活を支えていることが知られるのである」〔堀一九五一：二〇三〕と言い、祖霊信仰論は日本人の精神世界を理解するときに重要な位置にあるとしている。

祖霊信仰の位置づけは、堀のこの説明で十分だが、祖霊論・祖霊信仰論といえば柳田の論述を出発点とするというのが一般的な理解で、折口信夫も昭和二十二年（一九四七）十月の「先生の学問」（『民俗学新講』）で、柳田「先生の学問は、『神』を目的としてゐる。日本の神の研究は、先生の学問に着手された最初の目的であり、其が又、今日において最も明らかな対象として浮き上つて見えるのです」〔折口　一九九六b：二一〇〕と言う。ここでいう「今日においても」「浮き上がって見える」というのは『先祖の話』で説く祖霊信仰論のことである。

こうした一般的理解から、祖霊論・祖霊信仰論について折口信夫の見解を検証することは行われてこなかったが、[2]折口の論述をみていくと、柳田が大正時代末に祖霊信仰を説き始めると、すぐにこれを自らの理論形成に取り込んでいる。折口は「まれびと」論の構築に柳田の祖霊信仰論を援用するのである。

折口の祖霊論・祖霊信仰論を見ていくと、その論述は二期に分けて捉えられる。これを前期、後期とすると、前期は大正十二年（一九二三）の沖縄・八重山民俗採訪後の、大正十四年（一九二五）四月の「古代生活の研究―常世の国―」（『改造』第七巻第二号）と昭和四年（一九二九）一月の「常世及び『まれびと』」（『民族』第四巻第二号）での論述にある。そして後期は、昭和二十五年（一九五〇）十月講演の「神々と民俗」（『瑞垣』第一六号、昭和二十九年一月）や昭和二十七年（一九五二）十月の「民族史観における他界観念」（『古典の新研究』第一輯）での議論である。これらはいずれも柳田の祖霊についての著述と関連がある時期のもので、折口の祖霊論は柳田と不可分の関係にあることが推測できる。

「古代生活の研究―常世の国―」は、大正時代初めからの異郷論が沖縄民俗採訪の成果によって常世論へと展開し、常世の神として「まれびと」を位置づける論文である。常世が死者の世界で、ここから神としての「まれびと」が来訪するという論理は、大正十三年（一九二四）六月の「呪言の展開―日本文学の発生その二―」（『日光』第一巻第三号）で、古代の「室ほぎ」や、村に訪れ来る八重山諸島の「大地の底の底から、年に一度の成年式に臨む巨人の神、海のあなたの浄土まやの地から、農作を祝福に来る穀物の神、盂蘭盆の家々に数人・十数人の眷属を連れて教訓を垂れ、謡ひ踊る先祖の霊と称する一団」（折口　一九九五a：八二・八三）の例をあげて示すのが初出である。

折口は、「古代生活の研究―常世の国―」で、沖縄の「にらいかない」の伝承に拠って「常世」に具体的なイメージをつくり、ここから来訪するアカマタ・クロマタ、マユンガナシを説明した後、「五　祖先の来る夜」の項で祖先霊の来訪を次のように言う。

かうした神々の来ぬ村では、家の神なる祖先の霊が、盂蘭盆のまつ白な月光の下を、眷属大勢ひき連れて来て、家々にあがりこむ。此は考位《ヲトコカタ》の祖先の代表と謂ふ祖父《オシユメイ》と、妣位《ヲンナカタ》の代表と伝へる祖母《アツパア》と言ふのが、其主になつて居る。大人前《オシユメイ》は、家人に色々な教訓を与へ、従来の過ち・手落ちなどを咎めたりする。皆顔を包んで仮装してゐるのだから、評判のわるい家などでは、随分恥をかゝせる様なことも言ふ。其家では、此に心尽しの馳走をする。

眷属どもは、楽器を奏し、芸尽しなどをする。此行事は「あんがまあ」と言ふ。〔折口　一九九五c：三五・三六〕

大正十二年（一九二三）八月に石垣島の四ヶ村で付いて歩いた「あんがまあ」をあげ、これを父系と母系それぞれの祖先の代表と解釈していく。つまり、折口は「あんがまあ」の行事に現れるオシュメイとアッパアに双系的な「家の神なる祖先の霊」を見ていくのである。(3)

そして、「常世」の性格付けを具体的に八重山の民俗から行い、「先島の祖先神」について、

> にらいかないは元、村の人々の死後に霊の生きてゐる海のあなたの島である。そこへは、海岸の地の底から通ふ事が出来ると考へる事もある。「死の島」には、恐しいけれど、自分たちの村の生活に好意を期待することの出来る人々が居る。かうした考へが醇化して来るに連れて、さうした島から年の中に時を定めて、村や家の祝福と教訓との為に渡つて来るものと考へる事になる。〔折口　一九九五c：三七〕

とする。「にらいかない」を村の死者霊が集まる海彼の島と理解することによって、「にらいかない」から訪れる神は「祖先神」で、この神が扮装して時を定めて村や家に祝福と教訓を与えるために来訪するという論理を立て、この祖先神を「まれびと」に定位していく。

「古代生活の研究—常世の国—」では「祖霊」という用語は出てこないが、ここでは以上のように「死の島」である常世から祖先神が時を定めて来訪し、祝福や教訓を与えていくことが説かれ、「まれびと」論とともに祖霊論が構想されていると考えられる。

二　折口が描く祖霊論

折口信夫が「祖霊」という用語を使うのは、大正十四年（一九二五）から昭和二年（一九二七）十月にかけて執筆し、昭和四年（一九二九）一月に雑誌『民族』第四巻第二号に掲載された「常世及び『まれびと』」においてである。この論文は後に『古代研究』国文学篇の巻頭に「国文学の発生（第三稿）」と改題して収録される折口の代表論文であるが、『民族』掲載にあたっては、柳田國男によって拒否され、岡正雄がそのまま原稿を預かり、第四巻第二号に掲載されたことがよく知られている。いわゆる「折口学」と総称される学問が大きく進展するのは、第二回目の沖縄民俗採訪である大正十二年（一九二三）から昭和四、五年（一九二九、三〇）の『古代研究』三巻の発刊にかけてで、この時期に構築された理論をその後、さらに拡張していく。

『古代研究』国文学篇の「国文学の発生（第三稿）」となる「常世及び『まれびと』」は、執筆開始から成稿まで中断も含めて二年一〇ヶ月ほどがかかっていて、中断した間には『古代研究』国文学篇の「国文学の発生（第四稿）」となる「日本文学の唱導的発生」（昭和二年一、二、十一月）などを執筆している。

「常世及び『まれびと』」は、「一　客とまれびと」から「一四　とこよ」の一四項からなる長文の論文で、「まれびと」は「とこよから時を定めて来り訪ふ」神であり、「古代の村々に、海のあなたから時あつて来り臨んで、其村人どもの生活を幸福にして還る霊物を意味して居た」（折口　一九九五a：一三）とする。「まれびと」の原義を説き、来訪する神が簑笠姿を略すようになり、また冬・春の交替期に訪れる者を神と考えなくなつて、

ある地方では一種の妖怪と感じ、又ある地方では祝言を唱へる人間としか考へなくなった。其にも二通りあつて、

一つは、若い衆でなければ、子ども仲間の年中行事の一部と見た。他は、専門の祝言職に任せると言ふ形をとるに到つた。さうして、祝言職の固定して、神人として最下級に位する様に考へられてから、乞食者なる階級を生じることになつた。〔折口　一九九五b：二二〕

という。ここで「ほかひびと」の原像としての「まれびと」を、具体的な祝言職に結びつけていくのである。そして、「四　初春のまれびと」で、年末から初春などに訪れる神人、門付芸人、乞食者はみな「まれびと」の系譜をもち、また「ほとほと」「とのへい」「ことこと」「なもみはげたか」「なまはげ」「がんぼう」「もうこ」といった小正月の異形の訪問者も「まれびと」であるとする。

さらに「五　遠所の精霊」では、「村から遠い処に居る霊的な者が、春の初めに、村人の間にある予祝と教訓とを垂れる為に来るのだ、と想像することは出来ぬだらうか。簑笠を著けた神、農作の初めに村及び家をおとづれる類例は沖縄県の八重山列島にもあちこちに行はれてゐる」〔折口　一九九五b：二五〕として、「まやの神」と「にいる人」をあげる。このように「常世及び『まれびと』」の「五　遠所の精霊」までで「まれびと」のイメージはできているが、この神がいかなる性格をもった神であるのかについては、ここまでの章では論じてない。ところが、次の「六祖霊の群行」では、八重山諸島の「あんがまあ」をあげて、「まれびと」は「祖霊」であるという論述を一気に進めるのである。

石垣島の「あんがまあ」の来訪は、

八重山の村々で見ても、今こそ一村一族と言ふものはなくなって、大抵数個の門中からなつて居るが、古い形は大体一つの門中を以て村を組織して居たのであるから、一つのあんがまあが、村中のどこの家にも迎へられることの出来る訣はわかる。さうした祖《オヤ》の精霊の、時あつて子孫の村屋に臨み、新しい祝福の辞を述べると共に、教

訓・批難などをして行つた古代の民間伝承が、段々神事の内容を持つて来る事も考へにくゝはない。〔折口　一九九五b：三〇〕

といい、八重山の村々を引き合いに出して、村落開発とその形成の古い姿は一つの氏族によるのであり、この氏族の祖の精霊が子孫の村を訪れて家々に祝福、教訓、批難などを与えるようになったと推測している。

折口の祖霊論は、こうした村落形成の姿が重要な点である。折口の理論形成は、特定の事例を象徴的なものとして普遍化して行うのが特色で、この八重山の村落形成を普遍的なものとして、理論構築を進めるのである。折口は、石垣島の「あんがま」の習俗をもとに、祖先祭祀の原像として、一つの氏族による村落開発、その祖の精霊の村屋への来訪、そして、祖の精霊は父系と母系の双系であると考えたとまとめられる。

「祖霊」という用語は、右にあげた引用文の後に、

我が国農村に近世まで盛んに行はれた村どうしの競技に、相手の村を屈服させることが、おのが村の農作を豊かにするとしたかけあひ・かけ踊りの側の形式をもとり込んでゐるであらうが、主としての流れは、祖霊のそしりにある事と思ふ。

一村が一族であるとしたら、子孫の正系が村君である。祖霊が、村の神人の口に託して、村君のやり口を難ずる事があつたとしたら、此を咎める事も出来ないはずである。〔折口　一九九五b：三〇・三一〕

として、「あんがまあ」の「祖《オヤ》の精霊」が「祖霊」に置き換えられて説明されている。さらにこの後の段落では、次のように言う。

祖霊が夙く神と考へられ、神人の仮装によつて、其意思も表現せられる様になつたのが、日本の神道の上の事実である。而も尚、神の属性に含まれない部分を残して居るのは、「みたまをがみ」の民間伝承である。古代日本

人の霊魂に対する考へは、人の生死に拘らず生存して居るものであつて、而も同時に游離し易い状態にあるものとしてゐた。特に生きて居る人の物と言ふ事を示す為に、いきみたまと修飾語を置く。霊祭りは、単に死者にあるばかりではなかつた。生者のいきみたまに対して行うたのであつた。さうして其時期も大体同時であつたらしい。〔折口　一九九五b：三二〕

ここでは、祖霊は早くに神と考えられたのが神道の上の事実であるとともに、民間伝承の「いきみたま」からは、生者の霊魂のまつりも祖霊のまつりとほぼ同時期に行われていたとしている。

折口の祖霊論は、「まれびと」を祖霊として位置づけていることで進められるのであり、その一つの結論として、次のように述べている。

沖縄の民間伝承から見ると、稀に農村を訪れ、其生活を祝福する者は、祖霊であつた。さうしてある過程に於ては妖怪であつた。更に次の径路を見れば、海のあなたの楽土の神となつてゐる。わが国に於ても、古今に亘り、東西を見渡して考へて見ると、微かながら、祖霊であり、妖怪であり、さうして多く神となつて了うてゐる事が見られるのである。かうした村の成年者によつて、持ち伝へられ、成年者によつて仮装せられて持続せられた信仰の当体、其来り臨む事の極めて珍しく、而も尊まれ、畏れられ、待たれした感情をまれびとなる語を以て表したものと思ふ。私の考へるまれびとの原始的なものは、此であつた。〔折口　一九九五b：三七〕

こうして「まれびと」＝祖霊論が繰りひろげられていくのであるが、祖霊論として重要なことは、前述のように祖霊は村の氏族の祖の精霊であり、その精霊は父系と母系の双系的な祖で、その来訪は村に行われるという点である。そして「まれびと」は、ある場面では妖怪ともなり、さらに次には楽土の神ともなると解釈している。

先に引用した生者の魂祭りについては、「常世及び『まれびと』」の「七　生きみ霊」では、「正月、生き御霊を拝する時の呪言が『おめでたう』であつたとすれば、正月と生き盆との関係は明らかである。生き盆と盂蘭盆の接近を思へば、正月に魂祭りを行つたものと見ることも、不都合とは言はれない。柳田國男先生は、やはり此点に早くから眼を着けて居られる」〔折口　一九九五b：三三・三四〕としている。

ここに言う柳田國男も早くから眼を着けているというのは、大正十五年（一九二六）一月の『民族』第一巻第二号に掲載された柳田の「年棚を中心として」である。この論文には、

年棚の一隅にミタマサマの飯といふものを、月の数だけ又は月の数だけの箸を添へて別に供へることは、東日本には弘く行はるゝ風習であつて、甚だ幽玄なる意義を存するものらしい。徒然草には東国では年の暮にも魂祭をするさうだと書いてある。あの頃以前から引続いて、季節に諸神を迎へ祭れば、これに伴なうて一段と低い未完成の精霊までが、家に入つて来るやうに考へて居たのであらうか。はた又祖霊の一部分が、或条件を具足して神の位に進むやうに古く信じられていた名残であらうか。〔柳田　一九六九b：二四六・二四七〕

とある。折口は「常世及び『まれびと』」の執筆中に、柳田が示した正月の魂祭りとしてのミタマサマの飯から暗示を受けているのである。折口は「柳田國男先生は、やはり此点に早くから眼を着けて居られる」に続けて、「私は、みたまの飯の飯は、供物《クモツ》と言ふよりも、神霊及び其眷属の霊代だと見ようとするのである」〔折口　一九九五b：三四〕と言っている。さらに柳田が言う「祖霊の一部分が、或条件を具足して神の位に進むやうに古く信じられていた名残であらうか」は、折口が言う、祖霊には「神の属性に含まれない部分を残して居る」という把握につながると言えよう。

柳田は「年棚を中心として」において「祖霊」の具体的内容に触れていないが、柳田の著作での「祖霊」の初出はこの一文と言える〔小川　一九七四〕。しかもここには「一段と低い未完成な精霊」という表現もある。柳田の「年棚

を中心として」は、正月の神についての着想を八項目にわたって箇条書きにしたものにすぎないが、折口はここから重要な示唆を得ていることは確かである。

「古代生活の研究―常世の国―」では「祖先の霊」「祖先神」と言っていたのが、「常世及び『まれびと』」の後半では「祖霊」という表現になるのは、柳田からの影響であり、折口は柳田とほぼ同時期に「祖霊」という用語を使い始めている。そして、折口が最晩年の「民族史観における他界観念」で説く「未完成な霊魂」という表現も、柳田の「年棚を中心として」に出処があるとも言える。ただし、祖霊について論じながら、「生き盆」という生者の霊魂に言及するのは折口の独自の視点で、これが霊魂論に関する柳田と折口の決定的な違いである。

すでに小島瓔禮は「柳田國男は、信仰を論じるにあたって、おおむね、死後の霊魂に焦点をあてていた。それにひきかえ、折口信夫は、生きている人間の持っている霊魂のあり方にも強い関心を寄せていた。そこに、死者の霊魂の完成と未完成、生者の霊魂の完成と未完成といった、立体的な信仰体系が生まれた」〔小島　一九八三〕と指摘するが、こうした霊魂認識の差異は大正時代末あたりから現れてくるのである。

柳田は『先祖の話』で祖霊論を核にして日本人の祖先崇拝の特質を説く。それを新谷尚紀〔二〇〇五〕は『先祖の話』から、次の五点にまとめている。

①死後まもない死者霊は不安定で、危険な存在である。
②その霊は年忌供養などを経て弔い上げされ、個性を失って先祖の精霊へ融合する。
③融合した先祖霊は盆や正月などに子孫の家を訪れ、祭りをうけて神となる。
④正月の年神、稲作とともに去来する田の神と山の神、氏神は先祖の霊である。
⑤日本の神の本質は祖霊である。

こうした柳田の祖霊論・祖霊信仰論は、昭和六年（一九三一）の『明治大正史　世相篇』の「家永続の願ひ」で言うように、「家」を基盤にした立論であり、祖霊の来訪は家になされる。これに対して折口の祖霊論は、前述のように村の創始を一氏族によると想定し、祖霊の来訪を村に置くのであり、その論理は、氏族の双系的な始祖祭祀において始祖が祖霊となって来訪するということになる。

折口の祖霊論は、その発端に柳田からの示唆があるにしても、その後に構築される論理構造は異なっているのである。柳田は、家の系譜上にある実在の死者の霊が、一定年数を経て祖霊という全体霊に累積・融合し、観念として祖先神が来訪するというのであるが、折口はこの時点では、いわば神話的な始祖を祖霊として、「あんがまあ」の説明にあるように、それに眷属としての精霊が従って村に訪れて家々をまわるというのである。

折口は、現実の習俗にある家への祖霊の訪れは、「常世及び『まれびと』」では、

> おとづれの度数の殖えた理由は、常世神の内容の変化して来た為なのは勿論だが、今一つ大きな原因は、村の行事を、家の上にも移すことになつたからである。村全体の為に来り臨み、村人すべての前に示現したまれびとが、個々の村舎《ムラヤ》をおとづれる様になつた。初めは、やはり村に大家《オホヤケ》が出来た為である。村人の心を信仰で整理した人が、大家《オホヤケ》を作つた。此大家即村君の家に、神の来臨ある事が家屋及び家あるじの身の堅固の為の言《コト》ほぎの風を、段々其以下の家々にもおし拡めて行つた。〔折口　一九九五b：五四・五五〕

ためだと説く。村の行事が家に移ったことと、「大家」である村君の家への訪れがしだいにその他の家にも及んだと説明している。

大正時代末・昭和初期に折口が構想した祖霊論は、以上のように祖霊は氏族の祖の精霊であり、その精霊は父系と母系の双系的な祖で、その来訪は村に行われるというものである。この理論の妥当性については、すでに別稿〔小川

二〇〇五〕で述べたように、近年の古代家族史研究からは、古代社会においては成り立つ可能性をもっており、さらなる検証が必要になる。

三　戦後の「民族史観」と「他界」

折口の前期の祖霊論・祖霊信仰論は以上の通りで、次にこの課題が取り上げられるのは、前述の通り、昭和二十五年（一九五〇）十月講演の「神々と民俗」（『瑞垣』第一六号、昭和二十九年一月）と、昭和二十七年（一九五二）の「民族史観における他界観念」（『古典の新研究』第一輯）である。ここでは「民族史観における他界観念」を中心に見ていくと、この時期に改めて祖霊論が取り上げられるのはそれなりの理由があったと思われる。

柳田國男は、日本人の祖霊信仰について論じた『先祖の話』を、昭和二十年（一九四五）四月から五月にかけて一気に執筆し、昭和二十一年（一九四六）四月に公刊する。そして、柳田はこの後、新国学談三冊を相次いで出版し、昭和二十四年（一九四九）四月十六日には、石田英一郎の司会で柳田國男と折口信夫との対談「日本人の神と霊魂の観念そのほか」（『民族学研究』第一四巻第二号、昭和二十四年）が行われる。

折口が「民族史観における他界観念」を執筆する学問的状況としては、これら柳田の、敗戦を機とした学問的情念に基づく著作が大きなものであったことには間違いない。「民族史観」という用語は文言通り受け取るなら、民族としての歴史認識と理解できるが、「民族史観」という歴史哲学的な用語にどのような意味を込めているのかは、理解が届きにくい。いわゆる皇国史観や唯物史観など、その当時の歴史哲学を意識してのことであることは予測できるにしても、「民族史観」という語を用いた単著・論文はきわめて少なく、これは学界などで広く使われていた用語ではなさそうである。

昭和十三年（一九三八）三月に新鋭哲学叢書第三巻として齋藤晌『歴史哲学―民族史観への基礎的予備概念―』〔高陽書院〕が出版されている。齋藤は、このなかで十九世紀末からの心理学的民族論として、フランスの政治哲学者アーネスト・ルナンの一八八二年の著作にある「民族は一つの霊、一つの精神的原理である。この霊、この精神的原理を構成する要素が真実のところ二つある。一は過去にあり、他は現在にある。一は記憶の豊富なる遺産の共有であり、他は現実的な同感、一緒に生きんとする願望、共同的に継承した遺産の相続を主張しつづける意思である」〔齋藤　一九三八：七六〕という「民族」の定義を紹介している。ルナンのいう「民族」は、記憶の共有とその継承を言っているのであり、ここには歴史的な視点も導入されている。また、齋藤は、唯物論を批判しながら「言語、宗教、風俗、慣習、道徳、好尚、芸術、人生観などは元来意識的なものだけれども、それを伝統的に共有してゐると云ふ事実そのものは必しも明確に意識されているとは限らない。歴史的に遭遇したる運命の共同は口碑に、伝説に、記録に、紀念物に、創作物に銘記されて永存するが、凡てが常に個人の意識にのぼってゐるわけではない。しかし、それらのものは渾然として一つの民族精神に寄与しているのである」〔齋藤　一九三八：八二〕と言う。

この書冊を折口が読んでいたかは不明であるが、柳田國男は『先祖の話』の「五七　祖霊を孤独にする」で、三十三回忌のとぶらひ上げといふことは、（中略）是が大よそ好い頃合ひの区切りと認められ、それから後は人間の私多き個身を棄て去つて、先祖といふ一つの力強い霊体に融け込み、自由に家の為又国の公けの為に、活躍し得るものともとは考へて居た。それが氏神信仰の基底であつたやうに、自分のみは推測して居たのである。仏法は是等民族固有の観念をよく理解して、是と調和し習合することを、古来一貫の方針として居たやうである。

（以下略）〔柳田　一九六九ａ：一〇六〕

と「民族固有の観念」を説いている。『先祖の話』にはこのほかにも、「是が国固有の定まつた作法」（「二〇　神の御やしなひ」）、「日本人が最も先祖の祭を重んずる民族であつた」（「五〇　新式盆祭の特徴」）、「年忌のとぶらひを当てにするやうな霊は、我が民族の固有信仰に於ても」（「五一　三十三年目」）、「是が又国土を永遠の住みかと信じて居た、一つの民族の本来の姿」（「七六　願ほどき」）など、民族の固有信仰とか民族の本来の姿が繰り返し説かれている。「民族史観」は先にあげように折口独自の用語ではないが、他界論と霊魂論に道筋をつけようとする折口は、右のような『先祖の話』の柳田の言説を承け、さらにこれを昇華させてこの表現を用いたのではないかとも考えられる。

折口は「民族史観における他界観念」冒頭の「永遠の信仰」で、他界との行き来について論じている。それは、古代日本人の他界観念には、他界との往来が実際にあるという信仰があったが、その記憶が薄れると、偶然的な往来の伝承が「歴史事実」のように考えられるようになった。その歴史事実としての伝承が民間説話のように考えられると「歴史的印象」を失い、一方宮廷説話になると「ひこほほでみ尊」の説話のように、伝承内容に「歴史的解釈」が付加されていくと説いている。これは浦島や「たぢまもり」の伝承を例にあげて言っているが、つまりは史実と考えられた信仰伝承の歴史化は、それを民間と考えるか宮廷と考えるかによってありさまが異なると説明しているわけで、これら両相をあわせ考察するのが、折口の「民族史観」という方法であると受け取ることができる。

「民族史観」をこのように理解するなら、まさにこの論文は、柳田が『先祖の話』で説いた民族固有信仰論とは異なる方法で、民族として始原的にもつ他界信仰を見極めていくことをめざしたものであると理解できる。そして、こうした方法をもつことでこの論文は、民間伝承から単純な図式として示された柳田の祖霊信仰論への批判にもなったと言える。

この論文にある「他界」という用語については、柳田國男はすくなくとも『先祖の話』では用いていない。それだけでなく柳田の著作では、「他界」はほとんど使われてなく、昭和二十六年（一九五一）一月発行の柳田國男監修・民俗学研究所編『民俗学辞典』にも「他界」「他界観」の立項はない。『民俗学辞典』では「来世観」の中で「山中他界観念」、「海中海上の他界」を説明するだけである。しかし、たとえば柳田の娘婿で、近い位置にいた宗教学者の堀一郎は、昭和二十六年十一月発刊の『民間信仰』（岩波全書）に「祖霊及び死霊信仰と他界観念」の章を設け、さらに「山中他界観念の表出」の節を立てて論じている。堀はこの著書の中で、宗教民族学の成果を援用しながら「来訪者」信仰について検討するとともに、「常世と常世神」の項も設けている。宗教学などの分野では、「他界」という用語は使われていて、民俗学以外の分野では、この用語が術語として一般化しはじめている。

柳田が「他界」の用語を積極的に用いようとしなかった理由はどこにあるのか気になるが、折口は大正九年（一九二〇）十二月十日の郷土研究会での「民間伝承学講義」で「他界」を使っている。折口にとって「他界」は、早くからの文化分析の指標であり、大正十年（一九二一）一月二十八日の講義では「今日は、日本人の他界観念の話をする番になっている」として、初めに「他界観念について、いちばん先に考えねばならなぬのは」として、「他界」を実在する国を空想化させて考えている場合と、元々は空想の国だが実在の要素が加わり、祖先が経験した国と考えている場合があり、これらが混在して他界観念が形成されているという。次には他界の種類には、「精霊のいる所」、「神の領在している所」、「死んだ人の行く国」の三つがあり、この三つの考えが順序を追って発達していくように思われると説く。さらに次には、他界の古い考え方としての精霊の世界ということから霊魂観に移り、柳田國男の「赤子塚の話」を援用しながら、魂の仮死状態というのは「子供が死んで、魂はまだ汚なくなっておらぬ時期に、その魂を一時村はずれの神に預けて置く。それが復活してくるのだという考えである」（折口　一九七一：五一）とする。トーテムについても触れ、「トーテム（族霊）というものは、ある種族、部落の祖先と考えている動物、あるいはその他のもので、父方のものではなく母方のものであるが、日本にもこの信仰はやはりあったので」〔折口　一九七一：六一・六二〕あると述べている。

ここで言う他界についての二つの考え方は、「民族史観における他界観念」の最初の「永遠の信仰」でも説かれ、柳田國男の「赤子塚の話」を取り上げながらの発言は、「民族史観における他界観念」では未完成霊の理論へと展開する。また、「民族史観における他界観念」では、祖先観念をトーテムと結びつけて論じているのであり、戦後の「民族史観における他界観念」で論じられる課題の骨子は、この講義に見ることができる。

さらに大正十一年（一九二二）に啓明会へ研究補助金申請のために作成した「民間伝承採集事業説明書」につけた「民間伝承蒐集事項目安」（『民俗学』第三巻第一号掲載、昭和六年一月）の「一、信仰に関するもの」のなかでは、次のように「他界観念」を調査項目にあげている。

3、他界観念

○幽冥界（神の世界・死の世界）

○異郷（福寿の楽土・鬼物の棲息地と考へらるる空想地）

○隠れ里（京丸・白川・五箇荘・祖谷の類）に関したる民譚信仰〔折口　一九九六c：三一六〕

折口は「他界」を、このように大正九年（一九二〇）から持続的に用いており、早くからの研究課題であった。宗教学などがこれを論じるようになるのは戦後になってからであるのに対し、折口は大正時代の初めから「異郷」を「常世」とつなげ、「他界」とも連動させていくのである。さらに最晩年の論文で「他界観念」を標題に掲げて行論していることからは、これは研究活動の最初から最後まで持ち続けた課題であり、「民族史観における他界観念」でそれまでの「異郷」「常世」論に新たな道筋をつけようという意図があったと言える。折口にとってこの論文は、方法論の再構築を含めて、自らの研究課題に新たな展開をはかろうとするものであった。

四　祖霊論の再構築——他界信仰と祖裔二元論

「民族史観における他界観念」は「此は、日本古代人が持つてゐた、他界観念研究ののうとである」の一文から始まり、まずこれは研究ノートであることを宣言している。そのためか、この論文は冒頭の「永遠の信仰」から直截的なもの言いが目立ち、最初に他界とその観念を次のように説く。

> まず最初、我々生類《シヤウルヰ》の住んでゐる世界から、相応の距離があり、人間世界と、可なり隔つてゐるが、そこまでは、全く行つた人もなく、出向いて来た生類もなかつた訣ではなかつた、さう言ふ地域である。其ばかりか、彼方から、時を定めて稀々ながら来る者があり、間々ひよつくり思ひがけない頃に、渡つて来ることもある。此偶然渡来するといふ形の方が寧、普通の形式にやうに思はれてゐたほど、さう言ふ考へ方が普通になつて来たのである。何の為に渡来するのか、その目的を忘てしまつたよりも、だからも一つ古い姿のあつたことを考へてよい。〔折口　一九九六a：一一九〕

やや抽象的だが、これはこの後に取り上げる「浦島式」、「『たぢまもり』式」の他界との往来に関する伝承をイメージしながら言っている。つまり、浦島や「ひこほほでみ尊」、「たぢまもり」などの説話から帰納すると、他界は「相応の距離があり、人間世界と、可なり隔つてゐる」ところにあるとする観念が、まず始原に考えられると言うのである。

このような他界観念を始原に想定するのは、柳田の祖霊信仰論とはまったく異なっている。柳田は『先祖の話』で、祖霊の世界は居住地の近くの山の上にあるとする他界観念を基本としている。しかし折口は、「永遠の信仰」の最後で「他界なるが故に、遠く遥かに海の彼岸にあり、他界なるが故に、時間の長さが、此世界と著しく違ひ、極めて信ずべき他界なるが故に、実在性が強くなつてゐる」（折口　一九九六ａ：二二）と説き、遠く隔たったところにあると解釈する正当性をあげている。

「民族史観における他界観念」が折口の祖霊論・祖霊信仰論として位置づけられるのは、この論文は他界観念の追究を目的としているからで、それは『先祖の話』など柳田の祖霊信仰論では、十分な論述がなされていない問題であった。

「民族史観における他界観念」のなかで他界の所在について論じているのは、おもに「近代民俗の反省」と「大空の他界」においてである。「近代民俗の反省」では、「祖先の霊が、子孫の農作を見まもる為、春は田におりてゐると言ふ信仰」は「少くとも山の上にゐる祖先を考へない場合には、浮んで来ない信仰で」、「他界の生類を人間の祖先と考へる」ことは、こうした山上他界観によって形成されてきたのではないかと言う。しかし、「他界の生類のあるものは祖先と考へられ、他の者は単なる信仰或は恐怖の対象に過ぎないと言ふことは、考へなければならぬものを含んでゐるのではないか」（折口　一九九六ａ：五二）と、他界に存在するのは子孫を見守る祖先だけではないと提起するのである。

こうした課題を前提として他界の所在に議論を移し、「大空の他界」では、

「天空説」「海彼岸説」いづれによつても、日本古代の他界の所在は説明出来るが、どちらも事実であつて、恐らく唯、何れが先に考へられてゐたかどうかについて、正しい立ち場がどちらかにあるに違ひない。私は日本民族の成立・日本民族の沿革・日本民族の移動などに対する推測から、海の他界観まづ起り、有力になり、後、天空

世界が有力になり替つたものと見てゐる。〔折口　一九九六a：五三〕

と言い、「海彼岸説」つまり海上他界を「天空説」より古い観念であるとするのである。その根拠は日本民族の成立・沿革・移動にあると言う。

すでに大正十四年（一九二五）四月の「古代生活の研究─常世の国─」で「此まれびとなる神たちは、私どもの祖先の、海岸を逐うて移つた時代から持ち越して、後には天上から来臨すると考へ、更に地上のある地域からも来る事と思ふ様に変つて来た」〔折口　一九九五b：四二〕と述べており、この自説を変えていない。この説は沖縄民俗採訪で得た海彼のニライカナイからの来訪神伝承の実感に基づいているのであるが、こうした来訪神伝承の基盤には海づたいに列島に渡ってきた祖先たちの実体験があると考えているのである。

そして「民族史観における他界観念」では、さらに、

葬儀に関して、屍体処分の風習を思ふと、海彼岸説が極めて自然で、寧その事に引かれて、海中に他界を観じる様になつたと考えてよい。其は水葬についてゞある。其様式を含むことの出来ぬ「天空説」では、死の清浄化の点に、可なり重い問題がかゝつて居る。〔折口　一九九六a：五四〕

と、水葬の習俗によって海中に他界を観じるようになったのであり、天空説では「死の清浄化」についての説明ができないし、古代日本では山上葬は、その存在をほのめかす程度でしかない。これに対して水葬は、その痕跡を探ることができる程度の普遍性をもっている。したがって「『天空他界思想』の方は、常世信仰より古いものとするには、根拠が乏しく、而も区々独立してゐる傾きがある」〔折口　一九九六a：五四〕と言う。

こうして他界は「海彼岸説」の方が古い考え方であるとした上で、その他界への信仰は、

恐らく山と田とを循環する祖霊と、遥かな他界から週期的に来る──特に子孫の邑落と言ふことでなく──訪客

なる他界の生類との間に、非常な相違があり、その違い方が、既に人間的になつてゐるか、其以前の姿であるかを比べて考へると、どちらが古く、又どちらが前日本的、或は更に前古代的かと言ふことの判断がつくこと、思ふ。又我々が他界と言ふと、必まづ祖霊を思ひ浮べるのは、正しく起る考へ方でもない。近代民俗——比較的に言つて——式に考へて抱く直観と言ふだけである。他界にあるものは、我々の祖先霊魂だと考へてゐるのが、民俗の一面であるが、全面に渉つて行はれてゐたとは言はれぬ。〔折口　一九九六a：五五〕

とする。他界からの来訪者が祖霊だけであるというのは、近代民俗式の直観であって、このように考えるようになる以前は祖霊以外のものもあったと演繹していく。こうして他界信仰＝祖霊信仰という図式を否定し、祖霊信仰は他界信仰の一つの表れであるとするのである。

折口は他界観念について、「最古くから考へ伝へたと思はれる海彼岸・海底・山上の空・山岳——さう言う風に、数限りなく分化して、浄土は、古代人の期待に向う所にあつた。歓びに裂けさうな来訪神を迎へる期待も、獰猛な獣に接する驚きに似てゐた。楽土は同時に地獄であり、浄罪所は、とりも直さず煉獄そのものであつた訣である」〔折口　一九九六a：四五〕と説いている。古代人がもった他界への期待が、他界を海彼岸から海底、山上の空、山岳への分化を生んだのであるが、そこから迎える神への期待は獰猛な獣に接する心性と似ていると、村落の近くにあって、そこから穏和な優しい祖先の霊が定期的に訪れてくるという祖霊信仰論を突き抜け、他界信仰の源流へと思索を進めていくのである。その論拠においたのが「神話・伝説の類の上に見る人間と似ない神・霊物、結局其が他界の生類であることを示す手段として、違つた姿形《ナリ》が考へつかれたのである」〔折口　一九九六a：五九〕という捉え方で、この他界生類に「他界身」という術語を当て、論文後半でトーテミズムを含めて他界身の検証を進めていく。

「常世及び『まれびと』」で主張した、「まれびと」は祖霊であるという論理は、こうして再構築されていく。それは習俗として表れている「まれびと」の異形性は、「まれびと」＝祖霊という論理だけでは捉えられないということで、「常世及び『まれびと』」で言った「沖縄の民間伝承から見ると、稀に農村を訪れ、其生活を祝福する者は祖霊であった。さうしてある過程に於ては妖怪であつた。更に次の径路を見れば、海のあなたの楽土の神となつてゐる」、「祖先であつたことが忘れられては、妖怪・鬼物と怖れられた事もある。一方に神として高い位置に昇せられたものもある」〔折口　一九九五b：三七・三八〕という自説の再検討となっている。

こうした自説の再構築は、柳田の『先祖の話』で展開された祖霊信仰論への反論、それは、柳田の祖霊信仰論では他界の生類として「神話・伝説の類の上に見る人間と似ない神・霊物」に関する説明ができないという思いが始点になっていたのではないかと考えられる。言い換えるなら、この論文では祖霊とはなっていない他界の神や霊物から祖霊論・祖霊信仰論への照射を行うことで、柳田が論じていない他界論について、自己の異郷・常世論を新たに展開させ、始原への見通しをつけようという意図があったのではないかと言える。

「民族史観における他界観念」の第二章である「完成した霊魂」で、

何の為に、神が来り、又人がその世界に到ると言ふ考へを持つやうになつたか。さうして又何の為に、邪悪神の出現を思ふやうになつたか。〔折口　一九九六a：一二〕

と問うているのは、まさにそれまでの異郷・常世論を、邪悪な神・霊物を基点に加えて、「他界観念」という術語で再構築しようという意図の表れと理解できる。右の問いかけに続けて、通説化しようとしている考え方を持ち出し、

最簡単に霊魂の出現を説くものは、祖先霊魂が、子孫である此世の人を慈しみ、又祖先となり果さなかつた未完成の霊魂が、人間界の生活に障碍を与へよう、と言つた邪念を抱くと言う風に説明している。さうして、其が大体において、日本古代信仰をすら説明することになつてゐる。〔折口　一九九六a：一二〕

というのは、民俗的信仰の近代化つまり合理化によってもたらされたもので、これで他界やそこにいるとする神・霊物は説明しきれないのであり、

私は、さう言ふ風に祖先観をひき出し、その信仰を言ふ事に、ためらひを感じる。この世界における我々――さうして他界における祖先霊魂。何と言ふ単純さか。宗教上の問題は祖・裔即、死者・生者の対立に尽きてしまふ。我々は、我々に到るまでの間に、もつと複雑な霊的存在の、錯雑混淆を経験して来た。〔折口　一九九六a：二一二〕

と強く再考を促す。そして、右のような「祖裔二元」論的な考え方で他界観念や霊魂信仰を大方解釈できるようになったのは、近世になってからであるとする。いうまでもなくこれは柳田の『先祖の話』に向けられた批判である。

こうして「祖裔二元」論的な祖霊信仰以前の霊魂信仰と他界観念への遡及を始めるのであるが、「祖裔二元」論的な霊魂信仰と他界観念については、これで一般化できるようになったのは近世になってからであるが、この考え方自体は古代からあったと見ている。「我々は、我々に到るまでの間に、もつと複雑な霊的存在の、錯雑混淆を経験して来た」と言っているのはこのことで、とくに宮廷神道には「祖裔二元」論的な霊魂信仰と他界観念が古くから見られることを指摘している。

さらに「万葉集」巻二の一六七番歌を取り上げ、この柿本人麿による日並知皇子の挽歌からは、「人間である間の天子は、地上に住まれ、死の後は大空の他界に戻られるのが、古代人の考へた他界であつた」〔「祖先聖霊と祀られぬ魂魄」〔折口　一九九六a：二一七〕〕のであり、「すめろぎ」という表現からは、「他界に還つた魂が個性を失ふ。さうして多くの場合、其等が混淆して、祖先霊魂の周辺に附属する幾個かの霊となるものと考へてゐた」〔「護国の鬼　私心の怨霊」〔折口　一九九六a：二一八〕〕のが窺えると言う。こうした解釈をもとにして、

他界における霊魂と今生の人間との交渉についての信仰を、最純正な形と信じ、其を以て「神」の姿だと信じて

来たのが、日本の特殊信仰で、唯一の合理的な考への外には、虚構などを加へることなく、極めて簡明に、古代神道の相貌は出来あがつた。其が極めて切実に、祖裔関係で組織せられてゐることを感じさせるのが、宮廷神道である。（「宮廷神道と真実性と」〔折口　一九九六a：五〇〕）

と言うのである。しかし、宮廷以外の古代地方誌の類にも、祖裔関係で他界観念・霊魂信仰を説くことが多く見られるので、祖裔二元論的な観念の拡がりは宮廷政治の企図ではなく、古代神道の趣く方角であったとしている。

祖裔二元論的な観念というのは、いうまでもなく祖霊信仰のことで、折口は、これは古代神道の志向として存在し、宮廷神道にその収斂を見ることができると判断していると読み取れよう。ただし折口は、「他界の主に当るやうに考へられる天照大神は、常に天照大神で、之に対する代々の宮廷の主の聖霊は、すめろぎ（又すめらぎ）と称して、常に替る〳〵宮廷の祖先に当るものと信じるやうになつたのであらう」〔折口　一九九六a：四九〕と言い、祖先霊とは別に他界の主宰霊の存在を考えている。

祖先は海の彼方や、山の頂遥かにあつて、子孫の為に、邪霊の禍を救はうとしてくれてゐる。——かう言ふ風な考へが、古代から近世の地方邑落に及んで伝へられてゐる。其祖先と言ふ存在には、今一つ先行する形があつた。他界にゐる祖裔関係から解放せられ、完成した霊魂であつたことである。（「宮廷神道と真実性と」〔折口　一九九六a：五〇・五一〕）

これが祖霊信仰以前に想定する他界信仰の一つの姿で、それは宮廷神道で言えば、他界の主宰霊としての天照大神にあたるような「完成した霊魂」を考える信仰であると言う。

五　新たな祖霊論――完成霊と未完成霊

「民族史観における他界観念」の中で示された霊魂信仰論として、現代的にもっとも注目されるのは、霊魂観には「完成した霊魂」と「未完成の霊魂」とがあるとした点であると言えよう。

井之口章次は柳田國男の祖霊信仰論を再検討する論文のなかで、祖霊信仰の欠陥を指摘している。それは「天寿を全うして幸せに死んで行った人」以外の、若くして命を落とした人、戦死・事故死・自殺した人の霊のことは、祖霊信仰では考えられていないという。戦死・事故死・自殺などの非業の死者霊は、浮遊霊になると考えられ、平安時代には「もののけ」、中世にかけては怨霊・御霊、近世には無縁仏と呼ばれたが、祖霊信仰ではこうした不幸な魂、不運な魂を救済しなかったので、宗教にはならなかったというのである〔井之口　一九八六〕。「民族史観における他界観念」は、井之口が祖霊信仰論の欠陥であると批判する天寿を全うした者以外の死者霊について、未完成な霊として論じているのであり、この点について岡野弘彦も、この論文は「戦場における死者、鎮まらざる若き未完成霊の問題をもっぱら対象にして書かれている」〔岡野　一九七八〕と言う。

折口は「民族史観における他界観念」の「荒ぶるみ霊」の章で、「純化した祖先聖霊、其にある時期において、昇格飛躍して、祖霊の中に加る筈の新盆の霊魂、其に殆浮ぶことなき無縁霊、この三種の区画の中、中間のものについて、熟慮することなく来たことが、大きな手落ちであつた」〔折口　一九九六a：三二〇〕といい、「新盆の霊魂」に関する検討を進めながら、この霊魂の祖霊への昇格と無縁霊について論じていく。具体的には「念仏踊り」の章で、これについて、念仏踊りの中に、色々な姿で、祖霊・未成霊・無縁霊の信仰が現れてゐることを知る。墓山から練り出して来るのは、祖先聖霊が、子孫の村に出現する形で、他界神の来訪の印象を、やはりはつきりと留めてゐる。行道の賑かな列を組んで来るのは、他界神に多くの伴神＝小他界神＝が従つてゐる形として遺つた祖先聖霊の眷属であり、同時に又未成霊の姿をも示してゐる。而も全体を通じて見ると、野山に充ちて無縁亡霊が、群来する様にも思へるのは、其姿の中に、古い信仰の印象が、復元しようとして来る訣なのである。一方、古戦場における念仏踊りは、念仏踊りそのもの、意義から言へば、無縁亡魂を象徴する所の集団舞踊だが、未成霊の為に行はれる修練行だと言へぬこともない。（折口　一九九六a：三三二）

と言う。ここで取り上げている念仏踊りの解釈は、大正十五年（一九二六）正月から通い始める奥三河や南信州などの念仏踊りがもとになっていると思われるが、重要なことは、念仏踊りを未成霊のための修練行としている点である。それは、右の文章に続いて、念仏踊りには「未完成の霊魂が集つて、非常な労働訓練を受けて、その後他界に往生する完成霊となることが出来ると考へた信仰が、かう言ふ形で示されてゐるのだ。若衆が鍛錬を受けることは、他界に入るべき未完霊が、浄め鍛へあげられることに当る」（折口　一九九六a：三三三）と言い、さらに「魂の完成は、死者の上にのみ望まれたことではなく、生者にも、十分に行はれてゐなければならぬことであつた。生前における修練が、死後に効果を発するものと考へられて来る」（折口　一九九六a：三四）と言っていることである。

柳田國男が『先祖の話』のなかで示した祖霊信仰論の特色は、前述のように「三十三回忌のとぶらひ上げといふことは、（中略）是が大よそ好い頃合ひの区切りと認められ、それから後は人間の私多き個身を棄て去つて、先祖といふ一つの力強い霊体に融け込み、自由に家の為又国の公けの為に、活躍し得るものともとは考へて居た」（柳田　一九六九a：一〇六）ということである。柳田は、三十三年など一定の年数を経ることで、先祖という霊体に融け込むと考えるのが民族固有の信仰であるとしている。折口が敢えて「中間のものについて、熟慮することなく来たことが、大きな手落ちであつた」〔折口　一九九六a：三〇〕と言っているのは、柳田は、死者霊の祖霊への昇華を民間の解説に従ってしまい、十分な検討がなされていないと、批判しているのである。

　折口は、未完成霊が完成霊である祖霊へ昇華するためには、未完成霊の修練あるいは生前の修練が必要であると考えられたとする。そして、「念仏踊り」に続く「成年式の他界に絡んだ意義」の章では、「霊魂の完成者は、人間界ではおとなに当るものであつた。人は、さう言ふ階梯を経て後、他界における老人《オキナ》として、往生するものと考へたのではないか」〔折口　一九九六a：三四〕といい、この「おとな」は「邑落生活では、若衆たちを監督する位置にある人で」、「霊魂の完成は、年齢の充実と、完全な形の死とが備らなければならぬ」と、完成霊の条件を明確にしている。さらに「死が不完全である」と言うのは「横死・不慮の死・呪われた為の死など」で、これらの場合は「霊魂の充足を以て、償ふことの出来ぬ欠陥」であるので、「迷へる魂・裏づけなき魂・移動することの出来ぬ魂として、永久に残らなければならない」、しかし「年齢不足の為に資格の欠けた霊の場合は、ある期間の苦行によつて、贖はれるものと考へた」〔折口　一九九六a：三五・三六〕と説く。

　年齢の充足は、結婚や成年式によってなされ、それ以前の死者の未完成霊は賽の河原のような場に集まるという信仰があったと言う。その場所は村の境であり、ここには「他郷異郷の生類の来入を瞻《マモ》つて居させる段になると、その防禦は、我々の為に、碍《サ》へ・障《サヤ》りの威力を発揮することが予期」〔折口　一九九六a：四二〕できる神または「もの」をおくことを考えた。これが「さへの神」であり、道祖神祭と少年との関係は、

　　少年の完成せぬ魂の霊化したものが、村を離れることの出来ない為、村に残り留つてゐる。其が少年の祀る神の本源だとすれば、理会の出来る所もある。未完成なる故に、成人の墓地に入ることが出来ないとせられてゐた理

由を説明することも出来る。沖縄に言ふ所のわらび墓―幼児墓も此であり、日本の賽ノ河原も同じ起原らしい。
〔折口　一九九六a：四三・四四〕
と解釈していく。

おわりに

折口の著述から祖霊信仰論を抽出しながら祖述し、検証を行うと、現時点での結論は、折口の祖霊信仰論は二期に分けて行われており、その前期は大正時代末から昭和初期に展開する「まれびと」論とのかかわりの中で、常世から来訪する神である「まれびと」は、「あんがまあ」の事例から祖先神で、柳田からの示唆を得て、これを「祖霊」であるとする。しかし、その祖霊論は柳田が「家」を基盤にいう家の先祖霊の累積ではなく、村落を開発して形成する一氏族の双系的な始祖をまつるという祖霊論であり、その来訪は村へ行われるというのが基本で、それが後に「大家」への来訪から他の家々へも広がるが、祖霊はある過程では妖怪であり、次には楽土の神となるという理論であった。また、柳田は戦後の『先祖の話』で、先祖霊である祖霊はまつられることで、先祖神となり、年神や田の神となると説くが、折口は昭和初期の段階に、まれびとは祖霊であるとしながらも、その祖霊は妖怪ともなり、楽土の神ともなると説き、論点が異なっていると言える。

折口の後期の祖霊信仰論は、戦後の「民族史観における他界観念」で示される。これは柳田の『先祖の話』などを承けてのもので、祖霊信仰論として見ていくと、前期の祖霊信仰論を下敷きにして論を進めている。論理展開が複雑で理解が届かない部分もあるが、ここで祖霊信仰論として論じている内容は、次の四点にまとめることができる。

(1)柳田がほとんど論じていない他界観念について、他界との往来伝承から民間説話と宮廷説話を対比させながら検討し、民間説話では他界との往来伝承に歴史性を失うのに対し、宮廷説話では歴史的解釈が付加されることを説く。また、他界観念には海彼説、海底説、天空説、山岳説があって、歴史的には海彼説がもっとも古く、後にこれから海底説、天空説、山岳説が分化していく。

(2)他界がどのような場であるかという世界観については、古代以前あるいは古代においては、完成霊魂の集まる所、未完成の霊魂の留まる所という二つが並行してあり、ここからの来訪者には、穏和な祖先の霊と、恐怖心から人間に似ない神や霊物が考えられて成立した「他界身」をもつ妖怪・鬼物とがいる。他界にいるのは祖霊だけではなく、祖霊になりきってない未完成な霊魂である妖怪・鬼物もいると考えられていた。

(3)この未完成な霊魂は、新盆の霊魂であり、祖霊になる以前の霊魂について熟慮しなかったのが大きな手落ちであったとするとともに、祖裔二元論は「何と言ふ単純さ」かと、痛烈な批判をする。この批判は柳田の唱える祖霊信仰論に対するものであるが、祖裔二元論は後発的なもので、宮廷神道の中で形が整えられたと、条件付きで認めている。

(4)祖霊になっていない未完成霊は、念仏踊りなどの修練によって他界に往生する完成霊となることができる、また生前に修練を積んでおけば、死後に効果を発して完成霊になれるという信仰があり、人間界の「おとな」という階梯を経て、他界では「老人《オキナ》」として往生すると説く。完成霊は年齢の充実と、横死や不慮の死ではない完全なかたちの死に基づくが、未完成霊も苦行によって完成霊になるという。

「民族史観における他界観念」から折口の後期祖霊信仰論をまとめるとこの四点になる。『先祖の話』でいう柳田の祖霊信仰論を批判しながらも、未完成な霊魂の発想は、前述した柳田國男が「年棚を中心として」でいう未完成な精霊の来訪、祖霊の一部がある条件を充たして神になるという推測が敷衍されているとも考えられる。この未完成霊は、祖霊になる以前の霊魂で、妖怪・鬼物という「他界身」をもって出現するのであり、これを「まれびと」の姿として現れる「「ほとほと」「とのへい」「ことこと」「なもみはげたか」「なまはげ」「がんぼう」「もうこ」といった小正月の異形の訪問者」と重ねていくのである。折口の後期祖霊信仰論は、他界から訪れる妖怪・鬼物という他界身は前期祖霊信仰論を下敷きにするが、これ以外は自身の他界論を深化させることが主題となっている。

「はじめに」であげたように、後期祖霊信仰論で提示される未完成霊から完成霊へという論理が、若い戦没者のまつり方で、これによって楽土での往生を提案しているのである。

最後に折口が提示している祖霊信仰論や他界論について、方法論的な課題をあげておくと、折口の立論の特色は前述したように、ある象徴的な事象をもってそのことを普遍化し、論理を構築していることである。この稿で扱ったことでいえば、「まれびと」論は「あんがまあ」の印象が強く働いていて、双系的な始祖を祖霊とするという祖霊信仰論も八重山での一族による村落開発を普遍化している。さらには、未完成霊を完成霊に昇華させる修練は、三遠南信地方の念仏踊からの理論化である。こうした方法によって構築されたここでの理論は、深い奥行きがあって示唆に富むが、しかし、それは蓋然性の範囲にとどまるかもしれないという危惧があり、その妥当性については客観的な検証が必要になる。

註

（1）　これについて折口信夫は、昭和十八年（一九四三）七月に「招魂の御儀を拝して」（『藝能』第九巻第七号、『折口信夫全集』三三収録）という靖国神社の招魂式のことを記すなかで、この式典に各地から集まる人々の姿と一緒に招魂式を拝して、「野山・海川の間から、御魂を招ぎ迎へる、この招魂法を以て、此度迎へられたみたまは、凡三年近い年月を経た御魂が、今や完全に神様におなりになつた。現在の信仰では、凡此だけの時を経れば、神となられるものと、信ぜられてゐる訣です」という。「現在の信仰では」と、新たな神の創始法を言うのであるが、こうした祭祀を「大君は神にしませば、ますらをのたまをよばひて神とし給ふ」

と歌に詠んでいる。説明の必要もなかろうが、折口は「ますらを」の魂は神としての大君によって「神」に昇華されたと詠んでいる。

（2）西村亨編『折口信夫事典』（大修館書店、昭和六十三年）にも、折口の祖霊論・祖霊信仰論は立項されておらず、まとまった論述はない。

（3）アンガマについては、鈴木正崇［二〇〇四：五三五］は「石垣島の盆行事アンガマの時に出現して、後生のことを語る仮装した祖先も、二世代上の親族呼称で、爺はウシュマイ、婆はンミーと呼ばれている。他界の神々や祖霊は、現世の人間と浅い時間間隔で接触し、何らかの形で、死後の世界を介して繋がりを保っているようである」と言い、現在の研究水準では比較的近時の先祖が措定されている。

参考文献

井之口章次　一九八六「柳田国男の祖霊信仰論」『近畿民俗』一〇九号（後に『生死の民俗』岩田書院、二〇〇〇年に収録）
岡野弘彦　一九七八「折口信夫とその墓碑銘」『國學院雑誌』第七九巻第一一号
小川直之　一九七四「柳田國男と祖霊（一）」『民俗』八六号　相模民俗学会
小川直之　二〇〇五「『まれびと』論の成立と課題」『日本近代と折口民俗学形成過程の研究』　國學院大學文学部
小川直之　二〇一六「生と死の民俗・再考」『民俗学論叢』第三一号　相模民俗学会
折口信夫　一九七一「民間伝承学講義」『折口信夫全集ノート編』第七巻　中央公論社
折口信夫　一九九五a「国文学の発生（第二稿）」『折口信夫全集』一　中央公論社（初出は「呪言の展開―日本文学の発生その二―」〈『日光』第一巻第三号、一九二四年〉）
折口信夫　一九九五b「国文学の発生（第三稿）」『折口信夫全集』一　中央公論社（初出は「常世及び『まれびと』」〈『民族』第四巻第二号、一九二九年〉で、後に『古代研究』国文学篇に「国文学の発生（第三稿）」として収録）
折口信夫　一九九五c「古代生活の研究―常世の国―」『折口信夫全集』二　中央公論社（初出は『改造』第七巻第四号、改造社、一九二五年）
折口信夫　一九九六a「民族史観における他界観念」『折口信夫全集』二〇　中央公論社（初出は『古典の新研究』第一輯、角川書店、

一九五二年）
折口信夫　一九九六ｂ「先生の学問」『折口信夫全集』一九　中央公論社（初出は民俗学研究所編『民俗学新講』明世堂書店、一九四七年）
折口信夫　一九九六ｃ「民間伝承蒐集事項目安」『折口信夫全集』一九　中央公論社（初出は『民俗学』第三巻第一号、一九三一年）
小島瓔禮　一九八三「未完成霊」『日本民俗研究大系』第四巻　國學院大學
齋藤　晌　一九三八『歴史哲学―民族史観への基礎的予備概念―』高陽書院
新谷尚紀　二〇〇五『柳田民俗学の継承と発展』吉川弘文館
鈴木正崇　二〇〇四『祭祀と空間のコスモロジー―対馬と沖縄―』春秋社
堀　一郎　一九五一『民間信仰』（岩波全書一五一）岩波書店
柳田國男　一九六九ａ『定本　柳田國男集』第一〇巻　筑摩書房（『先祖の話』筑摩書房、一九四六年）
柳田國男　一九六九ｂ「年棚を中心として」『定本　柳田國男集』第一三巻　筑摩書房（初出は『民族』第一巻第二号、一九二六年）

第二部　民俗伝承学の実践

鍛冶の神々とふいご祭りの民俗伝承

黒田迪子

はじめに――民俗学と比較研究法

近年の民俗学研究で注目すべき動向の一つは柳田の提唱した比較研究法の活用をめぐる議論である。戦後の民俗学が否定的に扱ってきた柳田の比較研究法の見直しが始まっているそのきっかけの一つは、二〇〇〇年代初頭のいわゆる岩本・福田論争であった(1)。その議論の中から注目されてきている民俗情報を歴史情報として読み解くという視点と方法(2)、それを柳田や折口の比較研究法(3)の基本的な視点として学び直し、本章ではその有効性を検証してみることとしたい。調査と分析の対象とするのは鍛冶の伝承、とくにふいご祭りとその祭日と祭神、そして供物としてのみかんの伝承などについてである。

一　鍛冶の信仰と先行研究

ふいご祭りは伝統的に鍛冶屋や鋳物師を中心に伝えられてきたものであり、現在も鉄工所をはじめ金属加工業の祭りとして伝承されているものである。たとえば、筆者の調査事例の中でも、徳島市二軒屋町で平成二十年（二〇〇八）まで営業していた稲田農機具製作所では、毎年旧暦十一月八日にふいご祭りを行ない、みかんを仕事場に供えてお神酒を携えて近くの三島神社境内にある小祠、天目一神社へ参拝している。栃木県の足利鉄工団地協同組合では、現在も毎年十二月八日あたりに、敷地内に祭っている金山神社の例大祭として鍛錬式を中心としたふいご祭りを行なっている。付近の小学校、工業高校などから見学者が多く訪れてみかんをもらっていく。鍛錬式のあとには関係者を中心とした酒宴が催されている。筆者の所属する國學院大學でも渋谷キャンパスとたまプラーザキャンパスにおいてボイラー室で安全を祈願するふいご祭りが毎年十一月に行なわれている。

図１　ふいご祭り（足利鉄工団地協同組合）

これまでの民俗学における野鍛冶の研究として注目されるのは朝岡康二の鍛冶技術についての研究である。朝岡は日本各地の野鍛冶の技術伝承を中心に東南アジアへの視野ももちながら調査研究を行なっているが、歴史的な追跡は少なく、また信仰的な側面についても、「どこでもそうであるが、鞴祭は本来の祭の性格がいまひとつ不分明で、多くはいろいろの神と習合しており、儀礼も少ない」〔朝岡　一九八六〕と述べるに留まっている[4]。また、それよりさき佐藤次郎も精力的に日本各地の農鍛冶の技術と伝承を追跡して貴重な情報を収集しているが、体系的な論考としては組み立てられていない〔佐藤　一九七九〕。一方、鍛冶の信仰については、早くに柳田國男の「炭焼小五郎が事」[5]があり、それを受けて石塚尊俊〔石塚　一九四二〕や牛尾三千夫〔牛尾　一九四二〕の金屋子神の問題についての研究がある。最近では、石塚や牛尾の研究を批判的に捉えた山崎亮〔山崎　二〇一二〕の研究がある。また、稲荷神のほたけを中心としたふいご祭りの来歴については、寺島慶一〔寺島　二〇〇一〕の研究がある。しかし、実情としての鍛冶の信仰とふいご祭りについてはそれら金屋子神や稲荷神の信仰だけではない。そこで、より広くその伝承情報を収集整理して、ふいご祭りを中心に鍛冶の信仰伝承について考察してみることにしたい。

二　全国比較の視点からみたふいご祭り

1　概　況

筆者はかつて、ふいご祭りに関するこれまでの日本各地の民俗調査情報を一覧表に整理してみた。東北の岩手県から九州の宮崎県まで計三七六の事例情報であるが、紙幅の都合でここでは掲載できないのでそれは別途拙稿[6]を参照いただきたい。その一覧表をもとに作成した祭神・祭日・供物の分布傾向については表1に示している通りである。地方ごとにこれまでの調査実績の疎密による情報の質と量の偏差も考慮されるが、各地の鍛冶屋そのものが消滅もしくは鉄工関係への職種変更の中にある現状を考えれば、それらの情報によって一定の程度はふいご祭りの伝承の概況を把握することが可能である。なお、筆者の現地調査事例のそれぞれの個別分析についてはまた別稿[7]を参照されたい。

2　祭　日

まず、祭日に注目してみる。十一月八日を祭日とする事例が最も多い。明治六年（一八七三）に旧暦から新暦へと変わったのち新暦十一月八日に行なうようになったものも多いが、季節感に合せて月遅れで十一月八日としている例も多い。それは盆行事がやはり季節感に合せて八月十五日の月遅れになっている例が多いように、このふいご祭りも冬至という重要な季節の変わり目に合せて月遅れに設定される例が多かったためと考えられる。また十二月十七日を祭日とするもの（岩手県宮古市箱石『岩手の民俗資料』一九六六）もあるが、それは新暦でも旧暦に換算して旧暦十一月八日を忠実に守っている事例と考えられる。この十一月八日を祭日とすることについての伝承には以下のようなものがある。(1)この日ふいごが天から降ってきた（栃木県佐野市『佐野市史　民俗編』、埼玉県蕨市『新修　蕨市史』、埼玉

表1　ふいご祭り一覧表（圧縮版）

	祭日				祭神					供物		
	11／8	旧11／8	12／8	旧12／8	金山	金屋子	稲荷	荒神	天目一箇神	みかん	小豆系	餅
岩手			1					1				
宮城	12		1			1	1	7		1	2	2
秋田	1	3	1					2		1		1
福島	6	5				1		4		3	2	1
茨城	5	4			3					1	1	
栃木	4	2	1		5	1	3		1	5	3	4
群馬	2		1		4		1			3	3	1
埼玉	11		11		19		6			12	8	
千葉	1		3		1		1			3	2	1
東京	13		3		3		1			14	6	
神奈川	4		2		4	1	2			4	2	
新潟	6		1		3	1	1				1	
富山	2				1						1	
石川	1		12				1			1	2	1
福井	1		11		1		1			1	2	
山梨	1				1							
長野	2		3		2					2	1	
静岡	4				7					5		
三重	2		1							3	2	
京都	4		2				4			2		1
大阪			1	1						1	1	
兵庫			1				1			1		
奈良	1	1	3		1	1				1	1	1
和歌山	2		1				1	1				
鳥取	4	8	2			10	2			5	1	1
島根	4	1				4						
岡山	1											
広島	5	3	6		1	2	1			3	1	
山口	3	1	5		2		2		3	2		1
徳島	7	7			1		3		5	14	2	1
香川	7	10	1	1			4			3		3
愛媛	6	1	3		3		1		2	3		
高知	4	3	2						1	2		2
福岡	4	3	3		2	1	2		1	3		1
佐賀	2	3	3				1				1	1
長崎	3	1	2				1				1	
熊本	2		1					1		3		1
大分		3	3				1			3		2
宮崎	2	6			1		1			4	1	3

県比企郡ときがわ村『埼玉県の諸職』)。(2)この日追われ人をふいごの中に匿ったことによって鍛冶屋が繁盛するようになった(山口県下『山口県史　民俗編』)。なお近世の『鉄山必用記事』[8]にも同様の記述がある。また、(3)「鍛冶吹革祭、当月御火焚祭は一陽来復の陽気を助け、諸神出雲より帰り給ふ意に依り、他国にては神社は云ふに及ばず、俗家にても祭る事なるを、此国にては中頃より一向宗門徒夥しく、神事は等閑なる風俗となり、御火焚なども総て行はず、只鍛冶のみにて吹革祭と称するなり」(福井市『稿本　福井市史　下』)と述べている記述もある。冬至を過ぎて「一陽来復の陽気を助け」るためというこのような伝承は、柳田國男が旧暦十一月を極陰の月として陽気へと向かう季節であると指摘していることとともに注目されるものである。柳田は「たとへば霜月の八日は吹革祭として金屋の徒が守つて居たのも、多分は御火焼きとの関係であらうと思ふ。即ちこの月は所謂極陰の陽を発すべき月である故に特に人間の火を以て少しでも早くこれを促さうとする慣習が、期せずして多くの民族の間に始まったのであるが、これも亦希望を与へる満月の夜の祭の、前導であつたとも見られるのである」と述べている。[9]旧暦十一月八日は火を大切に扱う鍛冶の職人たちにとって冬至の月の上弦の月の日を大切な節日にしたものと推定されるのである。[10]

3　祭　神

祭神についての先行研究では、前述の石塚尊俊(石塚　一九七六)が、荒神、稲荷神、金屋子神の三つの系統があると指摘しているが、今回収集した事例情報からみると、表1にみるように次の五つの系統が主要なものとされていることがわかる。金屋子、金山、稲荷、天目一箇神、荒神、という五つである。

金屋子　金屋子の神は、鳥取県、島根県、広島県など中国地方に濃密な分布を示しており、[11]それ以外では東北、関東、北陸、近畿、九州に少しずつみられる程度である。「かなやこ」「かなやこの神」の文献上の初見は、広島県北広島町壬生の井上家文書の中の天文十一年（一五四二）の「金山の祭文」だとされている。[12] 天明四年（一七八四）に伯耆国の下原重仲が著した『鉄山必用記事』[13] にはその名の「金屋子神祭文」が掲載されているが、両者は時代も隔たっており、内容も異なっている。前者は中世的で呪術的な内容で、鑪うち・鋳物師・鍛冶のそれぞれの金屋子のわざの成就を祈念する祭文で、金屋子神を金銀銅鉄を従え護る九九人の姫宮として、姫宮三三人ずつが高位の仏神の加護により、山に入って鑪を打ち、仮屋を作って鋳物師となり、鍛冶屋を作って鍛冶となり、剣・鉾・太刀・刀を顕わすさまを誦む。ついで、さまざまな祟りをなす式神を打ち返す呪力をもつものとして来臨を請うた金山龍王とその式王子（護法童子）のはたらきをする大小金山太郎に、「生霊・死霊・呪詛・悪念・悪霊の輩なりとも、今日金屋子の丁、秘密の利剣の先にかけ、鬼門の方へ攘いたまへ」と祈念をいたす、という構成をとっている。[14]

それに対して、後者は中世以来の陰陽五行の信仰の反映を継承しながらも、近世的な日本書紀神話の影響を受けて金山彦や天ノ目一箇神が登場している。柳田國男は、鍛冶屋は古くは多くが漂泊の生活をしており各地に金と付く地名が多いのは彼らの移動のあとであろうと述べている。たとえば、「中国地方の鉄産地に於ては、多くの村に金鋳護又は金屋子といふ祠あり。金屋既に去つて後も、神のみは留まり、此頃の学問ある神官に由つて、金山彦命などと届けられて居るが、人は依然として之をカナイゴサンと称へるのである」といい、[15] 金山彦という祭神の名前は神官によって後から付された名だと指摘している。牛尾三千夫（牛尾　一九四一）も三日鑪《みつかたたら》という言葉があるように、鍛冶は移動の生活をしていたのだといい、石塚尊俊（石塚　一九四一）が、金屋子信仰の広まりは出雲西比田の金屋子神社の神主安部氏の力によるもので、そうした組織ができる以前には神主よりも村下が力を持っていたと指摘しているのに対して、牛尾は石見地方では、「恐らく比田の社の勧請に非ざる、古く野鑪時代に、既に漂泊の徒のそのゆく先々のタタラ場へ此の神を鎮祭したのでなければ、か丶る多くの金屋子社の鎮座を見なかつたのではなかろうか」と述べている。つまり、この金屋子神は鍛冶屋の神としてその固有性が強く認められるわりには、その神社の分布は東北から九州までわずかずつしか点在していないのだが、その理由としては、柳田や牛尾が指摘しているように鍛冶屋の伝えていたその移動生活の伝統があると考えられるのである。なお、山崎亮〔山崎　二〇〇一・二〇一五〕は、石見地方の金屋子神の小社の分布を整理し、平成二十年（二〇〇八）に発見された田部家伝来の「金屋子神縁起」をもとに、近世の金屋子神縁起の流布には出雲の西比田の金屋子神社の存在が大きく機能したと述べている。

金山　金山の神は関東地方の栃木、茨城、埼玉の各県から中部地方の静岡県まで広く、また奈良県に一例と中国、四国、九州の各地方に少しずつみられる。この金山の神についての各地の情報を整理してみると、A金山と、B金山彦系とがあることが注意される。まず、A金山に注目してみる。この神はその数が多く前述のように天文十一年の「金山の祭文」に「かなやこの神」とともに「金山大郎」の名もみえる。また、高知県下で鍛冶神の降臨や鍛冶の由来を語る祭文類を約二〇点収集した高木啓夫によれば〔高木　一九八九〕、それら鍛冶関係資料は、a祈禱太夫の祭文系、bその祭文に付随する式法類、c鍛冶工程の技法類、の三者に分類されるが、そこでは「金山次郎」が登場している。それらは天竺唐土の番権大王を祖とする五人もしくは七人の王子による鍛冶の神々の誕生の物語、日本における鍛冶の由来、諸道具とそれに宿る神仏などについて語る祭文である。その祭文を唱えて鍛冶の神々を招請して呪法を行ない、荒神鎮めや病人に憑いている生霊死霊を追い出し、呪詛や調伏返しの呪法を行なうことなどが書かれており、その呪術を行なうときに、鞴、金床、大槌、小槌などを用いるという。これらによると、金屋子と金山とはほぼ重なる祭神であり、いずれも中世的な陰陽五行の信仰に深くかかわる祭神であったことがわかる。

次に、B金山彦系に注目してみる。事例としては、茨城県古河市（『古河市史　民俗編』）、東京都調布市、五日市町（『江戸東京の諸職　上』）、新潟県月潟町（『新潟県の諸職』）、広島県新市町（『新市町史　通史編』）などの事例である。

この金山彦神の名は、古事記と日本書紀にみえるが、現代の伝承でみれば、金山彦命を祭神とすることで知られているのは岐阜県の南宮大社（旧称南宮神社）である。[16]関東地方の金山神社の中心として知られている東京日本橋の金山神社は大正年間の一九二〇年代後半からその美濃の南宮大社の「御分霊」を「奉斎」してきたのちに、昭和二十九年（一九五四）にあらためて勧請されたものである。[17]栃木県足利市の足利鉄工団地協同組合の金山神社も筆者の調査によれば、大正から昭和にかけて勧請されたものである。京都の刃物神社も南宮大社を信奉しているが、それは昭和四十八年（一九七三）に刃物神社奉賛会によって創出された神である。[18]現在ではこの南宮大社の祭神である金山彦命が鍛冶職や鉄工関係の祭神として広く重視されてきているが、その信仰の歴史はあまり古いものとはいえない。なぜなら、美濃国の南宮大社の年中行事として近世以来重要視されてきたのは五月五日の例大祭と、現在では廃れた十一月十五日の常楽会であり、十一月八日の鍛錬式は近世の記録類にはまったくみられないものだからである。[19]柳田國男も前述のように、「此頃の学問ある神官に由つて、金山彦命などと届けられて居るが、人は依然として之をカナイゴサンと称へるのである」[20]と述べており、明治期以降の神社行政の中で流布していった可能性もある。そうした観点からすれば、たとえば広島県庄原市高野町の事例（『高野町史』）などは古くは金屋子の神であったのが新しく金山彦の神へと変えられていった例と考えることができる。[21]出雲の西比田の金屋子神社でさえ、祭神は金山彦とされているのもこの推定を支持するであろう。

稲荷　この稲荷は鍛冶屋の信仰として固有のものというよりは、広く稲作や商業や芸能をはじめ幅広い信仰を集めている神である。しかし、その稲荷が鍛冶の神として祭られている例が日本各地に多いのが実情である。関東地方と中国・四国・九州の各地方にみられ、とくに金屋子のみられない京都にも多い。それはなぜか。その歴史を追跡してみる上で、まず注目されるのは、京都の伏見稲荷大社に関連して伝えられている伝承である。それは、鍛冶をはじめ

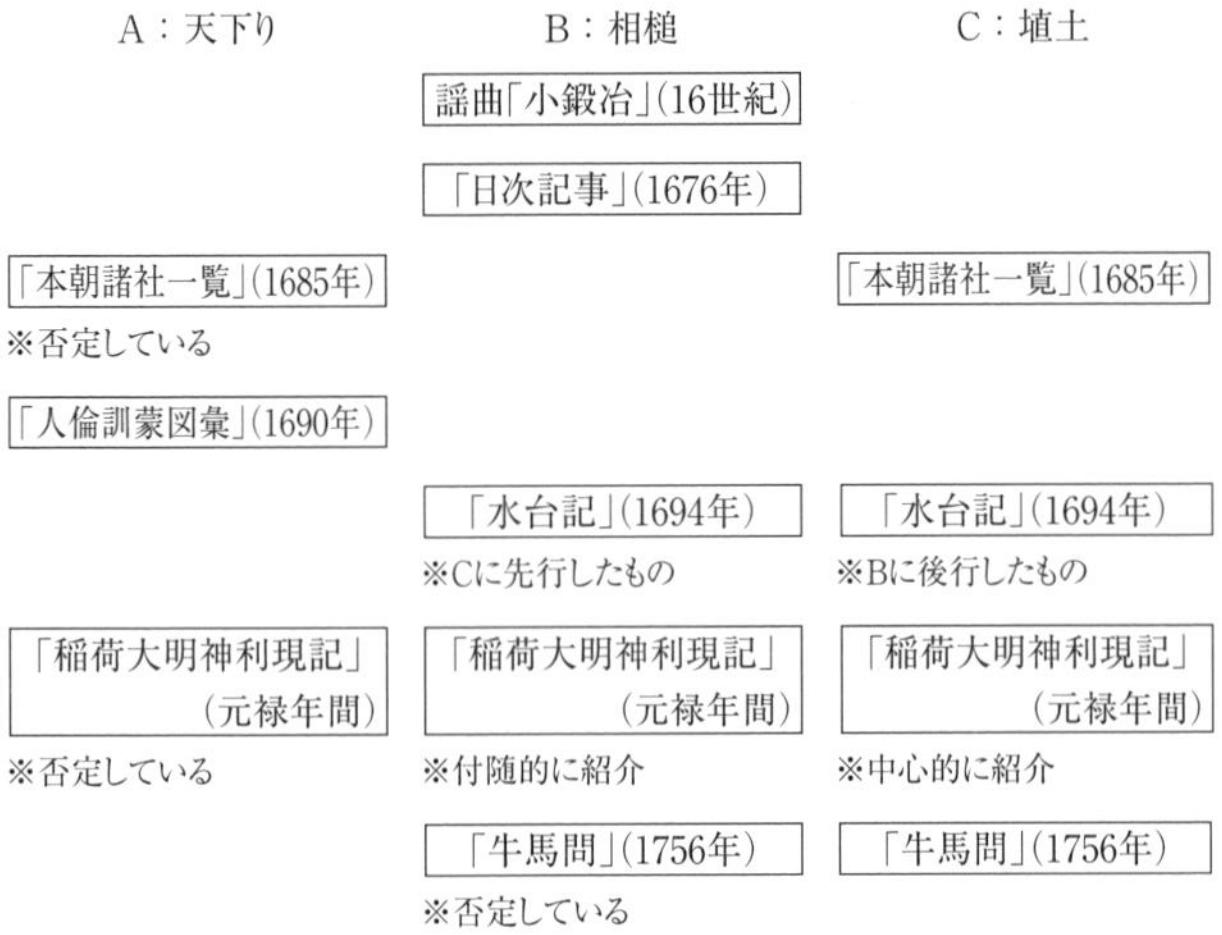

図2　ふいご祭りの由来と稲荷神社，その伝承の変遷過程

とする金属加工技術者の信仰を集めた由来についての伝承である。(22)記録類を整理してみると、図2にみる通りである。

つまり、A稲荷神が天下った、B稲荷神が刀剣鍛冶の三条小鍛冶と相槌を打った、C三条小鍛冶が稲荷神山の埴土を用いた、という三つの伝承である。それが一七世紀後半の時点で併存していたことがわかる。このうち、謡曲「小鍛冶」の存在からすれば、Bが最も古い伝承と位置づけられる。しかし、Aもそれとは別の系統の伝承として古くから存在していた可能性がある。なぜならAの、神が天から降りてきて云々という起源伝承は金屋子神の伝承としても茨城県（『古河市史　民俗編』）、群馬県（『伊勢崎の職人』）、埼玉県（『志木市史　民俗史料編一』）など現在各地で語り伝えられているものであり、神が天降るという点でそれと共通する伝承だからである。この稲荷神のAの伝承は、貞享二年（一六八五）の「本朝諸社一覧」では俗説として否定されているが、元禄三年（一六九〇）の「人倫訓蒙図彙」では肯定されている。しかし、元禄年間成立の「稲荷大明神利現記」では再び否定されている。つまり、Aの伝承は一七世紀後半には存在していた古い伝承であったが、稲荷神社の関係者の間では俗説として、しだいに否定されるようになっていった伝承であったと位置づけられる。それに対して、Bの伝承は、一七世紀後半の記録では最も知られ認められていた通説であった。一方、Cの伝承は、貞享二年の「本朝諸社一覧」から出て来るが、元禄七年の「水台記」では、Bの伝承が主たるものとして位置づけられており、Cは後に行なわれるようになったものと記されている。しかし、元禄年間成立の「稲荷神大明神利現記」では、むしろCが中心になり、そしてBが付随的なものとして位置づけられており、Aは強く否定されている。その後、十八世紀半ばの「牛馬問」に至ると、A・B・Cの三つの位置づけに大きな変化がみられる。Aにはまったく触れられなくなり、古くから中心的な位置を占めてきたBが否定されるに至っており、Cが最も有力なものとして位置づけられてきているのである。

これらのことから、次の四点が指摘できる。⑴一七世紀後半には、古くからのBが中心的な起源伝承として語られていた。⑵それとは別に、Aという古い伝承が存在した。⑶しかし、Aという伝承は、一七世紀末ころからしだいに俗説として否定されていった。⑷その後、一七世紀末から一八世紀半ばに向かって、Bが主たる伝承であったが、しだいにCが中心的なものへとその位置を変えていった。

また、起源伝承の内容については、次の二点が指摘できる。⑴神が天から降ってきたという起源伝承は、稲荷神のそれと金屋子神の伝承との両者に共通している。これはもともと鍛冶屋の神が金屋子神であるとする伝承の中にあったものであり、それが、鍛冶屋の神が稲荷神へと変化した中にあってもそこで一緒に語り伝えられたものである可能性が高い。⑵起源伝承が、Bに代わってCになっていったその背景として考えられるのは、埴土をもらいにくる金属加工技術者と稲荷神山の埴土という現実的で具体的な物質を介在させる信仰が伴っていたからであり、神社の立場からしても信仰者の立場からしてもその伝承の方が有力なものとなっていったからだと考えられる。

なお、寺島慶一はふいご祭りとお火焼きの習合過程について、『日次紀事』（延宝四年〈一六七六〉脱稿）の「稲荷神大社火焼（中略）或謂嚢籥祭。知恩寺鎮守元賀茂明神也。三十九世満霊和尚、加稲荷神八幡。故今日有稲荷神明神之火焼」という記事をあげて、ふいご祭りとお火焼きは十七世紀後半には結びついていたことを指摘しているが〔寺島二〇〇二〕、その『日次紀事』の記事で注意されるのはむしろ、十一月のお火焼きの行事は伏見稲荷神に限らず京都の神社ではその他多くの社寺で行なわれており、京都大坂の十一月といえばお火焼きの月ともいうべき月であったということである。その十一月とは極陰の月、冬至の月であり、お火焚き行事の背景としては暦法上の一陽来復の信仰との結びつきが考えられるのである。

天目一箇神　この神はその分布が徳島県や愛媛県また山口県や福岡県に限られている。天目一箇神といえば、日本書紀、播磨国風土記、古語拾遺にその名がみえる神である。かつて加藤玄智〔加藤　一九二七〕は神話分析の視点からこの神をファリックゴッドであると論じた(23)。しかし、柳田國男はそれを否定してこの天目一箇神の信仰の背景にあったのはより広い一つ目の神の信仰であろうと論じている(24)。その柳田の指摘で注目されるのは、「天目一箇神が古今たゞ一柱しかなかつたといふ考は、実は根拠がないから止めなければならぬ」、「新しい社伝には祭神を天目一箇命とある。即ちまた神代史の作金者と同一視せんとする例であって」云々という部分である。祭神を神代史の天目一箇命とするのは新しい社伝によるというのである。

三宝荒神　三宝荒神は三面六臂または八面六臂の忿怒の形相の神である。真言密教の不動明王にも共通する神として悪の懲罰や厄除けの信仰があるとともに、その一方、火の神、竈の神としての信仰も広い。それがふいご祭りの祭神として岩手、秋田、宮城、福島に集中しているのは、竈の神と火の神としての共通性からであろうと考えられる。

荒神という名称が文献上、早くみえるのは、『水左記』（承暦四年〈一〇八〇〉）である(25)。承暦四年六月三十日の夜に大井河（大堰川）で、摂州勝尾寺の僧侶である頼命に命じて、荒神祓を行なったという記事である。次は、『真俗雑記問答鈔』(26)（鎌倉時代中期）で、陰陽師が荒神供を行なっていることを述べ、仏教では毘那夜迦と聖天に相当し、荒神供と聖天供とが対比され、ある流派では修法として荒神法があることが記されている。(27)そして、天台教学の基本文献の一つである『山家要略記』(28)（鎌倉時代後期）に注目される記事がみえる。「十禅師神殿奉向巽方事　第廿一」が記すところによれば、西方院座主僧正院源の夢に、十禅師神殿の中で巽の方を向いている高僧が現れる。その高僧が巽の方を向いているのは、そこに障礙をなす存在がいるからだという。院源は高僧から経をもらうが、それは宇賀神王福徳円満陀羅尼経だったという。そして、「麁乱神即十禅師事」によれば、その十禅師神殿で巽にあって障礙をなす存在とされていたのが荒神だというのである。

そして、その『仏説宇賀神王福徳円満陀羅尼経』（鎌倉時代以降）によれば、巽の方角の隅にいるのは、飢渇神、貪欲神、障礙神という三つの神王だという。飢渇神は黒雲の餓鬼のような形、貪欲神は五色で蝦蟇の形、障礙神は黄色で何もない空間の形をしているという。また、宇賀神王は頭の上の冠に貪欲神を降伏させるための白蛇を載せ、右手には障礙神を降伏させるための剣を持ち、左手には飢渇神を降伏させるための如意宝珠を持っているという。そして、宇賀神王が常に巽を向いているのはそれから人びとを護り、障礙をさせないためなのだという。「十八契印儀軌」『阿娑縛抄』(29)（十三世紀ごろ成立）は、荒神と毘那夜迦とが同体であるといい、毘那夜迦は

図3　カネヤマ様（群馬県太田市アイテック株式会社蔵）

象の鼻を持った異常な随身で、天地に魔のあるときはそれは毘那夜迦によるものであり、天台密教以外の人は毘那夜迦のことを荒神と呼んでいるという。

荒神について注目される文献が、『荒神縁起』元弘二年（一三三二）である。そこでも毘那夜迦は荒神の異名であるとされている。[30] また、荒神を祭る荒神供については、『吾妻鏡』文治二年（一一八六）二月四日条、『元亨釈書』（元亨二年〈一三二二〉）「開成伝」などにもその記事がみえる。また、『荒神供次第』[31]（天正二十年〈一五九二〉）によれば、荒神供は、清潔なところに祠を祭り、七珍百味の種々の供物を供えて祭ることだとしている。このような天台教学や陰陽道の信仰の中で活発化していた荒神の信仰は、一方では世阿弥『風姿花伝』や、金春禅竹『明宿集』にも意味深く記されており、申楽の翁のことは大荒神とも本有ノ如来とも崇めたてまつるべきであるとされている。秘文が記すところでは、意が荒立つときは三宝荒神、意が静かなときは本有の如来だといい、中世芸能の胎動の中にも大きな位置を占めていたことが指摘されている〔松岡　二〇〇〇〕。

それらの伝承に対して、ここでは鍛冶の神としての荒神についての追跡に集中してみる。荒神（三宝荒神）と竈神との接点を求める上で注目されるのは、まずは、承平年間（九三一～九三八）成立の『和名類聚抄』の「春三月在竈、夏三月在門、秋三月在井、冬三月在庭」という記事である。土公は春三月は竈に、夏三月は門に、秋三月は井戸に、冬三月は庭にいるとされている。また、「文明九年五龍王祭文[32]」（文明九年〈一四七七〉）には「御名ヲハ盤古王ト申ス、五人ノ王子坐カ所務ヲ給テ、（中略）五郎ノ王子ニハ十八日ツ、ヲ取合ハ是モ七十二日ニ相当候、四土用ノ主ト成給へ、庶務善哉也善哉也、悦給ヤ」とあり、盤古王と五人の王子の庶務分けの内容が記されており、後の大土公神祭文の類に先行する祭文である。そして、近世にかけて流行した三輪神道では、「三輪流神道印信大事[33]」（寛政六年〈一七九四〉）に「〇鍛冶屋に入る時、護身法〇衣那荒神印　二手を合掌し、右の頭指を三度払うべし　オンケンバヤケンバヤソワカ○送車輅　年を経て　身を妨ぐる　荒御前　そこ作利たまえ　事業をせん○衣那荒神印　二手を合掌し、左の親指を三度、内に招くべし　オンケンバヤケンバヤソワカ」とあり、鍛冶の神としての衣那荒神がみえる。この衣那荒神は恐ろしい神でなく、危険な鍛冶仕事に従事する人間を得那で包み守るという意味を持つことが推測される。(34)

そうした中で、最も注目されるのが、「竈神祭文」(35)（天文十五年〈一五四六〉）である。

謹請東方ニ青帝龍王来入御座、謹請南方ニ赤帝龍王来入御座、謹請西方ニ白帝龍王来入御座、謹請北方ニ黒帝龍王来入御座、謹請中央ニ黄帝龍王来入御座、（中略）

夫竈ノ神ト申奉ルハ、五知ノ如来ノ三マヤキヤウ也、サレハ一ツニハ定光仏、二ニハネントウ仏、三ツニハシヤカムニ仏、四〔ニ〕ハ薬師仏、五ニハ阿弥陀仏、一体同心大日如来ト申奉也、マタホサツトインハ、一ツニハ文殊師利ホサツ、二ツニハヤク王□、三ツニハコクウソウ□、四ニハクワンセヲンホサツ、五ツニハ地蔵ホサツ、六ニハミロクホサツ、七ツニハリウシユホサツ、八ニハセイシホサツト申奉、若干ノホサツノ中ヨリカマノ神ト成玉フ、其時マ王五道神ト現シ玉フ也、サレハミヲワケテ、東方ニ八王子、南方ニ八王子、西方ニ八王子、北方〔ニ〕八王子、中央ニ八王子、シカレハ八万四千六百五十余神王ノ本所也、一切ノソクナンヲ八咫八神トモニ此竈神ノヘンケナリ、信セン人ハ現世安穏ニ守護シ玉フト申ス、ヨクヨク竈神ヲシンスヘシ、一切ノ仏ホサツノ御前ニテハ三宝荒神ト成玉フ、サレハ春三月ハ三十六所ノ竈ノ神、ナツ三月ハ二十八宿ノカマノ神、秋三月ハ四十九所ノカマノカミ、（脱漏あり）ナリ、七ナンフクメツ七福即生、寿命長遠息災延命、諸人快楽子孫ハンシヤウ、家内安穏ニ守処、急々如津令、敬白、

天文拾五天丙牛十二月吉日　　ノトロ式部

ここでは、竈神を信じることにより、一切の仏菩薩の前では竈神が三宝荒神となると述べ、春夏秋冬の四季を通し

て三宝荒神が竈神となって息災延命、子孫繁盛、家内安穏などの利福を与えてくれると述べている。三宝荒神についてみると、『神道雑々集』（貞治五年〈一三六六〉）にみえる「我是三宝荒神毘那夜迦なり」の記事が早い例であるが、その由来からいえば、『仏説宇賀神王福徳円満陀羅尼経』（鎌倉時代以降）や、『簠簋内伝』巻第二（鎌倉末期〜室町初期）の記す「三神」や、『仏説大荒神施与福徳円満陀羅尼経』（年代不詳）の「三鬼」、そして、この「竈神祭文」（天文十五年）の「三マヤキャウ（三昧耶形）」からきている可能性がある。岩田勝は、この祭文の段階で竈神が三宝荒神と結びつき、土公がどこにも現れなくなったことを指摘している。後述する今日の民俗伝承に見られる荒神の竈神としての性質はこのころから定着していったものと考えられる。

そして、近世の『日葡辞書』（慶長八〜九年〈一六〇三〜〇四〉）には「Quojin. アラキカミ〈訳〉台所のかまど、なべの加護を願う神」とあり、『人倫訓蒙図彙』（元禄三年〈一六九〇〉）には「世に釜戸を荒神と号す。家内安全福貴の守護神、本地普賢菩薩なり。信心ありて二十八日を祭れば七難即滅滅なり」とあり、釜の神を荒神とする現在の民俗伝承につながる記事がみられる。

こうした文献記録からの情報に対して、日本各地の荒神の民俗伝承の情報を参照してみる。(36) そして、先の文献記録の整理と対比させてみると、以下の点が指摘できる。

(1)土を集めて祀っている荒神塚の事例、鳥取県赤碕町箆津、大分県別府市や大分郡、宮崎県下などのそれは、『諸国一見聖物語』（至徳四年〈一三八七〉）の「元品无明塵垢払法性心源顕事表、此堂内陳塵垢払此塚納也」という記事に対応する。

(2)荒神祓をしている事例、山梨県下や愛媛県南宇和郡城辺町緑などのそれは、『水左記』承暦四年の「修荒神祓、件祓有神験之由日来聞之」という記事に対応する。

(3)かまど神としての荒神を四季土用と春秋に荒神祓をしている事例、大分県下のそれは、『和名類聚抄』（承平年間〈九三一〜九三八〉）の「春三月在竈」という記事や、「竈神祭文」（天文十五年）の「サレハ春三月ハ三十六所ノ竈ノ神、ナツ三月ハ二十八宿ノカマノ神、秋三月ハ四十九所ノカマノカミ、（脱漏あり）ナリ」という記事に対応する。

(4)かまど神を荒神であるとしている事例、つまり茨城県下から栃木県、埼玉県、神奈川県、山梨県、長野県、静岡県、滋賀県、京都府、大阪府、島根県、山口県、福岡県、長崎県、熊本県、大分県下へと広く伝承されている荒神の民俗情報は、「竈神祭文」の「ヨクヨク竈神ヲシンスヘシ、一切ノ仏ホサツノ御前ニテハ三宝荒神ト成玉フ」という記事に対応している。

こうして文献記録の情報と民俗資料の情報とその両者を整理し対比させてみると、荒神の信仰の歴史的な展開と、それがどのように現在の民俗伝承へとつながってきているのかの大要が考察できる。民俗伝承の地域的な分布の意味などを考えていくためには、まだまだ精密な資料情報の収集が必要であるが、この文献と民俗の両者の情報収集と対比という方法の有効性を検証していく意味はあると考える。文献から辿ることができた点としては、たとえば、以下の通りである。①荒神が祭られる早い例は、十一世紀の陰陽師による「荒神祓」のかたちであった。②その次が十二世紀の「荒神供」というかたちであった。③十三世紀から十四世紀の中世の多様な神仏信仰が混沌としていた状態のもとでは、天台密教の十禅師や宇賀神に対比されるかたちの荒神の信仰も生まれていた。④それに陰陽五行の信仰も混淆して、土公神との習合、竈神としての荒神や三宝荒神のかたちが展開してきた。また、⑤十七世紀になると三輪流神道の書物の中に鍛冶を守る神として衣那荒神のその名が見受けられる。このように、現在の竈神としての荒神、鍛冶の神としての民俗信仰の中の荒神へそれらが重なりながら連なってきているのである。

ふいご祭りの供物として特徴的なものは、みかんである。ただ、古くからたたら製鉄で知られ祭神の金屋子の伝承の本場ともいうべき島根県一帯ではみかんの伝承が希薄であり、前述の『鉄山必用記事』天明四年（一七八四）にもみかんの記事はなく鏡餅が供物とされている。

4　供　物

柑橘類の歴史　みかんの歴史をさかのぼる上で参考になるのは『明治前日本農業技術史』(37)などであるが、蜜柑の文字の初見は『尺素往来』に「菓子者、……栗、椎、金柑、蜜柑、橙橘、鬼橘、柑子、温州橘等」とあるものであろうとされており(38)、広く流通するようになるのは江戸時代の十七世紀前半からとされている。安藤精一は「紀州蜜柑が江戸で最初に販売されたのは寛永十一年（一六三四）に水菓子問屋によって蜜柑一籠半が一両で売られたのに始まる」と述べている(39)。しかし、現在のふいご祭りの伝承の中でも蜜柑ではなく柑子を用いている例もあり（徳島県北島町『北島町史』一九七五、徳島県石井町『石井町史　下』一九九一、徳島県松茂町『松茂町誌　下』一九七六など）、蜜柑という呼称と種類にこだわる必要はない。むしろ、かつては柑子であった可能性もあり、広く柑橘類として考えておくのがよいであろう。柑子が京都の町で商品として売られていた話の一例は室町物語草子「和泉式部」にもみえる(40)。また、十二世紀の『類聚雑要抄』に載せる宮中の正月の鏡餅など歯固めの供御を盛り付けた食膳の献立の図にも、「置鏡餅上物、杠葉一枚、蘿蔔一株、押鮎一隻、三成橘一枝、但近代一成用之」とあり(41)、当時の宮中では「三成の橘」が正月の鏡餅の上に載せられていたことがわかる。十世紀の『和名類聚抄』にも「柑子　加無之」とその名がみえる。また、『古事談』（一二一二～一五成立）には宮中の紫宸殿の前庭の「左近の桜と右近の橘」はもと梅であったのを仁明朝（八三三～八五〇）に桜へと植え替えられたという伝承が記されている。さらに記紀神話の時代にさかのぼれば、垂仁朝の常世国に遣わされた多遅摩毛理（日本書紀では田道間守）が登岐士玖能迦玖能木実（日本書紀では非時之香菓）を求め得てきた記事がある。古事記が「是れ今の橘なり」と記していることからすれば少なくとも七世紀には橘が栽培されていたことが知られる。万葉集にも、「橘は　実さへ花さへ　その葉さへ　枝に霜降れど　弥常葉の樹」と、常葉の樹と詠われている。

こうした柑橘類の歴史を概観してみてわかるのは以下の点である。⑴日本古代の七世紀から柑橘類は不老長寿の果実として、常葉の生命力のある果実としての意味が与えられていた。⑵九世紀半ばまで伝えられていた紫宸殿前庭の「右近の橘」と「左近の梅」という植樹伝承の中には、「天子南面」の都城制下の季節循環の世界観の中で、冬から春への年越し、「冬至の橘（右近・西）」から「新春の梅（左近・東）」へ、という歴代天皇の御代御代の永遠更新への願いが込められていたと考えられる。⑶十二世紀の宮中では、柑橘類は正月行事の献立に加えられていて不老長寿への祈願が込められていた。

図４　ふいご祭り（群馬県太田市アイテック株式会社）

ふいご祭りとみかん撒き　ふいご祭りでみかんが用いられている例としては、供物として供えられ関係者に配られるという例が多いが、なかには近所の子供たちに撒いてやるという例も少なくない[42]。そして、そのようなみかんを撒くという事例は、江戸時代の記録類にも散見される。みかんを撒くさいには子供が囃し言葉を唱えている例が多く、江戸期の随筆類では享保期以降、「ほたけ」と囃している記事がみられる[43]。その他に「鍛冶屋の貧乏」と囃したてているものもみられるが[44]、それらの記事を読めば、江戸や京都の町方の

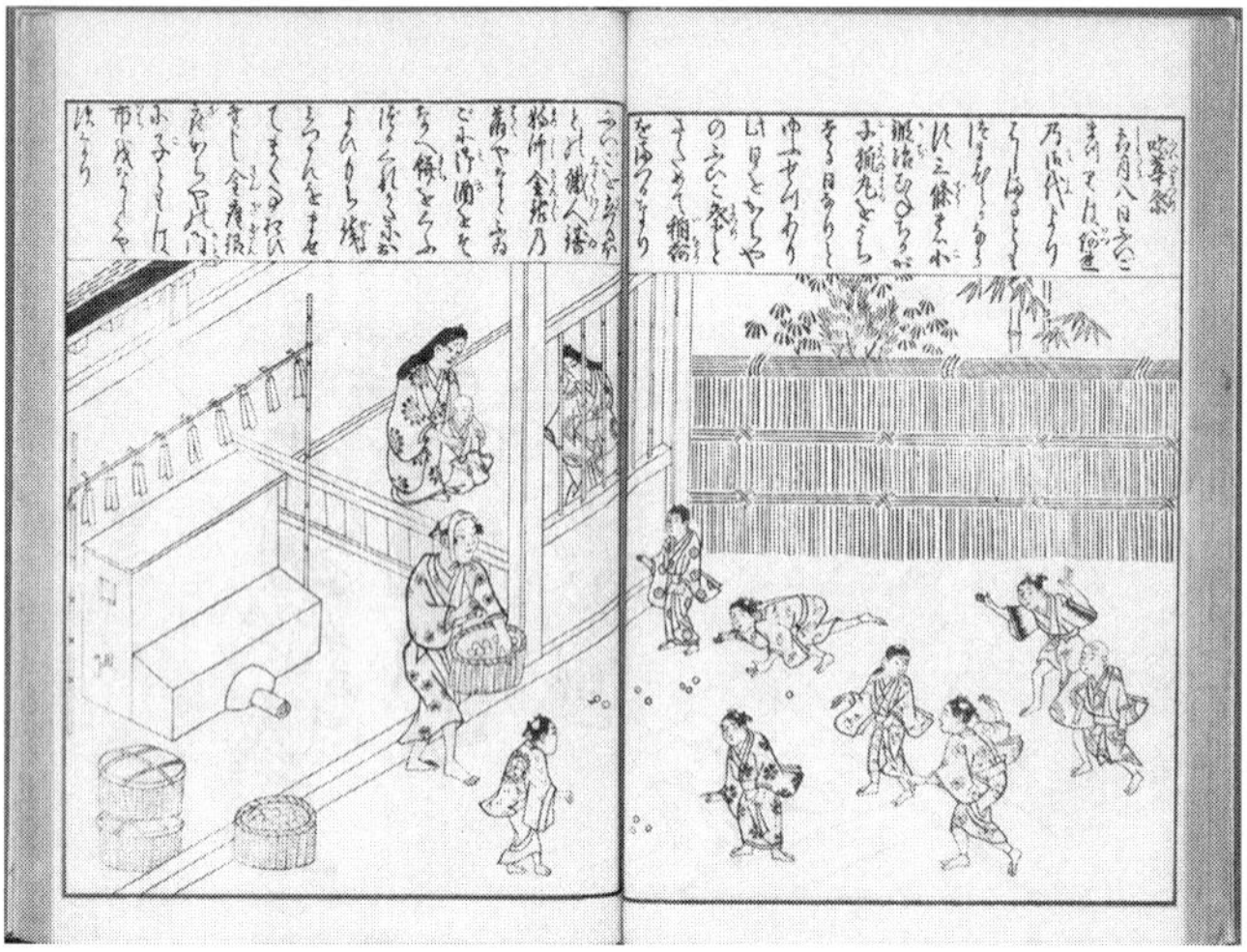

図5　吹　革　祭（『日本名所風俗図絵』）

子どもたちが「鍛冶屋の貧乏」と囃したてるのに対して、鍛冶屋が、うるさい子どもたちめ、気前よくみかんを撒いてやるぞ、というような雰囲気のにぎやかな行事であったことがうかがえる。

明治期の記録でも京都の町方でみかん撒きをしているという記述はみられる(45)。しかし、それはあくまで民間でのものであり、伏見稲荷大社のお火焚きは、それとはまた別の神事祭礼であり、より厳粛に行なわれていたものと考えられる(46)。京舞の歌詞に、「〽げに一様の神楽月ようき日にますしるしとて社社のお火焚き。〽焚け焚けお火焚けの蜜柑饅頭欲しやのうの」とあるのを紹介した記事もあるが(47)、明治期の京都の町方では十一月の諸社のお火焚きの行事の中で子供たちにみかんを振舞うことがさかんに行なわれていたことがわかる。現代の伝承では東北地方の宮城県で「かんちゃのほたけ」と囃している例があるが(48)、それはいま紹介した近世から近代へと伝えられていた江戸や京都の町方のみかん撒きの囃しに通じるものといえよう。

では、ふいご祭りでなぜみかんが用いられてきているのか。その伝承の理由と背景について追跡してみる。まず、民俗伝承の中でふいご祭りにみかんを用いる理由については大きく分けて二つの系統の伝承がある(49)。(1)みかんの木との結びつきを説くもの、(2)紀伊国屋文左衛門の故事によるとするもの、の二つである。

由来譚1――みかんの木との結びつきを説くもの　みかんを用いる由来についての伝承の第一のタイプはみかんの木との結びつきを説くものである。そのうちさらに分類してみると以下の通りである。

aみかんの木に神が天下った。栃木県佐野市（『佐野市史　民俗編』）、群馬県伊勢崎市（『伊勢崎の職人』）、埼玉県蕨市（『新修　蕨市史』）、埼玉県志木市（『志木市史　民俗史料編一』）、埼玉県玉川村玉川（『埼玉県の諸職』）、香川県仲南町（『仲南町誌』）。

bふいごがみかんの木に引っかかった。神奈川県藤沢市（『藤沢市史　七』）、香川県山本町（『新修　山本町誌』）、大分県臼杵市（『臼杵市史　下』）。

cみかんの木の根本にふいごがあった。神奈川県逗子市（『神奈川県史　各論編五』）。

これらの伝承は関東地方と四国地方を中心に分布している。また、少し異なったものとして次のような伝承がある。

d天から降りた神がみかんの木に登って難を逃れた。島根県江津市（『江津市誌　下』）。

ふいごの神というのは観念的であるが、ふいごが降って来たとするのはイメージの上で具体的である。ふいごといえば現在われわれがすぐに思い浮かべるのは木箱ふいごであるが、古くは皮革を使用した皮ふいごであった。天下るふいごの神と、天から降ってきたふいご、という二つのイメージが語り伝えられているその背景として想定されるのは、木箱ふいごではなく皮革ふいごであろう。ふいごといえば多くは木製の箱型ふいごのことを指すが、ここでは材質や形状に注意したいため、「箱型ふいご」と「皮革ふいご」という名称を用いることとする。では、その二つのふいごの歴史についてはどうか、少し追跡しておくと以下のとおりである。まず、記録史料によれば、皮革ふいごが古くから知られている。『新撰字鏡』（昌泰年間〈八九八～九〇一〉）には「火を吹く皮」とあり、『延喜式』（延長五年〈九二七〉）には「鍛冶吹皮料の牛皮十五張」とある。『和名類聚抄』（承平年間）には鞴の訓を「布岐加波」としている。

このように、ふいごはもと動物の皮を大部分に用いたものであったことがわかる。しかし、絵画資料によれば、木箱ふいごしかみられないとされている。(50)『茨柄天神縁起絵巻』（十二〜十三世紀）、『松崎天神縁起絵巻』（十二〜十三世紀）、『歓喜天霊験絵巻』（十三世紀）にみえる図や、風分庫らしい構造が描かれているものとして『東北院職人尽絵合絵巻』（十四世紀）、『喜多院職人尽絵』（十四世紀）の二つ、『職人尽絵』（十五世紀）、『大山寺縁起絵』（十五世紀）など、いずれもそこに描かれているのは木箱ふいごである。しかし、それらの絵巻物に描かれているのはそれぞれの時代ごとの都市部の最先端の新しい技術であった可能性があり、その一方では、旧来の皮革ふいごがまだ日本各地に残っていた可能性もある。したがって、上記のａｂのような天からふいごの神やふいごが降ってきたという伝承は、やはり皮革ふいごの時代に語り始められた伝承であったと考えるのが自然である。それに対して、ｃのようにふいごがみかんの木の根本にあったとするものは、木箱ふいごが降ってきてみかんの木に引っかかることは考えられないというような後世の人の考えによるものであろうと推定される。また、『鉄山必用記事』や、山口県下の事例（『山口県史　民俗編』）のように「追われ人をふいごの中に匿った」とする伝承は、木箱ふいごの時代になってからの伝承と考えることができる。

聖木としての桂の木　みかんの伝承が濃密なふいご祭りであるが、島根県など中国地方の金屋子神祭祀の濃密な地帯では、みかんが用いられていないか、用いられることはあってもそれに付随する伝承は希薄である。一方、金屋子神の神聖な木として信仰されているのは桂の木である。『金屋子祭文』には、金屋子神が桂の木に降りて来たと書かれている。また尾高邦雄も桂の大木を金屋子と呼んでいる事例の存在を指摘している〔尾高　一九四八〕。島根県雲南市吉田町菅谷では実際に桂の木を金屋子と呼んでおり、桂の木は春先に真っ赤な芽を吹くという。たたらの火は三日三晩燃え続けるといい、この桂の木の真っ赤な芽も三日間だけ見ることができるという。それはさながら、炎が燃えているようだという。この桂の木の芽はたたらの火の色を象徴している可能性が考えられる。島根の事例（島根県江津市『江津市誌　下』）には、天から降りた神が犬に吠えられてみかんの木に登って難を逃れたというものがあるが、『鉄山必用記事』にも、金屋子神が桂の木に降りて羽を休めていたところ、通りかかった神主安部氏《（ママ）》が連れていた犬どもが吠えかかったという話が記されている。その一方でまた、犬に吠えかかられて、麻苧に足をからませたという伝承もある。天降った神が犬に吠えられて木に登ったという話の筋の共通性からいえば、桂の木がみかんの木へと要素転換したものと捉えることができるであろう。

由来譚2―紀伊国屋文左衛門の故事によるとするもの　みかんを用いる由来についての伝承の第二のタイプは紀伊国屋文左衛門の故事によるとするものである。福島県相馬市（『相馬市史　三』）、茨城県古河市（『古河市史　民俗編』）、栃木県氏家町（『氏家町史　民俗編』）、埼玉県幸手市（『幸手市史　民俗編』）、埼玉県志木市（『志木市史　民俗史料編一』）、東京都府中市白糸台（『江戸東京の諸職　上』）、三重県鳥羽市（『鳥羽市史　下』）、宮崎市青島（『宮崎県の諸職』）などである。ほかに富山県下（『富山県史　民俗編』）ではみかんではなくおはぎを使っているが、紀伊国屋文左衛門の伝承は伝えている。紀伊国屋文左衛門の故事を伝える記録類を整理してみたのが、表2である。

これにより以下のことが指摘できる。⑴紀文が材木商であったという話題要素は、延享・寛延年間（一七四四〜五一）の「諸聞集」から明治二十五年（一八九二）の「紀文大尽」まで長く語られたものである。⑵紀文が金を撒くという要素は、宝暦年間（一七五一〜六四）の『江戸真砂六十帖』からみられるが、そのほとんどは遊興と結びついている。⑶安永八年（一七七九）の『俳風柳多留』には「紀伊国屋　蜜柑のやうに　金をまき」という川柳が出てくる。この川柳からは、紀文・みかんで大儲け・小判撒きという三つの要素を読み取ることができる。その後、文政五年（一八二二）『浮かれ草』の「沖の暗いのに白帆が見える　あれは紀伊の国みかん船」という俗謡から、⑷大嵐のなか、

表2　紀伊国屋文左衛門関係史料

刊　行　年	タイトル	材木商(大儲け)	みかん(大儲け)	ふいご祭り	遊興	没落	利益還元	金撒き
延享・寛延(1744～51)	「諸聞集」	○			○	○		
宝暦(1760頃)	「江戸真砂六十帖」	○			○	○		○
安永8年(1779)	「柳多留」		○		○			○
寛政9年(1797)桐座初演	「青楼詞合鏡」				○			
文政元年(1818)	「近世奇跡考」	○			○	○		○
文政5年(1822)	「浮かれ草」		○					
嘉永7～慶応2年(1854～66)	「黄金水大尽盃」		○			○		
明治15年(1882)	「本朝虞初新誌」		○					
明治15年(1882)	「大尽舞紀文実記」		○					
明治15年(1882)	「名誉長者鑑」		○		○			○
明治19年(1886)	「名誉長者鑑」		○	○	○			
明治23年(1890)	「紀文大尽名誉鑑」	○	○	○	○			○
明治25年(1892)	「紀文大尽」	○	○	○			○	

みかんを船で運んだという要素、があったと指摘できる。しかし、(5)ふいご祭りという要素が確かに出てくるのは、明治十九年（一八八六）の「名誉長者鑑」からである。(6)紀文の遊興という要素は、元禄十六年（一七〇三）から文政元年（一八一八）までの長期にわたってさかんにみられ、その後の明治十五年（一八八二）の『名誉長者鑑』にも見られる。(7)紀文が没落するという要素は最初なかった。それが、延享（一七四四〜四八）あたりから明治十一年（一八七八）にかけてみられる。(8)儲けを還元するといった要素は、明治二十五年（一八九二）の『紀文大尽』にのみ見られる。

以上のことから、紀文の故事伝承としては、もとは材木商で大儲けをしたという要素が主流であったが、寛永八年（一七七九）ころからみかんで大儲けをしたという要素が入るようになった、そして明治期になると、みかんがふいご祭りと結びつけられてきた、ということがわかる。つまり、ふいご祭りのみかんについて紀伊国屋文左衛門のみかんの故事を用いて説明している伝承は、明治期以降に流布した比較的新しいものであるということが考えられる。すなわち、ふいご祭りにみかんを用いる由来譚として、①みかんの木、②紀文という二つのタイプがある中で、古い伝承は①みかんの木タイプであり、②紀文の故事タイプは新しい、と結論づけることができる。そして、①も②も歴史的な事実を基にしたものではない。紀文の由来譚もふいご祭りにみかんを運んだということを語っているだけであり、なぜみかんを用いるかの説明はなされていない。

みかんの意味　鍛冶のふいご祭りにこのようにみかんがさかんに用いられた背景にあったのは何か。それは、第一には、筆者のまだ少ない調査体験の中からも聞き出されている鍛冶の現場での伝承知（folk-lore）と類似連想（analogy）であろうと考えられる。鉄材に焼きを入れる絶妙のタイミングを知る熟練技の中で伝承されていた色彩の上での類似連想である。みかんの色と、焼きを入れる絶好のタイミングの鉄の温度の色とが同じだというのである。森義一（森　一九四二）は、「日本刀研究家の成瀬関次も「関の刀匠の家々には、昔は必ず名物蜂屋柿を蜜柑と共に庭園に植ゑたものだと云ふ。柿も蜜柑も其の成果の色合は同じである。唯蜂屋柿に特有な何処となく黒味のある橙黄色が、関の日本刀を焼入れする時の、地鐵の灼熱の色であつて、それが相伝の秘伝の一つであつた云々」と書いてゐる。肥前の名刀匠忠吉一派は、蜜柑の色合から焼刃の火色の標準を取ったと云ふ」と述べて、焼きを入れるときの色合いの微妙さと大切さとを指摘している。現在の伝承についてみると、徳島県を中心にみかんはまさに火の玉だと語られている事例もあり（東京都調布市国領町『江戸東京の諸職　上』、徳島県那賀川町『那賀川町史　下』、徳島県山城谷村『山城谷村史』、徳島県池田町『池田町誌　下』、徳島県下『徳島県史　六』、徳島県松茂町『松茂町誌　下』、徳島県藍住町『藍住町史』、徳島市『名頭郡史』、徳島県木屋平村『木屋平村史』、徳島上分上山村『上分上山村誌』）、平成二十六年（二〇一四）に筆者も徳島市での調査現場でこのことを実際に聞いている。それらは鍛冶技術の現場での火の色とみかんの色とを結びつけたものであろうと考えられる。

第二には、祭日を霜月八日としてきた伝承や、「金屋子祭文」にみえる陰陽五行の信仰からうかがえる、冬至と一陽来復の信仰にもとづく類似連想である。一般的な、春夏秋冬の四季のめぐりを、春（木）・夏（火）・秋（金）・冬（水）に充てて残った土を土用として四季に一八日ずつ割り当てる暦の方法や、東西南北の四方を東（木・青龍・青色）・南（火・朱雀・赤色）・西（金・白虎・白色）・北（水・玄武・黒色）として四神・四色を配置し、残りの土を皇帝の黄龍・黄金色として全体で五神・五色とする五行思想の世界観の影響によって、太陽の陽気が最も弱くなる冬至に神農黄帝を祭り、柑子や橘や橙などの柑橘類を用いてきた伝承に通じるものである[51]。火を大切にする鍛冶職にとっても冬至と柑橘類との類似連想は強いものであったと考えられる。

おわりに

ふいご祭りとみかんの伝承について本章で導き出された論点をまとめると、以下の通りである。

(1)祭日は、霜月十一月八日が基本的なものであった。その背景には火を扱う鍛冶職人たちにとって冬至の極陰から再び陽気がよみがえる月の上弦にあわせた一陽来復の信仰があった。旧暦から新暦への変更により月遅れとするなどの変更が行なわれてそれが各地の伝承の事例差となっている。

(2)祭神は、もともと素朴な金属の神であった。金屋子や金山という文字が充てられているが、それらは鍛冶屋の移動生活のゆえに土地ごとの氏神や鎮守として祀られることは少なかった。室町後期から江戸期にかけて京都を中心に新たに稲荷神が鍛冶の神として信仰されるようになり、それは霜月の火焚きの習俗と習合して江戸にも及んだ。金山彦神や天目一箇神という記紀神話に登場する神へと読み替えられたのは明治期の神社行政の影響下でのことであった。一方、荒神や三宝荒神は、一三世紀から一四世紀に天台密教の十禅師や宇賀神に対比されるかたちの荒神＝毘那夜迦の信仰が生まれていた中に、一五世紀から一六世紀にかけて陰陽五行の信仰も混淆して土公神との習合がおこり、竈神としての荒神や三宝荒神のかたちが展開してきたことに由来する。一七世紀の三輪流神道においては鍛冶を守る神として衣那荒神の名が見える。そのような流れが現在の竈神としての荒神、鍛冶の神としての荒神へと連なっていると考えられる。このような祭神の事例差も、鍛冶とふいご祭りの伝承の過程での変遷を示している歴史情報である。

(3)供物で注目されるのはみかんであり、歴史的な深度でみれば柑子も含めた柑橘類である。記紀神話の伝承から歴史上の紫宸殿前庭の橘梅や宮中正月献立の橘の伝承に至るまで、その背景にあったのは、柑橘類への不老長寿の祈願と意味づけであり、そこには黄金色と栄養素という両面を含めた類似連想的な、極陰の冬至から再び陽気へと向かう一陽来復への信仰があったものと考えられる。

(4)鍛冶のふいご祭りにおいてその柑橘類がさかんに用いられた背景にあったのは、第一には、技術伝承の現場での伝承知と類似連想である。鉄材に焼きを入れる絶妙のタイミングを知る熟練技の中で伝承されていた色彩の上での類似連想である。第二には、火を大切にする鍛冶職も陰陽五行の思想の影響を受け、とくに太陽の陽気がもっとも弱くなる冬至に神農黄帝を祭り、柑子や橘や橙などの柑橘類を用いてきた伝承に通じるものである。

図6　紙本着色鍛冶神図（岩手県立博物館蔵）

(5)ふいご祭りにおけるみかんの由来譚として古いのはみかんの木へふいごやふいごの神が天下ったというもので、それは皮革ふいごの時代からの伝承と考えられる。

紀文の故事を語るのは明治期以降のものである。一方、島根県など中国地方の金屋子神の伝承地域では黄金色の果実と緑色の葉のみかんの木ではなく、春先に真っ赤な芽を吹く桂の木が神聖な木とされており、そのようなもう一つの独自の由来譚があったことが知られる。

(6)ふいご祭りの、祭日・祭神・供物、はそれぞれ別々の伝承ではなく、その基本はたがいに有機的な連関の中にある。それは鍛冶職の技能と信仰に通貫するものであり、類似連想にもとづく「冬至・一陽来復」―「火と鉄への祈祭」―「柑橘・桂」という連関である。鉄を原料資材とする職種における、太陽の季節循環と火炎と鉄材と植物をめぐる連想にもとづく三者連関である。

(7)民俗の変遷論の視点からいえば、(1)・(2)・(5)が注目され、そこには伝承過程における変遷によって形成された民俗伝承の重層性を見出すことができる。また、民俗の伝承論の視点からいえば、(3)・(4)・(6)が注目され、そこには歴史的に長い伝承を支え続けてきている基本的な関係性を見出すことができる。

註

（1）　岩本通弥「『家』族の過去・現在・未来」（『日本民俗学』二三二、二〇〇二年）、福田アジオ「誤読しているのは誰か」（『日本民俗学』二三四、二〇〇三年）、岩本通弥「戦後民俗学の認識論的変質と基層文化論」（『国立歴史民俗博物館研究報告』一三二、二〇〇六年）、関沢まゆみ「「戦後民俗学の認識論批判」と比較研究法の可能性」（『国立歴史民俗博物館研究報告』一七八、二〇一三年）。

（2）　歴博映像フォーラム「日本各地の盆行事と葬送墓制の最近の変化」趣旨説明「盆行事の民俗史／火葬化の現在史」（二〇一四年六月二十一日）。のちに『盆行事と葬送墓制』（吉川弘文館、二〇一五年）として刊行。

（3）　柳田の提唱した比較研究法に対する折口の深い理解は、「民俗学学習の基礎」（『折口信夫全集』十六、中央公論社、一九五六年。初出：一九二九年の講演筆記）、「民俗研究の意義」（『折口信夫全集』十六、中央公論社、一九五六年。初出：一九三五年の講演筆記）、「生活の古典としての民俗」（『折口信夫全集』十六、中央公論社、一九五六年。初出：『古典風俗』一―一、一九三四年）などによっても明らかである。
（4） 沖縄のふいご祭りについては、朝岡康二『日本の鉄器文化』（慶友社、一九九三年）や、森栗茂一「伝播技術独占の結果としての伝承」（『日本民俗学』一五四、一九八四年）がある。
（5） 柳田國男「炭焼小五郎が事」（『海南小記』『定本 柳田國男集一』筑摩書房、一九六三年。初出：『海南小記』大岡山書店、一九二五年）。
（6） 黒田迪子「ふいご祭りの伝承とその重層性について：祭日・祭神・供物を中心に」（『國學院雑誌』一一六—八、二〇一五年）。
（7） 黒田迪子「鍛冶屋・鉄工所・鉄工団地への変化とふいご祭りの伝承」（『國學院大學大学院紀要』四七、二〇一五年）。
（8） 下原重仲『鉄山必用記事』（『日本庶民生活史料集成』一〇、三一書房、一九七〇年）。
（9） 柳田國男「民間暦小考」（『定本 柳田國男集』一三、筑摩書房、一九六九年。初出：『北安曇郡郷土誌 年中行事編』一九三一年）。
（10） 十二月八日を祭日とする伝承の多くは新暦採用にともなうもので、旧暦十二月八日のコト八日の行事とは別のものである。一部で両者が重なって理解されるようになっている例（石川県野々市町『富奥郷土史』（一九七五年）、石川県根上町『根上町史 通史編』（一九九五年）、福井県美浜町『わかさ美浜町誌 一』（二〇〇二年）もある。したがって三田村桂子「第五章 鍛冶・製鉄をめぐって」（『川口鋳物の技術と伝承』聖学院大学出版会、一九九八年）の所説は修正が必要であろう。
（11） 中国地方に多い理由は、古代から砂鉄の産地であったからと考えられる。
（12） 岩田勝『中国地方神楽祭文集』（三弥井書店、一九九〇年）。この文書は前欠で表題は不明。岩田がその内容から「金山の祭文」と名づけている。
（13） 『鉄山秘書』ともいわれるが、これを鉄山経営の古典として『日本科学古典全書』一〇に収めた三枝博音は、「秘書」という表現は避けるべきだとしている（『日本庶民生活史料集成』一〇、三一書房、一九七〇年。前掲註（8））。
（14） 前掲註（12）。
（15） 前掲註（5）。
（16） 『延喜式』には美濃国不波郡に名神大社として「仲山金山彦神社」がみえ、六国史では「仲山金山彦大神」などとある（秋元信英「近世南宮神社氏社僧考」〈『神道宗教』四七、神道学会、一九六七年〉）。
（17） 河島一仁「京都・刃物神社と南宮大社の信仰圏」（『日本地理学会予稿集』四九、一九九六年）。

(18)　前掲註(17)。
(19)　『垂井町史　通史編』(一九六九年)。
(20)　前掲註(5)。
(21)　国文学研究資料館史料館編『社寺明細帳の成立』(名著出版、二〇〇四年)に収録されている長野県の『本県郡衙進達留』でも、南宮大社という社名で金山彦命を祀っている記載がある。
(22)　大森惠子『稲荷信仰と宗教民俗』(岩田書院、一九九四年)。同『稲荷信仰の世界』(慶友社、二〇一一年)も、稲荷信仰と鍛冶について指摘している。
(23)　田村克己「天目一箇神」(『講座　日本文学　神話　下』至文堂、一九七七年)は、現実の日本の民俗伝承の実態からは乖離した解説となっている。田村克己「鉄の民俗」(『日本民俗文化大系　第三巻　稲と鉄』小学館、一九八三年)も『鉄山秘書』を参考にしながら一部新たな叙述がなされているが内容的には前稿と重複している。
(24)　柳田國男「一つ目小僧その他」(『定本　柳田國男集』五、筑摩書房、一九六二年。初出：『一つ目小僧その他』小山書店、一九三四年)。
(25)　高橋悠介「荒神の縁起と祭祀」(『巡礼記研究』三、二〇〇六年)。
(26)　『真言宗全書』三七(続真言宗全書刊行会、一九七七年)。
(27)　伊藤聡「中世神話の展開―中世後期の第六天魔王譚を巡って―」(『国文学　解釈と鑑賞』六三―一二、至文堂、一九九八年)。
(28)　末木文美士ほか校注『天台神道』下(神道大系編纂会、一九九三年)。
(29)　鈴木学術財団編『日本大蔵経』八五(講談社、一九七六年)。
(30)　前掲註(25)。高橋悠介は、「荒神は仏法が自らの外部と関わっていく際に、その境界面で無明というマイナスの属性を逆に活かし、仏法世界を効果的に位置づけていくことにもなった」と指摘。
(31)　財団法人鈴木学術財団編『日本大蔵経』九二(講談社、一九七六年)。
(32)　岩田勝『神楽源流考』(名著出版、一九八三年)。
(33)　稲谷祐宣編『東密事相口訣集成』三(青山社、一九九四年)。
(34)　「御流神道類聚集　下」(安政二年〈一八五五〉)。『真言神道集成』(青山社、一九九七年)にも「第一　鍛冶の大事　護身法　衣

那荒神　二手、合掌して、右の頭指を外へ三度払え。オン、ケンバヤ、ソワカ　送車輅印明　年を経て身を妨げる荒御前そを去り給え事業をせむ　同じく得那荒神印、二手、合掌して、左の頭指を三度、内へ召くべし　オン、ケンバヤ、ケンバヤ、ソワカ○これは神宝などを鋳る鍛冶に授くる大事なり」とあり、得那荒神が鍛冶屋を守る神とされており、それが神宝などを鋳る鍛冶に授ける大事であるとの説明もある。

(35)　岩田勝『中国地方神楽祭文集』（三弥井書店、一九九〇年）。

(36)　一九七三年刊の明玄書房のシリーズ、『東北の民間信仰』『北中部の民間信仰』『関東の民間信仰』『中国の民間信仰』『九州の民間信仰』『北海道の民間信仰』『近畿の民間信仰』『四国の民間信仰』『南中部の民間信仰』。これらの記述は厳密ではないが一定の参考情報としての活用は可能。

(37)　日本学士院日本科学史刊行会『明治前日本農業技術史』（日本学術振興会、一九六四年）。

(38)　朝倉治彦ほか『事物起源辞典　衣食住編』（東京堂出版、一九七〇年）。

(39)　安藤精一「紀州蜜柑」（『日本歴史』二九六、一九七三年）。塚本学「江戸のみかん」（『国立歴史民俗博物館研究報告』四、一九八四年）も参照。

(40)　大島建彦「近親相姦の説話」（『道祖神と地蔵』三弥井書店、一九九二年）。

(41)　川本重雄ほか『類聚雑要抄指図巻』（中央公論美術出版、一九九八年）。川本は保延七年（一一四一）正月の崇徳天皇の御所での供御としている。

(42)　具体的な事例としては、埼玉県蕨市『新修　蕨市史』（一九九四年）、東京都大島町『東京都大島町史　民俗編』（一九九九年）、東京都大田区『大田区史（資料編）民俗』（一九八三年）、東京都府中市白糸台『江戸東京の諸職　上』（一九九四年）、東京都調布市深大寺元町『江戸東京の諸職　上』（一九九四年）、神奈川県横浜市緑区『緑区史　通史編』（一九九三年）、三重県多気町『多気町史　通史』（一九九二年）、島根県出雲市『出雲市誌』（一九五一年）、広島県千代田町『千代田町史　民俗編』（二〇〇〇年）、広島県下『広島県史　民俗編』（一九七八年）、広島県福山市『福山市史　中』（一九八三年）、徳島県池田町『徳島県史　六』（一九六七年）、徳島県松茂町『松茂町誌　下』（一九七六年）など。また『愛媛県史　民俗　下』（一九八四年）、『高知県史　上』（一九五一年）、熊本県野津町『野津町誌　下』（一九九三年）、大分県直入町『直入町誌』（一九八四年）などにもその記事がある。

(43)　『続・江戸砂子温故名跡誌』巻一（享保二十年〈一七三五〉）、『江戸惣鹿子名所大全』（寛延四年〈一七五一〉）、『増補　江都年中行事』〈享和三年〈一八〇三〉〉、『筆満可勢』〈天保六年〈一八三五〉〉など。
(44)『享保延享江府風俗志』〈寛政二年〈一七九〇〉〉、『ひともと草』〈寛政十一年〈一七九九〉〉、『絵本江戸風俗往来』〈明治三十八年〈一九〇五〉〉。
(45)「御火焼」〈『懸葵』懸葵発行所、一九〇九年〉。
(46)吉井勇『短歌歳時記』〈大日本出版配給株式会社、一九四二年〉。
(47)吉井勇ほか『京都歳時記』〈修道社、一九六一年〉。
(48)宮城縣史編纂委員会『宮城縣史』二十〈宮城縣、一九六〇年〉。
(49)それ以外に少数ながらあるのは、ふいごとみかんが類似しているとするもの〈茨城県古河市『古河市史　民俗編』〈一九八三年〉、群馬県大間々町『大間々町の民俗』〈二〇〇一年〉〉、みかんは神様の好物だとするもの〈高知県大野見村『大野見村史』〈一九五六年〉〉、魔払いのために用いるとするもの〈熊本県野津町『野津町誌　下』〈一九九三年〉〉などである。
(50)今井泰男「鞴」〈『講座　日本技術の社会史』五、日本評論社、一九八三年〉。
(51)小川直之『日本の歳時伝承』〈アーツアンドクラフト、二〇一四年〉。

参考文献

朝岡康二　一九八六　『鉄製農具と鍛冶の研究』　法政大学出版局
石塚尊俊　一九四一　「金屋子神の研究―特に鑪を中心に」『國學院雑誌』四七―一〇　國學院大學
石塚尊俊　一九七六　「たたら師と鍛冶屋」『日本民俗学講座　経済伝承』　朝倉書店
牛尾三千夫　一九四一　「金屋神の信仰―伯備線以西の地方をその資料として」『國學院雑誌』四七―一〇　國學院大學
尾高邦雄　一九四八　「職業と生活共同体―出雲地方の鉄山について―」『職業と近代社会』　要書房
加藤玄智　一九二七　「天目一箇神に関する研究」『民族』三―一
佐藤次郎　一九七九　『鍬と農鍛冶』　クオリ
高木啓夫　一九八九　「金山・鍛冶神の系譜―土佐天神鍛冶祭文と備前福岡鍛冶と―」『土佐民俗』五三　土佐民俗学会
寺島慶一　二〇〇一　「ふいご祭りの来歴小考」『ふぇらむ』六　日本鉄鋼協会

松岡心平　二〇〇〇　「毘那夜迦考」『鬼と芸能』　森話社
森　義一　一九四二　「濃州関鍛冶のお火焼祭」『ひだびと』一〇―一二　飛驒考古土俗学会
山崎　亮　二〇一一　「「金屋子信仰」再考」『山陰におけるたたら製鉄の比較研究』　島根県古代文化センター
山崎　亮　二〇一五　「金屋子神縁起の諸相」『社会文化論集』一一　島根大学法文学部

〔付記〕　本章は、拙稿「ふいご祭りの伝承とその重層性について―祭日・祭神・供物を中心に―」（『國學院雑誌』第一一六巻八号、二〇一五年）と「荒神―障礙神から竈神へ―」（『東アジア文化研究』第二号、二〇一七年）をもとに再構成したものである。

農業変化の中の「壬生の花田植」
――伝承動態についての一考察――

川嶋麗華

はじめに――先行研究と問題の所在

広島県西北部に位置する北広島町壬生では毎年六月第一日曜日に、平成二十三年（二〇一一）にユネスコ世界無形文化遺産に登録された「壬生の花田植」が行なわれている。筆者は平成二十六年（二〇一四）から二十九年（二〇一七）にかけてこれを現地調査してその成果の一部は調査報告書に収録されている〔壬生の花田植調査委員会　二〇一七〕。これら中国地方の中山間地帯の花田植や囃し田や大田植についてはこれまで一定の先行研究が蓄積されてきている。

先行研究　その主要なものを整理してみると、大別して以下のような六者がある。第一に、早い時期の論及としては柳田國男や折口信夫のものがあり〔折口　一九八四・一九八五a・一九八五b、柳田　一九六九a・一九六九b・一九六九c・一九六九d〕、それらは田植を単なる労働としてとらえるだけでなく神事祭礼的な側面が重要であるということを指摘した貴重な論であったが、個別の具体的な事例調査を提示してのものではなかった。したがって、現在はその仮説の現場的な追跡確認の作業の必要性が残されている状態である。第二に、現地調査にもとづく論及としてあげられるのは宮本常一〔宮本　一九六四・一九六六・一九七一・一九七三・一九七九・一九八四〕、牛尾三千夫〔牛尾　一九六八・一九八六〕、新藤久人の論である〔新藤　一九五六〕。ただ、宮本のそれは貴重な知見が示されているものの概説的なものにとどまっている。牛尾の調査情報は具体的で貴重であり、本章でも参考にしていくが、その分類案には民俗語彙がそのまま分類案に用いられているなど、現場の民俗語彙と研究者による印象的な呼称の流通によって、現実理解の上での曖昧性という問題点を残している。新藤の調査情報は現地在住の体験にもとづくものとして貴重であるが、とくに分析的な論述はない。第三には、大正十二年（一九二三）の田植草紙の発見とその昭和三年（一九二八）の『日本歌謡集成』巻五への掲載にともない、とくに戦後の昭和三十年代に活発化した田唄研究会関係の研究成果である〔田唄研究会　一九七二・一九八六〕。第四には、古文書に注目した藤井昭による歴史的研究である〔藤井　一九七九・一九九一・一九九五〕。この第三と第四はいずれも専門分野からの意義ある成果としてすでに評価が高く本章でもそれに従うこととする。第五は、橋本裕之や松井今日子による囃し田の民俗芸能化について〔橋本　一九九六、松井　二〇一〇・二〇一一・二〇一四〕、高野宏による備後地方の供養田植について〔高野　二〇〇七・二〇〇九・二〇一〇〕、また、第六は、平成二十三年のユネスコ無形文化遺産登録を機に編集刊行された『壬生の花田植：歴史・民俗・未来：ユネスコ無形文化遺産』に掲載されている多分野からの論及〔広島県北広島町　二〇一四〕や、『広島県文化財ニュース』第二一二号掲載の論考〔広島県文化財協会　二〇一二〕、また『壬生の花田植現況調査報告書』のような資料収集整理などであり〔壬生の花田植調査委員会　二〇一七〕、いずれも参考になる情報が含まれている。

問題の所在　こうした研究動向に対して、いまあらためて取り組む必要のある課題とは何か、それは主として三つである。一つには、いま述べた第一と第二の課題の克服であり、もう一つには、この大田植、囃し田、花田植などと呼ばれる民俗行事についての歴史的な変遷と伝承のあり方についてより具体的に追跡し整理し分析する作業である。そしてさらにもう一つ、もっとも重要なのは、明治以降の農業の近代化、また高度経済成長期（一九五五〜七三）を経る中での農業の機械化など、現場の農作業の大きな変化の中にあって、この田植行事がどのような動態の中で伝承されてきているのか、ということの追跡確認という作業である。花田植の伝承を構成する信仰・労働・芸能の三つの側面のうち、本章ではとくに労働の側面について、その伝承と変化とを追跡してみることにする。

一　現在の壬生の花田植

1　花田植の担い手

現在の「壬生の花田植」の詳細については、平成二十六年（二〇一四）から二十九年（二〇一七）にかけて筆者も調査と執筆に参加した報告書に詳しい記述や写真があるので、紙幅の都合でそれを参照いただくこととしたい〔壬生の花田植調査委員会　二〇一七〕。要点のみ記せば、以下のとおりである。

壬生田楽団・川東田楽団　「壬生の花田植」は地元の壬生田楽団（壬生地区）と近隣の下川東地区の川東田楽団（川東地区）との二つが一緒になって行なわれる。壬生田楽団は壬生神社近くにある集会所の高峰会館で、川東田楽団は下川東地区の中心地の集会所の松寿苑でそれぞれ準備を行なう。花田植が始められる前に、まず「道行」といって飾り牛や田楽団による商店街での行進があり、その途中の三か所で囃しや田植歌などの披露がある。飾り牛と壬生田楽団は壬生神社下を起点として出発し、それと前後して子ども田楽と本地の花笠踊りと川東田楽団は壬生小学校を起点として出発する。行進の順番は、壬生田楽団と川東田楽団の二つの田楽団が年交代で交互に先となる。壬生田楽団は壬生地区の住人とともに他地域の住人も受け入れて構成されている。川東田楽団は下川東地区の住人のみによって構成されている。いずれも、男性による囃し手と女性による早乙女によって構成されており、平成二十六年（二〇一四）の花田植では壬生田楽団は男性二七名、女性一七名、川東田楽団は男性二三名、女性一二名の団員が参加した。囃し手には、サンバイ、大太鼓、小太鼓、手打鉦、笛の役がいる。サンバイは、雄竹と雌竹のササラを両手で打ち鳴らしながら田植歌を先導して歌う。囃し手の中心的な役割である。「壬生の花田植」では必ず最初に「歌の初めにまず三拝を参らしょう」と田の神を招きおろす歌から始める。大太鼓は、サンバイの歌に合わせて、腰に括り付けた大きな太鼓を打ち鳴らしながら、腰をひねり全身を使ってバチを大きく振りかざし、時に投げ上げる壮麗な動作を繰り返す。小太鼓、手打鉦、笛は、サンバイの歌に合わせてそれぞれの楽器で田植歌を囃す。早乙女は、華やかな衣装で着飾って、サンバイの歌に合わせて田植歌を歌いながら田に苗を植えていく。

飾り牛と追い手　飾り牛として参加しているのは、①地元の壬生の森下牧場、②安芸高田市美土里町の杉原牧場、③北広島町大朝の大朝飾り牛保存会、の三つの団体である。森下牧場は地元で元千代田町長をも務めた森下公造氏が農業の機械化で役牛がいなくなっていくことへの対応として昭和四十一年（一九六六）に創設した牧場で、現在和牛の繁殖と肥育による経営が行なわれている。杉原牧場は安芸高田市美土里町で、和牛の繁殖経営を行なっている牧場で、飾り牛の参加は昭和五十年（一九七五）ごろに壬生の花田植保存会会長の岡野勲雄氏の依頼を受けてからのことである。大朝飾り牛保存会は地元の旧大朝町新庄に花田植が古くからあるので平成五年（一九九三）に結成された保存団体であるが、それ以来この「壬生の花田植」にも参加している。平成二十六年（二〇一四）に参加した飾り牛は、森下牧場三頭、杉原牧場三頭、大朝飾り牛保存会八頭で、計一四頭であった。

「壬生の花田植保存会」と「壬生の花田植実行委員会」　現在、壬生の花田植の準備や当日の進行など、その運営を担

図1　飾り牛による代搔き（平成26年撮影）

図2　「壬生の花田植」

図3　綱　　植

っているのは、平成二十六年（二〇一四）に法人化した「NPO法人壬生の花田植保存会」である。それはもともと昭和五十年（一九七五）に「壬生の花田植」が国の重要無形民俗文化財に指定されたことにともなって設立された「壬生の花田植保存会」が母体となっている組織である。そのかつての「壬生の花田植保存会」は千代田町商工会壬生支部つまり壬生地区商工会が母体となっていたものであったが、現在のNPO法人は商工会だけでなく壬生地区全体の一六区が参加しており、平成二十二年（二〇一〇）に行政参加の支援組織として結成された「壬生の花田植実行委員会」とともに、壬生の花田植の準備や当日の進行など、その運営を全面的に担っている。

益水興産　益水興産は、地元の北広島町壬生の医療グループ明和会の給食部門を分離して平成十四年（二〇〇二）

表1　現在の「壬生の花田植」における農作業の流れ

時　　　期	作　業　内　容	担　当　者
花田植1週間前（5月末）	田ごしらえ	益水興産
花田植前日	苗代作り	保存会
花田植当日（6月初め）	代掻き・エブリツキ・苗持ち・田植・囃し	田楽団・飾り牛・保存会
花田植後（6～8月）	草取り・水の管理・追肥	益水興産
収穫（9月）	稲刈り・乾燥・脱穀・出荷	益水興産

に新たにスタートした有限会社である。それが、平成二十六年（二〇一四）のNPO法人化を契機として花田植会場の水田と稲の管理を全面的に請け負うこととなっている。

2　花田植の当日の動き

現在の花田植は、機械化された現在の農業の中の田植とは切り離されており、その準備と後始末の流れについて整理しておけば、表1にみるとおりである。

二　田植は囃し田植

1　囃し田植

(1)　田植は基本的に多くが囃し田植だった

この花田植や大田植や囃し田と呼ばれているものの沿革から現在までの伝承を整理する上で注目されるのは、記録が残されている近世後期から近代以降の動向である。たとえば、文政二年（一八一九）の「山県郡本地村国郡志御用ニ付下しらへ書出帳」には、本地地区の田植では「田植多分作付仕候ものハ囃し田ニ仕候、囃し田と申ハ田植歌ニ合して割竹・鼓・太鼓・手打鐘抔□キ申候、小作りのものハ囃し竹計りニ植申候」とあり〔千代田町役場　一九九〇：一三〇〕、通常の田植にも囃しがともなっていたことがわかる[1]。そして、安政元年（一八五四）の壬生の井上家所蔵の「田植之時諸事覚書」の中の山田植《やまたうえ》や郷田植《さとたうえ》についての次のような記事が注目される〔千代田町役場　一九九〇：八三四〜八三七〕。
寅五月十六日　山田植　一　岩平　牛遣ひ　○庄助　牛遣ひ　早乙女　一　柳兵衛内　亀蔵内　嘉助内　金蔵内　幸蔵内　○おつね△　おのぶ　りよ　〆八人　一　柳兵衛　亀蔵　武助　弥七　文吉　〆五人
一　おるり　おこと　おまき　きさ　さか　ぬい
同廿二日　郷田植　一　庄助手牛遣　○長蔵牛△　○与平牛△　○林助牛△　○勇蔵牛△　○周蔵牛△　○元右衛門牛△　〆七疋
一　○田囃子　左兵衛△　早乙女　一　長蔵娘　武助内　与助内　七蔵内　林助内　勇蔵内　亀蔵内　周蔵内娘　国助内　喜七跡　柳左衛門妹　弥七内　○おつね　りよ　〆十四人　一　○柳兵衛△　○柳左衛門△　○亀蔵△　七蔵　○岩平△　○武助△　外ニ　○九兵衛合力△　○弥吉　常吉　品吉苗程へ図ル△　〆七人　おるり　おこと　きさ　さか　おまき　おぬい

この町史資料編の翻刻で「おるり」となっているのは、もとの文章では「おなり」であったと考えられる。田植に際しての食事の意味で、ここではそれを持ってくる役の女性という意味である。五月十六日の山田植では、牛二疋・早乙女八人・男性五人・おなり五人が参加したこと、二十二日の郷田植では、牛七疋・田囃子一人・早乙女一四人・男性六人、他に男性四人・おなり五人が参加したことが記されており、山田植と郷田植とは、いずれも牛が複数頭、早乙女、男手、おなりが参加し、手間替によって行なわれていたことがわかる。そして、山田植は小人数で行なわれており、郷田植はやや大人数で行なわれていたこと、そして郷田植では、田囃子の役が一人いたことがわかる。

その他にも、明治から大正期にかけての農村の実態と変遷について記した島根県田所村の田中梅治『粒々辛苦流汗一滴』の記述や〔田中　一九四一：四二〜四三〕、昭和戦後期の農村で調査を重ねた牛尾三千夫による島根県と広島県の各地における田植習俗の報告からも〔牛尾　一九八六〕、近世から近代にかけてのこの中国地方の中山間地農村の田植には囃しがともなっていたということがわかる。

（2）呼称と用語による混乱

このことは、田植の歴史と伝承という観点からみればひじょうに重要な事実である。そして、これまではそれらの囃しをともなう田植について、民俗語彙と研究者用語と学術用語とがあいまいなままに混同されながら、大田植、囃し田、花田植など、さまざまな呼称で呼ばれてきた。たとえば、大田植という語も、田中梅治は「大田 大田植ノ意味ニテ組合植ニナレバ之ヲ大田ト云フ」と組合植を示すとも説明している〔田中　一九四一：四二〜四三〕。一方、牛尾三千夫は大田植をその著書名にもしているように、囃しをともなう大地主による大規模な田植も中規模の組合田植もいずれも大田植と呼んでいる〔牛尾　一九八六〕。また、壬生の大地主の岡村家の田植が大田植、中田植、小田植の三種類に呼びわけられていたことも指摘している。そして、仕事田植と儀式田植という名称で両者を対比し、儀式田植とは花田植、囃し田、供養田植、牛供養などがそれであると述べている。

しかし、民俗語彙というのは概念規定が明確化された学術用語ではなく、多様な意味合いで用いられている民俗語彙をもって、それを適宜、研究者用語として設定しながら分類を試みるというのは混乱のもとであった(2)。研究対象に対する概念規定が不明瞭なままというのは大きな問題である。研究の上では用語の共通理解と共有活用ということは必要不可欠であり、方法論的にみても概念規定が明確な学術用語の設定が必要である。

そこで、本章では以下に提示する具体的な伝承実態を根拠として、作業手続上、「①代掻き—②苗取り・苗挿し—③囃し—④オナリの四つの構成要素からなる田植を「囃し田植」と規定しておくこととする。そして、中国山地の田植の事例情報を広く歴史的に民俗的に追跡することで、田植の多くはその四つの基本要素によって構成されるものであったということ、規模の大小はあるものの「儀式田植」と「仕事田植」に分別できるものではなかったということ、このような仮説を以下で論証していくこととしたい。

（3）囃し田植の二種類

これまでの調査成果を参照しながら実態に即して安芸地方におけるかつての「囃し田植」のあり方を整理すると、図4のようになる。

つまり、囃し田植は、まずⅠとⅡに大別できる。Ⅰは、大地主や一般の農民が主体となり稲作作業の延長として行なう田植、Ⅱは、家畜商（博労）など牛に関わる職能者などが主体となって行なう特別な田植、である。Ⅱは、牛供養などと呼ばれており、博労などが地主から大きな田を借りて自分の債務整理のため、牛の供養を名目として寄付を募って行なう数年もしくは数十年の間隔をおいて不定期で開催される大規模な田植である。(3)その牛供養について、田中梅治は、「博勞トカ伯樂トカ云フ様ニ牛ニ關係ノアルモノガ主催トナルノデ、重モニ借金整理デアル、博勞ナドガ借金ヲシテ返濟ニ困ツタトキ、金主ト親近者ヲ世話方ニ頼ミ相談ヲスル、ソシテ其部落ノ人全部ヘ酒ヲ出シテ集ツテモラツテ協議スル、ソレガ調ヘバ寄附ニ取掛ル、金主ヘハ全部帳消シトカ幾部減額トカヲ頼ム要スルニ此禮ノ心持ニテ牛供養ト云フモノヲ催スノデアル」と説明している（田中　一九四一：七三）。その田中梅治は実際に、出羽で伯楽が一回、田所で伯楽が一回、種牛持ちが一回、馬喰が三回牛供養をやったのを見た経験があると記している。この牛供養というのは石見地方や備後地方で行なわれてきたものであるが、安芸地方でも一部にはその牛供養が行なわれていた。(4)

Ⅰ	通常の稲作の延長線上の「囃し田植」	田植規模　大－中－小 田植参加者　雇用－雇用と手間替－手間替 目的　農作業の促進－農業娯楽
Ⅱ	通常の稲作の延長線外の「囃し田植」	田植規模　大－中 田植参加者　自由意志 目的　博労の債務処理－牛供養－農業娯楽

図4　安芸地方における近世後期から近現代の「囃し田植」の分類

それに対して、Ⅰは、大地主やふつうの農家など稲作に携わる人たちが一連の稲作の中で行なう囃しをともなった田植である。Ⅰの田植には、後述する壬生の岡村家や有田の一乗司家など大地主による大きな田で行なう大規模な田植から、一般的なモヤイなど相互扶助的関係による山あいの小さな田で行なう小規模な田植や、平地の田で行なう中規模な田植まで、さまざまな規模の田植があった。その耕作上の担い手はそのときの田植の都合によって、雇用の関係と手間替の関係またその両方の混合によるものであった。大規模の囃し田植は、明治中期まで壬生の岡村家や川東の七反田家や河内屋で行なわれていたものがそれにあたる。中小規模の囃し田植は、前述の幕末期の壬生の井上家における郷田植や、昭和初期まで各地で行なわれていた一般の農家の囃し田植がそれにあたる(5)。本章では主として、このⅠの稲作作業の延長として行なう田植について、その伝承と変遷を追跡することとする。

(4) 幕末期の大地主の大規模な囃し田植

前述の壬生の井上家が所蔵する「田植之時諸事覚書」には、安政元年（一八五四）当時の中小規模の田植である山田植と郷田植の実際が記されていたが、その他にも当時の有田の大地主の一乗司家の大規模な田植の様子が記されている〔千代田町役場　一九九〇：八三四〜八三七〕。紙幅の都合で、ここでは原文ではなく要点のみを紹介するが、牛が三〇頭以上、早乙女が四〇人以上も出て、おなりの食事も大盤振舞いで、この地域では、北の市木峠から南の本地に至るまで他にはないほど大規模な田植であったと記されている。この「田植之時諸事覚書」からは、幕末期には有田の一乗司家のような大地主による大規模な囃し田植とともに、壬生の井上家のような中規模の地主の家の通常の郷田植でも「田囃子一人」がいて囃し田植が行なわれていたこと〔千代田町役場　一九九〇：八三四〜八三七〕、つまり、いずれも田植には囃しがつきものであったことがわかる。

2　明治三十年代の一般の農家の田植

（1）田植と稲作の流れ

幕末期から明治期にかけて、この中国山地の農村の一般の農家で行なわれていた田植の様子を知らせてくれる情報として注目されるのは、同じ中国山地の農村で石見国の田所村（島根県旧瑞穂町内）の田中梅治（一八六八〜一九四〇）「粒々辛苦」の明治三十年（一八九七）ごろの記述である〔田中　一九四一：二七〜三二〕。まず、一年間の農作業の流れは表2のとおりである。そして、紙幅の都合で苗代作りと田植当日の動きの要点のみを紹介するなら以下のとおりである。

苗代作り　春三月末ごろ、まず初井手を掃除して苗代田に水を迎える。焼土と厩肥とを重ねて作った堆肥や、準備しておいた雑草などの自給肥料を用いる。牛で荒起し、クレガエシをして、畔にする土を寄せてアガタを寄せた上で、さらに荒掻きをして一番畔を塗る。準備した堆肥や乾かした麻などの自給肥料を田に入れて、シロ鋤をする。そして、晴天の日に苗代フミをする。水を入れて代掻き、エブリをして、乾鰮または糞尿水、焼土を入れて、大足を踏んで、丸太を引いて土を平らにして、苗代フミを終える。二、三日水を入れずに乾かしてから、また水を入れ、予め水に浸して置いた種籾をムラがないように撒く。一〇日ほどすると発芽するので、晴天の日に水を入れ、一日中乾かすミボシをすると、稲の芽が上を向いて青く見えるようになる。翌日も晴天の場合には、さらに一日乾燥させて残りもすべて発芽させる。

田植　田植には大田と呼ばれる組合植と、家ごとに行なう小植（ワサ植）と呼ばれる小さな田への田植がある。大田の前に各家では小植を行なっておく。その後、六月十二日ごろから組合で順番に大田を植える。大田は七、八戸を

表２　明治30年頃の田所村（旧瑞穂町内）における稲作の流れ

時　　期	内　　容	労　　力
３月末〜	苗代作り	人，牛　雇人または手間替
	田こさえ	人，牛
６月初旬	小植，ワサ植（田植）	人，牛
６月12〜18日頃	大田（田植）	人，牛　組合（雇人または手間替）
〜６月19日	ヒライ田（田植）	人，牛　手伝い
６月20，21日	ドロオトシ	人
７月〜８月	水の管理，草取り	人　雇人または手間替
９月20日頃〜	稲刈り	人
10月〜	コナシ	人

一組合として、牛は五、六頭、一戸から田の多い家は四、五人くらい、少ない家からは二人くらいずつが手伝いに出る。植田が多い家の田植では、組合の人数が三〇人ほどの他に、雇人、手伝い、囃子、子供を含めると四五人ほどになる場合もあった。晴天の日には、にぎやかに植えるので牛も立派に飾りつけ、手伝いの牛も一〇頭くらいも出る場合がある。大田では、朝三時に当番の地主の家に行き食事を済ませ、四時に田に行く。行き掛けに牛追いは代を掻いて、早乙女は苗を取る。苗取りは、辛い仕事であり、年増の早乙女らが大声を張りあげて歌い出し、それに従って一同が歌う。歌ではなく話を始めると苗取りに時間がかかって代掻きに笑われる。代掻きは、早くに田を一枚掻き終わると、カキオキといって次の田に入ってしまう。一枚の苗代を採り終わると、タバコといって休憩をする。タバコを済ませると、胴頭がサンバイを持って「一つやってもらいましょう」と田植をする方面に立ち、早乙女は田の一面に並んで自分の植前に向かって苗を持ってかがむ。胴頭は正面の真ん中から植田の中を進み、早乙女は植えながら後ろへ下がっていく。早乙女の後には囃子子供が四、五人鼓を下げて立ち、他に太鼓打ちが一、二人いる。胴頭の歌に合わせて歌いながら一日中田植をする。最後に田から上がってナンジョウを打つ。早乙

女の後にはエブリサシがいる。なお、代掻きの前には田主が乾鰮などの肥料をふる。大田は六月十七、十八日ごろまでに済ませ、後の一、二日は植えきれずに残った田の田植を手伝うヒライ田という田植をする。

ドロオトシ　六月二十、二十一日の二日間はドロオトシといって休んで飲食などをする。

（2）田植の種類と担い手

また、明治・大正・昭和戦前期を生きた田中梅治は田植について、①ワサ植・小植、②大田、③ハヤシ田、の三種類をそれぞれ次のように説明している〔田中　一九四一：四二・六八〕。その田中の体験記によれば以下のことが指摘できる。

①小植（ワサ植）　大田よりも早くに山間部の田や小さい田を対象に各家で行なう田植のこと。明治十五年（一八八二）、十六年ごろまでは小植も組合植であったという。

②大田　ワサ植の後に、組合の各家から手伝いがでて順番に行なう組合植の田植のこと。田が大きな家では三〇～四〇人ほど、田が小さい家でも一四～二〇人ほどで行なう。田植組は、大きい組で一〇戸くらい、小さい組で四戸くらいのところもある。大田では、早乙女が苗取りをしている間に牛が代掻きをし、胴頭の田植歌や囃し子供の演奏に応じて早乙女が歌いながら田植をした。

③ハヤシ田　組合の中でも多くて四～五軒、少なくて二～三軒の上等な家の田で大規模に行なう組合植のこと。晴れの日に子供がたくさん手伝いにきて囃す賑やかな田植である。

つまり、②大田と③ハヤシ田は、田植の規模に大小があるが、早乙女による苗挿し、胴頭と子供による囃し、牛による代掻き、おなり、をともなうものであった。この大田の中でとくに大規模なものがハヤシ田と呼ばれていたというのである。

これらの、①ワサ植・小植、②大田、③ハヤシ田の三つの田植は、規模の大小に違いはあるものの、前述の壬生の井上家所蔵の「田植之時諸事覚書」に記録された山田植、郷田植、そして有田の一乗司家の大規模な田植の内容と類似している。ただ、明治十七年（一八八四）ごろ以降の石見の田所では、①ワサ植・小植は家ごとに田植を行なうように変化してきていたが、先の井上家所蔵「田植之時諸事覚書」によれば、幕末の安政元年ごろの壬生では、山の小さな田植は地域の共同の作業であり〔千代田町役場　一九九〇：八三四〜八三七〕、この壬生と田所の二つの地域ではワサ植や山植などの小規模な田植も家ごとで行なうようになる以前には、みんな組合植で行なっていたことが考えられる。そして、「粒々辛苦」と「田植之時諸事覚書」の記事によれば、明治三十年代の田所と幕末期の壬生とでは、時代の差はあるものの、この中国地方の山間農村の平地の田ではいずれも囃し田植であったことが指摘できる〔田中　一九四一：二七〜三二、千代田町役場　一九九〇：八三四〜八三七〕。

3　囃し田植の構成要素

安政元年（一八五四）の壬生の井上家の山田と郷田での田植、そして、明治二十三年（一八九〇）の壬生の岡村家の小田植・中田植・大田植、[6] それに明治前期の川東の七反田家での囃し田、[7] 幕末から明治期における有田の一乗司家の早稲植・大田植の記録から、[8] これらの囃し田植の内容を表3のように比較してみる。これらの田植についての記述内容は統一されておらず、また年代も異なるものではあるが、幕末から明治・大正期の囃し田植が行なわれていた時代におけるこの地方の囃し田植のあり方についての理解には有効であろう。そして表3にみるとおり、田植の基本的な構成要素として注目されるのが、「①代掻き—②苗取り・苗挿し—③囃し—④オナリ」の四つの要素である。

牛（代掻き）　田植の苗挿しをする準備として、牛の代掻きは欠かせないものである。牛の様子については記述の上では省略される傾向が強いが、一乗司家では牛には旗が、田所周辺の農家の大田植では幟と首玉と額の花飾りが付けられていたことが記述されている。そして、大地主による大規模な囃し田植以外に、組合植でも牛の飾りつけが行なわれていた。

早乙女（苗取り・苗挿し）　早乙女の苗取りと苗挿しについてはほとんど記述がなく比較することが難しいが、田所周辺の農家の大田植は組合植であり、また井上家の山田と郷田の田植も組合植のかたちであった。それに対して、大

オ　ナ　リ
米は４斗。昼飯の菜は，鰹かイリコのみそ汁，炙り鯖を入れた大根菜の一汁一菜。夕飯は，鰹のみそ汁，鯖のちさもみの一汁一菜。むすびには漬もの胡麻塩を添えて出す
飯米は白米２斗炊く
朝飯，御茶は黄粉の握飯，御茶，外椀，つけな，香の物等を田の中へ運び畔にて立ち食い。昼飯と夕飯は自分の家に帰って食べる。夕方には切った鯖を出す
記述なし
朝は，米の飯，豆腐にたけのこを入れたお汁。10時頃の朝飯のおかずは，ちしやもみ，豆腐，竹の子汁。お客や三拝や代掻きには鯖の刺身を。14時のおやつでは，大きな黄粉握飯と１升徳利に入れた酒を泥田の中で食べる。１日に12俵ほどの米が必要
米。酒７升。昼後のタバコには牛遣い，植女，鼓方に出す。７升。鯖または小鯖。昼夕ともに酒２斗６升。雇牛方，竹囃し，鼓打，小太鼓，子供苗持等皆に両度の茶と飯。中飯は牛方以外には酒茶椀を１つ，牛方には夕飯を出すこともある。夕飯で酒は飲み流し
昼夕とも酒１斗２升６合。魚サハラ２本。中飯は，酒茶椀を１つ出し，野には出さない。両度の茶碗は，牛方賄いの中飯か都合で夕飯になることもある
米。酒３升。雇い牛に両度茶を出す。ムスビで昼飯，竹囃し，鼓打に出す
組合植では，早朝に田植番の家に集って食事。朝食は朝３時過ぎ，煮染めの筍，フキ，乾大根，里芋，牛蒡などの椀，米１升に黍を２，３勺位入れて炊いた飯。中食は８時過ぎに，乾大根，葱，大根，筍などの味噌汁，炊き立ての飯。ハシマは13時前後に，茹でたチシャの酢醤油のお浸しと焼き鯖を細かくして混ぜたもの。酒はハシマで出す。夕食は20時頃に，中食と同じような味噌汁を出す

表3　囃し田植の比較（早乙女は囃しにも関わっているがここでは苗取り・苗挿しで扱う）

		代掻き（牛）	苗取り／苗挿し（早乙女）	囃し（囃し手）
壬生の井上家（安政元年〈1854〉）	郷田植	7疋	女14人，男6人ほかに4人	田囃子1人
	山田植	牛遣ひ2人	女8人，男5人	記述なし
有田の一乗司家（幕末から明治期）	大田植	牛は有田中から集められる，旗指物等を飾る	早乙女は頼信・十日市から60人位雇う	鼓は4，50人。小太鼓と手打金は相応。笛は少し。三番叟十数人
	早稲植	牛は5，6頭。家で飼養する牛3頭の外に預け牛3，4頭	早乙女は頼信や下十日市など34軒から雇う	大太鼓2つ位。小太鼓2つ位。手打金1つ位。三番叟1人
川東の七反田（明治前期）	囃し田	牛42疋の例もあり	川東の人が主，高田郡や石見から，壬生や八重からの見物人も参加	サンバイ4，5人。鼓は高田郡や壬生，八重からも6，70人位
壬生の岡村家（明治23年〈1890〉）	大田植	20疋（雇い牛あり）	植女	竹囃し，鼓打，小太鼓
	中田植	16疋	記述なし	記述なし
	小田植	7疋（雇い牛あり）	記述なし	竹囃し，鼓打人
石見田所周辺の農家（明治30～昭和初期）	大田植	牛は一組合に5～7頭。手伝牛もきて10頭位。首玉，額の花飾り，轍の飾り付けなど	基本的には組合植。田植にだけ雇われる田植女と田植男もいる	胴頭がササラを持ち采配。12～15歳の囃し子供が太鼓（ツヅミ），大人は小さな鼓（タイコ）。横笛，鉦も

地主の一乗司家と七反田家では地域の人びとを手間として雇用しており、七反田家の大規模な囃し田植では、遠く離れた地域からも早乙女としてまた観客として参加していた。

囃し　壬生の井上家の囃し田植では、竹ハヤシ、三番叟、胴頭など、その呼ばれ方はさまざまだが、サンバイの役がいた。サンバイは、田植歌を先導するとともに、七反田家や一乗司家や石見の田所周辺の農家の大田植ではその日の田植の進行を取りしきる役割を果たしていた。また、他の囃し方については、囃し田植では大太鼓や小太鼓があるのが基本であった。大太鼓の担い手は、七反田家の囃し田植では早乙女と同様に遠く離れた地域から参加していた。一方で、石見の田所周辺の農家の大田植ではツヅミ（「壬生の花田植」における大太鼓）は子どもの役割とされていた。時代と場所は大きく異なるが、参考情報として応永五年（一三九八）の「大山寺縁起絵巻（模本）」（東京大学史料編纂所所蔵模写）においても、子どもが牛の鼻取と苗持ちと大太鼓の役割をやっている様子が描かれているのは注目される。

オナリ　岡村家や七反田家の大規模な囃し田植では盛大に飯と酒が振舞われ、一乗司家では飯が、石見田所付近の農家の囃し田植においても飯が振舞われていた。酒は振舞われる場合とそうでない場合とがあった。しかし、いずれの囃し田植でも、田主の家で飯が振舞われ、おかずの中に海産物の鯖がほとんどの事例で含まれていたことが注目される。

こうして、囃し田植の事例を比較してみると、田植の規模によってそれぞれ大小はあるものの、「①代掻き—②苗取り・苗挿し—③囃し—④オナリ」という田植の四つの基本要素は共通しているといってよい(9)。

三　田植の基本的な構成要素の時代変化

現在の稲作では、その田植の基本的な四つの構成要素である「①代掻き—②苗取り・苗挿し—③囃し—④オナリ」はいずれも大きく変化してきている。そのような変化が起こった過程について、一つは、法令や行政指導、もう一つは、それにも関連する農業技術の変化に注目することによって追跡してみる。(10)

1　代掻き

枠植の採用による代掻きの、田植からの分離　代を掻いたのち三〇分も置いておくと泥がすぐに固まることを「代がさめる」といっていたように、(11)従来は代掻きと苗挿しとは連続して行なわれていた。それがこの地方では昭和二年（一九二七）に旧千代田町の門前吾市が六角形のワクを考案して以降、それが広まり急速に枠植が普及したという。枠植は、ワクを回転させて田の表面に碁盤状に付けた跡に沿って苗を植える技術である。ある程度土が固まっていないと枠の跡が付かないため代掻きの後に少し時間をおく必要があり、この枠植の普及によって代掻きが田植から分離したと考えられる。

農業機械の普及による代掻きの消滅　従来、代掻きを含む田ごしらえでは牛を動力として犂と馬鍬を用いていた。犂は、長床犂が使われていたが、明治二十二年（一八八九）に福岡県で磯野式犂が考案され、広島県内でも他県に遅れながら徐々にその短床犂が普及していった。昭和二十六年（一九五一）ごろには二段耕犂が発明され、普及した。(12)馬鍬は、戦前の昭和十八年（一九四三）ごろには木の軸に金輪を打ち込んだ馬鍬が使用されており、二十六年（一九五一）ごろには飛行機馬鍬が、二十七年ごろには回転馬鍬が普及してきた。戦後の昭和二十五年（一九五〇）ごろには、農機具会社製造の改良農具が次々と流通し、新しい農具の評判を聞いた人がその農具を購入するというかたちで急速に普及した。一方、昭和十五年（一九四〇）に井関農機が動力耕耘機の生産を開始していたが、旧千代田町地域では戦後の昭和三十年（一九五五）ごろから動力耕耘機が急速に普及した。それにともなって、代掻きを含む牛による田ごしらえはしだいに行なわれなくなっていった。

2　苗取りと苗挿し

(1)　苗代と苗取り

明治期の農業改良以前には、各家の田の中から苗代田を選び、苗代田の全体に籾を撒いて発芽させる全田苗代の方式であった。明治三十五年（一九〇二）の県令第九一号によって短冊状に苗代を分ける短冊苗代の設置が推奨された〔田中　一九四一：三三〜三四、上田・住田　一九五四、広島県信用農業協同組合連合会　一九五八〕。それまで苗代のうち周辺部にあるホトリ苗は、虫がよく付くので捨てるものであった。そこで、虫害を軽減させるために推奨されたのが短冊苗代であったが、実際に虫害を減らすことも難しく、捨てるべきホトリ苗がむしろ多くなるため苗取りに時間がかかるようになったという〔田中　一九四一：二九〜三四〕。短冊苗代は、当初は目印に縄で冊状に囲いそこに籾を撒く平床の苗代であった。大正の中期から後期には、さらに泥で台を形成する揚床の方式が取り入れられるようになった。戦後に油紙が普及すると、苗代を油紙で被い、保温効果を高めて発芽を促す保温折衷苗代が作られるようになった。旧千代田町域での昭和三十年（一九五五）の調査では、保温折衷苗代が一一二反、踏込温床によるものが〇・三反、その他（ビニール苗代）が〇・二反となっており、すでにほとんどがその保温折衷苗代になっていたことがわかる〔広島県山県郡千代田町　一九五七：一六四〕。その後、昭和五十年（一九七五）ごろから田植機とともに育苗の電気温床が普及し、苗代田は作られなくなった。

（2）苗挿し

明治前期までは、いわゆる乱雑植による田植が行なわれていた。乱雑植では、目印などを付けずに早乙女たちが思い思いに苗を挿すため、苗の間隔は一定ではなくそろっていない。苗を挿すにあたっては、田主の要望に合わせて苗の密度を変えることもあった[13]。また、早乙女たちは横に並んでそれぞれのタイミングで手の届く範囲に苗を挿しながら後ろに下がっていくため、ツボニナルといって作業が遅い早乙女が取り残されることがあったという〔田中　一九四一：四五〕。明治四十年（一九〇七）に「六大農事必綱」によって、綱によって苗を横一列に揃えて植える正条植が奨励され、それ以降、広島県内では徐々に正条植が普及していった。その綱植では、男二名が畔の両側で綱を張って、早乙女は綱に等間隔に付いたスズダマを目印に後ろに下がりながら等間隔に苗を挿すようになった。しかし、この綱植では早乙女がそれぞれ能力の差があってもみんなにあわせて同じ列で苗挿しをしなければいけないため、田植の効率自体は下がったという[14]。その後、前述のように昭和二年（一九二七）に旧千代田町の門前吾市によって六角形のワクが考案されてからは、枠植が急速に普及した[15]。枠植は、田の真ん中に通したシンヅナと呼ばれる綱に沿って六角形のワクをまくり、田の表面に桝目状に跡を付けて、その跡に沿って苗を植える。田植での動きも、綱植までは後ろに下がるウシロスダリの苗挿しであったが、枠植では早乙女が前に進む前進植になった。また綱植では綱を張るため共同での作業であったが、枠植では前もって枠で跡を付けておき一人で田植をすることができるようになった。このことについて新藤久人は、「斉条植（綱植）が枠植（わくうえ）になった」、「共同作業に適しなくなった」、「芸北地方では大体昭和八、九年頃から組植は消滅し、何百年か続いたであろう共同による組植の形式は、跡かたもなく消え失せてしまった」〔新藤　一九五六：二九〕と述べている。実際には、有間地区の佐古氏の地元の畷《なわて》のように枠植でありながら昭和三十年（一九五五）ごろまでモヤイ田を継続していた地域もあったが、田植技術の進展にともなって共同での田植から各家での田植に変化していく大きな流れがあった。(16) 昭和四十五年（一九七〇）に井関農機がマット苗用田植機の生産を開始し、旧千代田町地域ではその昭和五十年（一九七五）ごろから田植機が急速に普及していき、人の手による田植が行なわれなくなっていった。

3　囃し

行政による囃しの禁止　注目される資料のひとつが「千代田町第一田楽団　田楽の由来」である。そこには、「一、田植形式の革命、明治三十五年頃農政に大変革を来し、苗代は短冊形にし害虫駆除を励行せよ、正条植を行ひ除草機を用ひて除草せよ、紫雲英を作って自給肥料を生産せよ、など、為政者によって唱導され、田植作業より音楽禁止を強制するに至り、農民は漸く眼ざめて田植に田楽を演ずるは時代錯誤と認め、田植は前進に改め、綱引きにより、わく植により、正条植を行ふに至った」〔千代田町役場　二〇〇〇：三六三〕と記されている。(17) 大地主による大規模な囃し田植の衰退には経済的な理由が関わっていたものと考えられるが、(18) その一方で、このように川東地区の古老の記憶として行政による禁止が田植から囃しが分離した一因だとして述べられている。田植から囃しが消えた理由として、明治三十六年（一九〇三）に布告された広島県知事令の「農事十大必綱」などによる行政の介入も指摘されている。(19)

囃しの消滅　しかし、明治期の行政による囃しの禁止以後も「昭和五、六年頃までは、「もやい田植」の時盛んに歌われたものだったが、それから何時とはなしに下火となり、今頃の若い人々の間には知っている者は少ないだろう。

唯年一、二回の大田植の時か、又は田楽競演大会の時にのみ、なつかしい昔の田植唄のほんの一部分に接する事が出来るのみとなった」と新藤久人が記しているように〔新藤　一九五六：八二〕、昭和初期まではまだ囃しが行なわれていたと考えられる。[20]有間地区の佐古氏は、昭和二十三年（一九四八）に当時在籍していた旧八重実業高校（現千代田高校）の実技の一環として、古老の井上清繁氏から囃しをともなう田植のしかたを教えてもらってそれを行なった経験があるという。また、上川東地区の内藤四郎氏は、戦前に大太鼓の人はいなかったものの自分の母親が田植歌を歌いながら苗挿しをしていた様子を実際に見た経験があるという。つまり、明治期の行政による囃しの禁止という措置ののちも、昭和戦前期までは田植には囃しがつきものだったという歴史と伝承がこの地域にはいくらかは残っていたのである。[21]

4　オ　ナ　リ

新藤久人（一九一一～八七）の子どものころの経験では、田植の時期には、四時にあさめし（あさじゃ）、九時ごろにあさはん、十二時に昼はん、十六時におちや、二十一時ごろに夕はん、の一日五食で、「その中「アサハン（午前八時頃の二回目の飯）」と「オチャ（午后四時頃食べる四回目の飯）」は必ず田植の家で食べていた」、「昼食の時、組中の家々へ配るので、普通は「キナコムスビ」を重箱の中に入れて配る。田植の時には「三角ムスビ」にしないで丸くするのが特徴である」〔新藤　一九五六：二八・六七〕と記している。しかし、有間地区の一九三一年生まれの佐古氏の経験では、田植でご飯を田主にご馳走してもらうことはなかったという。佐古氏によれば、戦前の田植の時期は、早朝に一回目のご飯、十時ごろにアサハン、十四時ごろにチュウハン、田植を終えて夜に晩飯、の一日四食であったといい、チュウハンのときには、みんなで田の近くに莚を敷いて梅干しの弁当などを座って食べ、田主はお茶や漬物

表4　旧千代田町周辺地域の田植の構成要素の分離と消滅

	幕末・明治前期	昭和初期	戦　後	高度経済成長期以後
代掻き	田植の日	田植の数日前	田植の数日前	×（機械使用）
苗取り・苗挿し		田植の日	田植の日	苗取り：×（消滅） 苗挿し：×（機械使用）
囃し		△（消滅した地区有）	×（消滅）	×（消滅）
オナリ		△（消滅した地区有）	×（消滅）	×（消滅）

を出すくらいであったという。家の近くでの田植では、みんな自分の家に戻ってチュウハンをとった。戦中から昭和二十五年（一九五〇）ごろまでは食糧事情が悪く田植で特別な飯などは食べていなかったが、その後は田植の時期に酢醤油で漬けたイリコや鯖を混ぜたチシャモミを食べたりはしたという。

5　田植の構成要素の分離と消滅

田植の基本的な構成要素であった「①代掻き—②苗取り・苗挿し—③囃し—④オナリ」の四つの組み立てから、それぞれの要素がそれぞれに分離や消滅をしていった経緯について整理すると、表4のようになる。従来は前述のように、田植はその基本的な四要素によって構成されていたが、昭和初期の枠植の普及によって、まず、①代掻きが田植から分離した。また、明治後期から大正期にかけて、もしくは昭和初期や戦中にかけて、③囃しと④オナリが、地区によっては行なわれなくなった。そして、戦後にはほとんどの田植から③④が消滅していったのである。そして、高度経済成長期（一九五五～七三）を画期として農業機械の普及により、牛による代掻きと早乙女による苗取りと苗挿しの作業はすべて機械によって行なわれるようになり、苗代は電気温床が普及して苗取りはなくなり、苗挿しも田植機で行なわれるようになった。しかし、戦後になってもまだ田植歌を歌いながら苗挿しをする人たちがおり、また実業学校の稲作の実技の授業では古老から田植歌をともなった田植が教えられるなど、田植から囃しが消滅した後もわずかではあるが囃しの伝承は残っていた。オナリは、昭和の戦前期にはすでに田主によってご飯が振舞われることはなくなっていたが、戦後になっても田植の時期にはイリコや鯖を入れたチシャモミが食べられるなど、かつてのオナリで振舞われたのと同じ料理が食べられていた。

四　文化財となった「壬生の花田植」

1　田楽団と保存会

「壬生の花田植」は、以前は「壬生の囃し田」と「川東の囃し田」と呼ばれていたものが一緒になって昭和五十一年（一九七六）に国の重要無形民俗文化財に指定されたものである。もともとは壬生と川東の大地主など豪農の田植で行なわれたもので、たとえば壬生では前述のような酒造業を営み大地主でもあった岡村家の屋敷裏の三反大町と呼ばれた水田で行なわれていたものである。しかし、明治中期にはその囃し田は中断され、岡村家に代わって同じ壬生の森下家によって一時再興されたものの、それも大正期までで行なわれなくなったという。また川東では、大地主の七反田と河内屋が囃し田を行なっていたが、明治三十五年（一九〇二）ごろに相次いで家運が衰えて囃し田が行なわれなくなったという〔松井　二〇一七：九八〜九九・二四二〕。その後、昭和初期から下川東地区の有志により囃し田が行なわれるようになり、昭和四年（一九二九）には川東田楽団が結成され、壬生でも、戦前にはすでに東町・新宮町・梅ノ木の人たちによって田楽団の前身である壬生農楽団が結成されていたという。(22) そして、昭和七年（一九三二）の第一回広島県下田楽競演大会（吉田町商工会主催）を最初として各町村や商工会によって競演大会が行なわれるようになった〔松井　二〇一七：二五〇〜二五一〕。その田楽競演大会は、戦後にも昭和二十四年（一九四九）に復活

第一回田楽競演大会（加計高校グランド）が行なわれており、その後も三十五年（一九六〇）ごろまで続いていた。その後、高度経済成長期（一九五五〜七三）に入り、囃し田の文化財指定への動きが始まる。昭和三十四年（一九五九）には「川東の囃し田」が、五十年（一九七五）には「壬生の囃し田」が広島県の無形文化財に指定された。そして、前述のように昭和五十一年（一九七六）にその「壬生の囃し田」と「川東の囃し田」とを合わせて一緒にして「壬生の花田植」として国の重要無形民俗文化財に指定された〔松井　二〇一七：二四二〜二四八〕。そうした動きに沿うように地元での支援が始まる。昭和四十九年（一九七四）の「壬生田楽団由来書」(23)には次のような記事がある。「大花田植に中心的母体として従事していた現壬生田楽団の先輩の人びとが音頭を取り、現壬生田楽団々長竜川静征氏等が中心になってこの大花田植を続行するに至った。ところがこれを力強く継続させるために、現千代田町会議長、元壬生商工会々長新田早見氏等の努力によって昭和初期より壬生商工会の行事として開催する様になって、伝統ある江戸時代よりの岡村家の壬生の大花田植は絶える事無く今日まで伝承されている」。つまり、かつて壬生地区の大規模な花田植に参加していた人たちが中心となり、壬生商工会が支えとなって大規模な囃し田が引き継がれたというのである。その組織が壬生の花田植保存会であった。そして、平成二十三年（二〇一一）のユネスコ世界無形文化遺産への登録を契機として、その前年の二十二年（二〇一〇）には北広島町長を代表とする壬生の花田植実行委員会が設立され、二十六年（二〇一四）には壬生の花田植保存会がＮＰＯ法人壬生の花田植保存会となった。ＮＰＯ法人化にともない、現在では壬生地区の一六の各区の区長や町議会議員が会員となっている広域的な組織となっている。

2　「壬生の囃し田」と「壬生の花田植」

このような、一九六〇年代までの「壬生の囃し田」の歴史的な変遷と、二〇一〇年代の現在の「壬生の花田植」の現状との両者の比較は、伝承の動態を分析する民俗伝承学にとって重要である。ここでその両者について比較しながら、田植の基本的な構成要素の伝承と変遷について整理しておく(24)。

（1）代搔き

飾り牛　もともとは、地元および周辺地域からの役牛や種牛としての立派なコットイ（牡牛）が飾り牛として参加していた。たとえば、地元の東横町からは農家の西尾氏が昭和四十年（一九六五）ごろまでコットイを出しており、遠方からは現在の安佐北区の新田建材からや、県をまたいだ島根県旧瑞穂町など広域から飾り牛が参加していた。これらの飾り牛は、牛飼いが壬生田楽団に申し入れて参加した。昭和三十年（一九五五）に「家畜改良増殖法」が制定されてから繁殖技術の発展と普及にともなって種牛が、また同じころから動力耕耘機の普及によって、役牛が農村からしだいにいなくなっていった(25)。壬生はかつて和牛の生産地であったが、昭和四十一年（一九六六）にその衰退を案じた森下公造氏が森下牧場を設立し、森下牧場から飾り牛を参加させるようになった。一九七〇年代には、農村から役牛がいなくなり、飾り牛の確保のため、壬生田楽団後援会が家畜商の紹介などで、牛を飼っている人に飾り牛への出場を依頼するようになった。現在では前述のように、飾り牛を参加させている杉原牧場は繁殖経営、森下牧場は繁殖経営と肥育経営、大朝飾り牛保存会の白砂家、酒井家、村竹家はいずれも繁殖経営である。そして現在は飾り牛には、繁殖用のオナミ（牝牛）が参加している。畜産統計調査によると広島県内の牛の飼養戸数は昭和三十五年（一九六〇）には八万四一九〇戸であったが、高度経済成長期の終わりの年四十八年（一九七三）には一万九一〇〇戸まで減少し、平成二十八年（二〇一六）には六四六戸と激減している(26)。また牛の飼育頭数も、昭和三十五年（一九六〇）には一〇万四八四〇頭であったが、高度経済成長期が終わる四十八年（一九七三）には四万八〇〇〇頭まで半減した。

いずれも役牛ではなく肉牛である。

代掻き　もともとは、先牛は代掻きの中で順番に交代しており、追い手はどこで先牛に交代してもその続きの代掻きができるような技術が求められた。その後、農村からコットイ（牡牛）が減少して、先牛のみ牡牛が出場した時期には、牡牛はミズミが終わった後には隅に控えて二番牛が先牛を務めるようになった。[27]さらに、牡牛がいなくなった現在では一頭のオナミ（牝牛）がずっと先牛を務めている。

（2）苗取りと苗挿し

水田と苗代　戦前には、壬生農楽団があった東町・新宮町・梅ノ木などの農家が所有する水田で花田植を順番に行なっており、その田に使う分だけの苗代を作っていたという。昭和四十九年（一九七四）まで花田植の会場は、壬生神社下や西町地区や元壬生農協（現花田植保存会事務所）裏や常盤橋付近の田などであった。昭和三十八年（一九六三）、四十四年（一九六九）の花田植ではその田に直接冊状苗代が作られていた。その後、平成五年（一九九三）には、商工会が農家に依頼して育成してもらった苗を譲り受けて花田植の田に植え直す簡易の冊状苗代が作られていた。[28]その簡易冊状苗代は、現在のような電気温床が使われる以前から作るようになっていたという。[29]

苗取り　芸北民俗芸能保存伝承館の保管資料によれば、昭和四十四年（一九六九）の「壬生の囃し田」では、囃し手の囃しに合わせて早乙女が苗取り歌を歌いながら、苗取りを行なっており、その内容に大きな変化はない。ただし、昭和三十八年（一九六三）には、まず苗取りから始め、その途中から飾り牛による代掻きを始めて、苗取りを終えた囃し手と早乙女の休憩を挟んで、代掻きの途中に、田植を始めるという流れで行なっていた。それが現在の花田植では、まず飾り牛による代掻き、その途中で苗取りを始め、苗取りが終わるとすぐに田植が始められており、苗取りと代掻きとの順番が変わっている。

苗挿し　同じく昭和四十四年（一九六九）の「壬生の囃し田」では、代掻きを終えた田をエブリツキがならし、男性二名が田の畔の両側に立って苗綱を張り、サンバイと囃し手に合わせて早乙女が田植歌を歌いながら綱植で苗を挿していた。苗持ちの男性が早乙女の後に立って適宜早乙女に苗を渡した。これらの内容には今も大きな変化はない。

(3)　囃　し

昭和四十四年（一九六九）の「壬生の囃し田」では、囃し手は、サンバイ、大太鼓、小太鼓、笛、手打鉦によって構成されていた。囃しは、サンバイが主導してササラを叩きながら歌い、サンバイの歌に応じるかたちで早乙女が歌い、他の囃し手はそれぞれの楽器で囃した。これらの外観的な内容に大きな変化はない。ただ、囃しの演技の変化については芸能研究の専門的内容で貴重なテーマであり、農業の変化と花田植との関わりを追跡する本章ではとくにふれないでおくこととする。

(4)　オ　ナ　リ

新藤久人によれば、「大花田植では、田植の途中「キナコムスビ」を大じたみに入れて、田の中で配り、早乙女や、代掻きの人々が田の中で立ったまま食べていた。早乙女の方は泥で手が汚れていいて不衛生的なので最近では一枚の田を植え終った時、全員氏神社の境内に集まってから食べている」といい〔新藤　一九五六：六六〕、昭和十九年（一九四四）ごろには、一日二回、黄粉をまぶした田植ムスビが田植の参加者全員に振舞われていた。昭和四十四年（一九六九）の「壬生の囃し田」では田植の途中で早乙女たちが黄粉をまぶしたおにぎりを畔で食べており、これは平成年間に入るころまで続けられていた。また、田植が終わった後にはみんなでシアゲをしており、鯖を混ぜたチシャモミを食べていた。現在は、各田楽団や保存会ごとにシアゲを行なっているが、鯖を混ぜたチシャモミはとくには食べていない。

3　歴史情報の保存伝承装置としての「壬生の花田植」

現在の「壬生の花田植」には、牛の代掻きや早乙女の田植や囃しのようにかつての稲作のあり方のいくつかの要素が継承されて残っている。ただその一方では、オナリの田植ムスビやチシャモミなどは消滅している。ここで、通常の農業における稲作の変化という観点から伝承と変遷、伝存と消滅という動きを整理してみると以下のようになる。⑴苗代は、明治三十五年（一九〇二）に県令によって奨励されて以後普及した短冊苗代となっている。⑵代掻きの馬鍬は、戦中・戦後に開発された新しい馬鍬ではなく、それ以前のものを使用している。⑶苗挿しは、明治四十年（一九〇七）に県令で奨励されて以後普及した苗綱による正条植が行なわれている。⑷代掻きは、昭和初期に枠植えが普及する以前のように苗挿しの直前に行なわれている。

このように現在の「壬生の花田植」には、新旧の稲作技術が時代変遷の段階差を示しながら伝承されていることがわかる。そして、基本的な「①代掻き―②苗取り・苗挿し―③囃し―④オナリ」という四つの構成要素についてみれば、稲作の技術をはじめそのあり方の変化とともに変化してはいるが、現在の「壬生の花田植」においてもなお継承されている。つまり、現在の「壬生の花田植」という民俗伝承は、この中国地方の山間農村の稲作の歴史的変遷の動態についての歴史情報のいわば保存伝承装置としての機能を内含しているものと位置づけることができる。

4　なぜ綱植が残ったのか

古い技術を保存伝承しているはずの苗挿しで、なぜ明治中期以降の新しい稲作技術である綱植が残ったのか。より古い乱雑植（自由植）や新しい枠植でなく、綱植が残った理由とは何だったのか。行為の儀礼化と芸能化という動態について、生活の中の大きな危機への直面とその克服を契機とするとかつて論じたのは新谷尚紀である〔新谷　一九八七：二二六〜二三二〕。この北広島町地域の田植の伝承では何が危機であったのか。稲作技術の大きな転換期としては、一つが明治中期、もう一つが高度経済成長期、この二つの画期があった。明治中期には、囃子が禁止され、正条植（綱植）が奨励された。高度経済成長期には、農業機械が普及し稲作労働が個人化していった。もし、明治中期の転換期（囃しの禁止と正条植の普及）が危機であったのであれば、それより昔の乱雑植（自由植）が残ったはずである。高度経済成長期という転換期（稲作の機械化と個人化）が危機であったのであれば、当時普及していた枠植が残ったはずである。しかし、それは残っていない。そこで、この花田植に綱植が残ったその理由として考えられるのは、昭和初期における新しい枠植の普及というもう一つの画期である。その枠植によって田植における人びとの役割が分離してしまったのである。田植とは、牛追いが牛を遣って代掻きをした田をすぐにサンバイと太鼓に合わせて早乙女が苗挿しをして、そのあとにみんなで飯を食べる、そのさまざまな役割の人たちの共同作業によって行なわれるものであった。しかし、新藤久人がその経験として語っているように、枠植の普及に伴って田植が共同作業に適しなくなり、組植の方式が消失してしまった。その後も、機械化が進む高度経済成長期までは、組やモヤイがお互いに助け合う田植は続くことになるが、その田植のありさまはかつての共同作業の田植とは大きく異なったものであった。田植は共同で行なうものである、その田植の重要な特徴が失われる、という危機に際して、比較的新しい田植技術ではあるもののヽその当時共同作業として行なわれていた綱植の技術が、共同作業の象徴的な意味で花田植の行事の中に伝承されることになったと考えられるのである。

おわりに

本章の主要な論点をまとめておけば、以下のとおりである。

⑴近世から近代初めにかけての中国地方山間部での田植の基本はその多くが、「囃し田植」であり、「①代掻き―②苗取り・苗挿し―③囃し―④オナリ」の四つの要素によって構成されていた。これまでの研究では、囃しをともなう華やかな田植行事を「大田植」や「花田植」や「囃し田」と呼んでそれらを「儀式田植」と分類し、それに対して中小規模の田植を「仕事田植」と分類して両者は別のものと位置づけられてきたが、それは第三者的な印象による分類にすぎない。現実に伝承されていた田植はいずれも基本的にその「①代掻き―②苗取り・苗挿し―③囃し―④オナリ」の四つの要素によって構成されてきたものであり、規模の大小はあるものの「儀式田植」と「仕事田植」に分別できるものではなかった。つまり、かつての田植は単なる労働にすぎなかったのではなく、稲作の作業でありながら仕事と田の神の祭りとが一体となったものだったのである。田植には祭りの意味があるという柳田國男や折口信夫の指摘が〔折口　一九八四・一九八五a・一九八五b、柳田　一九六九a・一九六九b・一九六九c・一九六九d〕、あらためて記録と伝承という両面の資料情報から正鵠を得たものであったということがわかるのである。

⑵かつて行なわれていた囃し田植の中でも、大地主の囃し田植には大規模に行なわれるものがあった。大地主の資本力によって行なわれていた大規模な囃し田植は、明治期以降の大地主の財力低下や没落とともに行なわれなくなり、

その他の通常の囃し田植も明治から昭和初期にかけての行政の介入や稲作技術の改良変化にともない、徐々に変化し行なわれなくなっていった。そうした中で囃し田植を担っていたのは地域の人たちであり、大地主の財力低下や没落の後、昭和初期には商工会が資本的な支えとなり地域の人たちは田楽団や農楽団などを結成して囃し田植を伝承していった。(30) そうして田植から囃しだけが芸能として分離する動きもあったが、そうした中で、資本的な支えの担い手は変わったが、かつて田植で囃しをしていた人たちが田植の現場での囃し田植を地域の行事として継承していったのである。

(3)現在の「壬生の花田植」は、機械化以前のむかしの稲作の形を残しているが、短冊苗代や綱植のように明治中期以降の稲作技術が行なわれているなど、新旧の稲作技術が時代的な段階差を含みながら継承されている。また、オナリの田植ムスビやチシャモミは消滅したが各田楽団や保存会ごとにシアゲの飲食が行なわれており、田植の関係者で共に食事をとるという点ではオナリは形を変えながら継続されているといえる。田植の基本的な四つの構成要素である「①代搔き—②苗取り・苗挿し—③囃し—④オナリ」は、少しずつ変化しているものの、いずれも現在の「壬生の花田植」では継承されているといってよい。つまり、この「壬生の花田植」の伝承の中には、この地方で伝えられてきた田植、つまり囃し田植に関する時代ごとの変遷を跡づけるような歴史情報の保存伝承装置としての機能をも見出すことができるのである。

(4)ではなぜ、むかしの稲作のかたちとして明治中期以降の新しい稲作技術である綱植が残ったのか。それは昭和初期における枠植の普及に対応したものであったと考えられる。共同作業を基本とする田植が枠植によってそれまでの組植という田植の重要な特徴が失われる危機に直面して、比較的新しい田植技術ではあったものの、共同作業として行なわれていた綱植が共同作業の記憶の核のひとつとしてこの行事の中に残されたと考えられるのである。

註

（1）南方村、石井谷村、有田村、古保利村、川井村、春木村、川戸村の「書出帳」にも同じように田植には囃しがともなっていたことが記されている〔千代田町役場　一九九〇：一三〇〕。

（2）たとえば、真下三郎は『広島県の囃し田』〔真下　一九九一〕において、牛尾の「仕事田」という語を借用し「囃し田」と対比し、松井今日子はその学位論文で「仕事田」と「大田植」を対比しているが、それらは実態とは乖離したものとなっている。

（3）牛尾は、「花田植え」また『大田植の習俗と田植歌』においても〔牛尾　一九六九・一九八六：一四一〕、両者を対比して、儀式田植としての囃子田や供養田植が年々村々で行なわれたと述べているが、供養田植、牛供養は、年々ではなく数十年に一回など開催は不定期である。

（4）石見地方の「牛供養」は田中梅治の記しているような形態であったと考えられるが、備後地方の「牛供養」はそれとは趣を異にしており、大山信仰による牛の供養と安全祈願により重点が置かれている。

（5）ここでいう普通の農家とは、在村の大地主ではなく、いわゆる自作農や自小作や小作の農家を含めての意味である。

（6）牛尾三千夫が『大田植の習俗と田植歌』で掲載した岡村家「手作田畑諸控帳」の明治二十二年（一八八九）から平成六年（一九九四）までの田植の部分記録を参照した〔牛尾　一九八六：六八〜七三〕。

（7）川東の大地主の七反田家については慶応二年（一八六六）生まれと明治十七年（一八八四）生まれの男性からの八反田の囃し田植についての聞き書きが記録されている〔千代田町役場　二〇〇〇：三六六〜三七二〕。

（8）有田の一乗司家については大正八年（一九一九）の「一乗司格式帳」の記述を参考とした〔千代田町役場　一九九八：六〇五〜六二八〕。

（9）通常の農家の囃し田植を「仕事田」と呼び、大地主による大規模な囃し田植えを「儀礼田植」と呼んで、両者を区別する見解を、牛尾三千夫が示したのは昭和四十四年（一九六九）以降のことであったが（前掲註(3)）、それは用語の安易な使用であり問題を混乱させる元であった。

（10）ここでは有間地区の佐古秀美氏（昭和六〈一九三一〉年生）の経験、上川東地区の内藤四郎氏（昭和五年生）の経験、『八重西地区稲作復元記録事業実施報告書　昔の農作業』の記録〔広島県北広島町教育委員会　二〇一三〕、『田植とその民俗行事』の記述〔新藤　一九五六〕、という四つの収集資料情報を参考として以下の記述を行なう。

(11) 代に早く掻き上げることを「早乙女を追う」、代掻きがまごつくと早乙女が「代掻きを追う」ともいった〔新藤　一九五六：三七〕。

(12) これらの新型農具の開発と普及には、行政による品評会の開催などが関わっている。これらの動向は、「広島県農業史」や『広島県農業発達史』などで指摘されている〔上田・住田　一九五四：四九二～五〇〇、広島県信用農業協同組合連合会　一九五八〕。

(13) 苗数を多く植えることを大苗、少なく植えることを小苗という〔田中　一九四一：四五〕。

(14) 正条植によって、草取り機による草取りを行なうことができるようになり、田植の効率は下がったものの、草取りの効率は上がったという〔新藤　一九五六：五九〕。

(15) 枠植自体は、綱植が考案される以前から存在していたが、それは三角形のワクを一人で転がしながら植えていくものであった〔新藤　一九五六：六〇〕。

(16) 田中梅治は「昔カラ共同作業ヲナシ來ツタ田植ガ、今ハ全ク各戸別ニ植ヘルコトニナツテ其能率モ大ニ増スコトニナツタガ、只一ツ隣保相助ノ美風ガ廢リツヽアルノハ悲シムベキデアル」と記述している〔田中　一九四一：三一〕。また内藤氏は、戦後に各家が協力し合うのではなく競い合うように農業をするようになったと述べている。

(17) 昭和三十四年（一九五九）に「川東のはやし田」が広島県無形文化財に指定されたときにあたり、三十五年に作成されたものと考えられる。

(18) 壬生の岡村家が大規模な囃し田植を中止したといわれている明治中期には、牛尾によって「手作田畑諸控帳」の記録から明治二十二年（一八八九）から平成六年（一九九四）までの間に耕作面積が半減していたことが指摘されており〔牛尾　一九八六：六八～七三〕、この時期に岡村家で財政規模が縮小していたことが窺える。川東の七反田と河内屋は「明治三十年代相次いで家産滅亡し伝統の囃田も終幕を閉ぢ」たとわれている〔千代田町役場　二〇〇〇：三七三〕。一乗司家は、「明治十八年頃よりあまり入用を多く要するにより中止せり。而して此大田植を始めたる目的は、一日中に多くの田を植へ終らむかためならむ歟」としている〔千代田町役場　一九九八：六二一〕。

(19) 『田植草紙の研究』や『広島県の囃し田』などで指摘されているが〔田唄研究会　一九七二：五八四、真下　一九九一：一一九〕、その原文は確認できていない。

(20) またこれは特異な事例ではあるが、牛尾三千夫は昭和四十三年（一九六八）五月十五日に行なわれた広島県高田郡高宮町原田の倉谷一夫氏の囃し田植について記録を残している〔牛尾　一九八六：一四二〜一四七〕。

(21) 囃しをともなわない田植は、田中梅治による小植が組合植から家ごとの田植へ変化したという記事や明治三十六年（一九〇三）に出されたとされる「農事十大必綱」など、行政の介入をきっかけとして、囃し田植から囃しが消滅したものであると考えられる。また、安政元年（一八五四）の井上家の山田植では囃しについての記述がないがこれは省略されたものであるとも考えられる。

(22) 瀧川静香氏談。

(23) 『昭和四十九年一月書写　壬生田楽団由緒書　広島県山県郡千代田町壬生田楽（囃し田）團』、調査年月日は昭和四十七年（一九七二）十一月九日、調査者氏名：新藤久人。

(24) この変化の追跡にあたっては、壬生の瀧川静香氏（昭和十八年〈一九四三〉生）の経験、芸北民俗芸能保存伝承館の保管資料、昭和四十四年（一九六九）のＮＨＫ番組「ふるさとの歌祭り」収録映像資料、筆者の平成二十六〜二十九年（二〇一四〜一七）の現地調査情報、などの情報資料を基本として記述する。

(25) この役牛と畜牛の変化については原稿執筆中であり、あらためて別稿で論及したい。

(26) 政府の統計窓口 e-Stat（http://www.e-stat.go.jp/）より。

(27) 瀧川静香氏、杉原洋氏談。

(28) 芸北民俗芸能保存館保管資料。

(29) 瀧川静香氏談。

(30) 明治四十一年（一九〇八）には、一乗司家の大規模な囃し田植を再開するように農民が働きかけており、数年ではあるものの実際に一乗寺家の大規模な囃し田植は復活した〔千代田町役場　一九九八：六二一〜六二二〕。

参考文献

上田一雄・住田克己　一九五四　「広島県農業史」『日本農業発達史』四　中央公論社

牛尾三千夫　一九六八　『大田植と田植歌』　岩崎美術社

牛尾三千夫　一九六九　「花田植え」『月刊　文化財』一九六九年六月号

牛尾三千夫　一九八六　『大田植の習俗と田植歌』　名著出版

内田るり子　一九七八『田植ばやしの研究』雄山閣
折口信夫　一九八四（初版一九五五）「田遊び祭りの概念」『折口信夫全集』三　中央公論社
折口信夫　一九八五ａ（初版一九七一）「田遊び」『折口信夫全集』ノート編五　中央公論社
折口信夫　一九八五ｂ（初版一九七一）「田楽の種類」『折口信夫全集』ノート編五　中央公論社
新谷尚紀　一九八七「遊びの深層―儀礼と芸能の間―」『ケガレからカミへ』木耳社
新藤久人　一九五六『田植とその民俗行事』年中行事刊行後援会
田唄研究会編　一九七二『田植草紙の研究』三弥井書店
田唄研究会編　一九八六『田唄研究　上巻・下巻・別巻』名著出版
高野　宏　二〇〇七「地域社会との関係からみた大田植の習俗」『人文地理』五九―六
高野　宏　二〇〇九「大正・戦前昭和期における「大田植」存続の地域的意義」『歴史地理学』五一―二
高野　宏　二〇一〇「大正・昭和戦前期における大田植の社会的基盤と地域的意義」『地理学評論』八三―六
田中梅治　一九四一『日本常民生活資料叢書』第二〇巻　粒々辛苦・流汗一滴　島根縣邑智郡田所村農作覺書　田川敬吾
千代田町役場　一九九〇『千代田町史』近世資料編（上）千代田町役場
千代田町役場　一九九八『千代田町史』近現代資料編（下）千代田町役場
千代田町役場　二〇〇〇『千代田町史』民俗編　千代田町役場
橋本裕之　一九九六「保存と観光のはざまで」『観光人類学』新曜社
広島県北広島町　二〇一四『壬生の花田植：歴史・民俗・未来：ユネスコ無形文化遺産』吉川弘文館
広島県北広島町教育委員会　二〇一三『八重西地区稲作復元記録事業実施報告書　昔の農作業―重要有形民俗文化財川東のはやし田用具民俗文化財伝承活用等事業―』広島県北広島町教育委員会
広島県信用農業協同組合連合会　一九五八『広島県農業発達史』広島県信用農業協同組合連合会
広島県文化財協会　二〇一二「「壬生の花田植」と芸備の田植行事」『広島県文化財ニュース』二一二
広島県山県郡千代田町　一九五七『農村開発計画策定に關する調査―広島県山県郡千代田町―』広島県山県郡千代田町
藤井　昭　一九七九「中世末期、安芸地方における「田植・牛懸」について」『田唄研究』一六

藤井　昭　一九九一「備後八鳥の牛供養田植とその周辺」『広島女学院大学論集』四一
藤井　昭　一九九五『芸備地方のまつり』第一法規出版
松井今日子　二〇一〇「安芸地方の囃し田における伝承実践の二面性」『東洋音楽研究』七六
松井今日子　二〇一二「囃し田における所作と歌謡進行のメカニズム」『民俗芸能研究』五二
松井今日子　二〇一四「囃し田の演技の実践に関する民俗誌的研究」神戸大学大学院学位論文
松井今日子　二〇一七「第四章　壬生の花田植と無形文化財合同まつりの歴史的変遷」「第五章　飾り牛」「第七章　道具類」「第八章　資料編」壬生の花田植調査委員会『壬生の花田植―壬生の花田植現況調査報告書―』北広島町文化遺産保存活用実行委員会
真下三郎　一九九一『広島県の囃し田』渓水社
壬生の花田植調査委員会・北広島町教育委員会生涯学習課　二〇一七『壬生の花田植現況調査報告書』北広島町文化遺産保存活用実行委員会
宮本常一　一九六四「大田と大田植」『芸能史研究』五
宮本常一　一九六六「民俗学と民俗芸能と」『芸能史研究』一二（一九七〇『風土と文化』未来社）
宮本常一　一九七一（初出一九五〇）『ふるさとの生活・日本の村』未来社
宮本常一　一九七三（初版一九六八）「あるいて来た道」『民俗学への道』未来社
宮本常一　一九七九（初版一九七六）『中国山地民俗採訪録』未来社
宮本常一　一九八四（初出一九五八）『中国風土記』未来社
柳田國男　一九六九ａ（初版一九四〇）「玉依彦の問題」『定本　柳田國男集』九　筑摩書房
柳田國男　一九六九ｂ（初版一九四九）「田の神の祭り方」『定本　柳田國男集』一三　筑摩書房
柳田國男　一九六九ｃ（初版一九五七）「苗忌竹の話」『定本　柳田國男集』一三　筑摩書房
柳田國男　一九六九ｄ（初版一九六一）「御刀代田考」『定本　柳田國男集』一三　筑摩書房

〔付記〕本章は、拙稿「農業変化の中の「壬生の花田植」の伝承」（『日本民俗学』第二九五号、二〇一八年）に掲載された論文をもとに新たな論点を加えて加筆修正したものである。

宮崎県下の神楽の伝承と現在
——高原の神舞を中心に——

大山晋吾

はじめに

宮崎県から鹿児島県にかけての地域では図1に見るように、現在も二〇〇を超える神楽が伝承されている。こうした神楽はかつての藩区分をもとに、地域ごとに分類され、とくに米良山地域の銀鏡神楽、高千穂町の高千穂神楽、椎葉村の椎葉神楽などが研究者の注目を集めてきた。九州南部の旧薩摩藩領地域では神楽は「神舞」（カンメ）と呼ばれており、図2に見るように、刀剣類を多く用いた舞が特徴である。宮崎県西諸県郡高原町《たかはるちょう》においても、祓川《はらいかわ》と狭野《さの》の二地区で神舞が伝承されている。本章ではこの二地区の神舞について、その伝承組織と演目構成を検討したい。

神楽の研究は数多くある〔西角井　一九三四、本田　一九六六、石塚　一九七九〕。

しかし、旧薩摩藩領地域の神舞に論及した研究は少ない〔小野　一九八六〕。ただ、渡辺伸夫による神舞文書の整理、翻刻は貴重である〔渡辺　一九九一〕。山口保明は宮崎県内の神楽を構成要素から分類し、旧薩摩藩領に属していた地

図1　神舞の分布（鹿児島県教育委員会『鹿児島県の民俗芸能—民俗芸能緊急調査報告書—』〈1992年〉，宮崎県教育委員会『宮崎県の民俗芸能—宮崎県民俗芸能緊急調査報告書—』〈1994年〉を基に作成）

域に伝承されてきた神舞を「霧島神舞系」として位置づけているが、鹿児島県側との比較の必要性がある〔山口　二〇〇〇〕。また、行政による報告書〔高原町教育委員会　二〇〇〇〕は貴重な情報を提供している。伝承組織や、時代による具体的な変遷の追跡へも関心が払われてきた。

本章では、祓川と狭野の二地区における神舞とその伝承組織の調査から、その伝承と変遷の過程の追跡を試み、また、演目の比較を通して、旧薩摩藩領地域の神舞における、演目の変遷についても考察を加えておきたい。

一　高原町の神舞とその担い手

高原町の神舞は「高原の神舞《かんめ》」と一括されて国の重要無形民俗文化財に指定されているが、これは、祓川と狭野の二つの地区が別々に伝承しているものである。高原町は宮崎県の西南部に位置し、霧島連山を境として鹿児島県と隣接している。また、高千穂峰の東麓に位置しており、神武天皇誕生の地としての伝承が数多く残る。面積は八万五三八平方キロで、その半分は山林である。平成二十八年（二〇一六）十二月時点での総人口は九一〇七人である。(1)農業、とくに畜産業が主要な産業となっている。

1　祓川地区の神舞とその概要

祓川地区は、霧島東神社の麓に位置する山あいの集落である。主な生業は

図2　祓川「十二人劔」——12人による刀舞

農業であるが、高原町の役場職員を含め勤め人も多い。五八戸で構成されており、地区内は三区に分かれている。このうち神舞に携わる「神徒《シント》」の家が二六戸ある。神徒とは霧島東神社の氏子のことを指し、その対となる呼称は「仏徒《ブット》」である。霧島東神社には、かつて真言宗の霧島山華林寺錫杖院という別当寺があったが、慶応四年（一八六八）に廃寺となっている。それ以降、地区内に寺院はない。(2)現在仏徒は多くが高原町内の浄土真宗遍照寺の門徒となっており、神徒が行なう神舞に対して、仏徒は十二月に報恩講を行なっている。

担い手　祓川地区では「祓川神楽保存会」として保存会が組織され、霧島東神社の社家を主な構成員としている。「社家」と呼ばれてはいるが、実質的には「神徒」とその意味内容は同様であり、一般に用いられる呼称である氏子との違いもない。そのため、氏子たちによって執行されてきた芸能であるとみなすことができる。このことは、ネンギョウジ（年行事）とヌシドリ（主取）と呼ばれる役職が、神舞の執行において重要な役割を果たすことからも指摘できる。年行事と主取は神徒内での輪番制によるものであり、神舞が終わったあとに催されるイタシッバリ（板敷払い）のさいに、次年度の年行事と主取に交代される。イタシッバリとは直会の意味である。年行事は神舞執行の決定権をもっており、演目の割り振りなども年行事が決定する。年行事の任期は二年で、その前の年行事はオヤネンギョウジ（親年行事）と呼ばれる。主取は一年交代であり、年行事の補助が主な業務である。

年行事と主取が神舞の運営を担い、保存会は舞い手に関係する仕事と実際の舞とを担っている。具体的には神舞奉納の場であるミコウヤ（御講屋）の設営、受付である。また、衣装や道具の保存、衣装の洗浄も保存会が担当している。保存会員は子どもを含めて平成二十七年時点で二七名となっており、三十代～四十代の年齢層が舞の中核を担っている。役職としては会長一名、副会長二名で、そのうち一名は祓川の区長である。その他に会計、監査などがある。また、ボランティアとして、準会員も神舞には携わっている。彼らは祓川地区の出身者ではなく、高原町役場の職員や、保存会員の知人などで構成されている。準会員は御講屋の設営など保存会の補助を行なっており、平成二十七年からは実際の舞も担当するようになってきている。

こうした担い手のうち、神徒には神舞の執行費として一戸当たり一五〇〇円の支払い義務がある。準会員にはこのような金銭の支払い義務はない。また、地区内の仏徒は神舞に対して役割をもたず、人的にも金銭的にも負担はない。

祓川地区の変化　表1は、祓川と狭野の両地区における神舞に関する変化を年表として整理したものである。

昭和二十年代（一九四五〜）、戦争から復員する人々が少なく、青年・壮年の男性が減っていった。しかし、地区内に舞い手は十分に確保されており、舞い手一人当たりが担当するのはほとんど一つの演目のみであった。

昭和三十年代（一九五五〜）以降、高度経済成長期（一九五五〜七三）に入ると状況は一変する。舞い手の主軸となる二十〜四十代を中心に、多くの男性が出稼ぎに出て行き、舞い手の確保が難しくなった。若手は二人しか残っておらず、この状況に際して、二人に一人当たり七番もの舞を担当させることで対応した(3)。太鼓などの楽は五十〜七十代の長老たちが担当することで補っていた。

昭和四十二年（一九六七）から四十三年の間に祓川神楽保存会が設立された。昭和四十九年に祓川地区の神舞は、国の記録作成等の措置を講ずべき無形の民俗文化財として選択を受けた。この間、祓川地区では神舞を神徒による行事として執行しつづけ、仏徒を参加させることは一度もなかった。

昭和五十年代半ば（一九八〇〜）には、希望する神徒の家ではなく、なるべく公民館から近い家に神楽宿を頼むようになった。昭和の初めまでは神楽宿になった家の庭先に御講屋を設けて神舞を行なっていたが、それ以降は公民館横の広場に御講屋を設けて舞っている。平成九年に公民館を新設する形で神楽殿が完成し、雨天時にも対応が可能となったが、御講屋を野外に設営するには多くの人員が必要とされるため、神楽殿の中で舞うことが多くなった。平成

表１　祓川地区と狭野地区における主な「神舞」の変化

年　代	祓　川　地　区	狭　野　地　区
1923年		神楽宿で執行
1924年		公民館で執行
1934年		希望者も加入
1945年～	氏子減少。番付の維持	氏子減少。番付の省略
1957年		狭野伊勢講協会設立
1958～59年		狭野神舞行なわれず
1962年		７人で執行
1964年前後	舞い手減少。若手は２人	舞い手減少。若手は２人
1965年～		仏教徒へ勧誘開始
1965～75年		狭野神楽保存会に名称変更
1967～68年	祓川神楽保存会設立	
1968年		郷土芸能教育として学校との提携を開始
1970年	狭野地区と協議，12月の第２土曜日に神舞を執行	祓川地区と協議，12月の第１土曜日に神舞を執行
1974年	国の記録作成等の措置を講ずべき無形の民俗文化財として「祓川の神舞」の名称で選択	
1978年	霧島東神社，社殿改築のため御遷座祭。神舞奉納	
1990年		神舞が南北狭野地区の行事として決定
1997年	国・県・町の補助により，公民館の跡地に神楽殿が完成	
1999年		狭野神社第二鳥居新設
2003年		１戸500円の神舞費用を区費の名目で徴収
2008年～	神楽殿で舞うことが通例化	
2010年	国の重要無形民俗文化財として「高原の神舞」の名称で指定	
2011～12年		高原町内から子供の舞い手を招集
2012年	町報で準会員募集	
2015年	準会員が舞い手に	

出典）　狭野神社所蔵記録類，筆者調査を基に作成。

二十年代（二〇〇八〜）に入ると、神楽殿の中で舞うことがほぼ通例化し、現在に至っている。人員の減少は、舞い手一人当たりが担当する演目の数にも変化を生じさせた。現在は舞い手一人当たり三〜四番の演目を担当する状態が続いている。こうした状況に対応するため、祓川神楽保存会では、準会員制度を設けた。

2　狭野地区の神舞とその概要

狭野地区は、狭野神社を挟んで南北に位置する平野の集落である。祓川地区よりも高原町の市街地に近く、農業以外の勤め人が多い。二三〇戸で構成されており、地区内は七区に分かれている。神舞に携わるのは、狭野神社の社家二八戸であったが、現在は保存会を中心とした地区内住民によって執行されている。そのため、神徒と仏徒という家々の区分は見られるものの、祓川地区のように神舞に際しての区分とはなっていない。狭野神社には天台宗の霧島山仏華林寺神徳院という別当寺があったが、慶応四年に廃寺となっている。地区内に寺院がないこと、仏徒の多くが高原町内の浄土真宗遍照寺の門徒となっていることは祓川地区と同様である。神舞の他に、狭野地区民であれば参加できる芸能として、五月十六日の御田植祭のさいに奉納される棒踊り・奴踊りが伝承されている。

担い手　狭野地区では「狭野伊勢講神楽保存会」として保存会が組織され、地区内住民によって構成されている。狭野の神舞はもともと社家によって執行されてきたといえるが、かつての社家二八戸の家筋の中には地区外に転出したり、神舞に加わらなくなったりした家があるため、現在は神舞の伝承組織としての社家は機能していない。年行事と主取という役職も、狭野神社所蔵の昭和期の神舞執行記録には見えるが(4)、現在それを役職として確認することはできない。

神舞の運営、実際の舞や神舞奉納の場であるマイニワ（舞庭）の設営は保存会が行なう。また、衣装や道具の保存、衣装の洗浄も保存会が担当している。保存会員は、平成二十七年の時点で、大人三〇名、小中高生二〇名である。役職としては会長一名、副会長三名。このうち二名は北狭野と南狭野の区長である。この他に青年部長が一名、その下に班長・班員がいる。

狭野地区では地区の行事として神舞を行なうため、舞庭の設営補助や食事の準備などに、地区住民が加わっている。保存会員以外の住民は主に舞庭の設営を担当し、舞には携わらない。こうした担い手は、狭野地区の住民であれば執行費用として一戸五〇〇〇円の支払い義務がある。

狭野地区の変化　表1の通り、狭野地区では、大正十三年（一九二四）の段階で神楽宿から公民館へと舞庭が移っている。この時点で神楽宿の機能が失われていったと推察できる。また、構成員も昭和九年から青年団を中心とした希望者も神舞に加えるとしており、舞い手が変化していることが記録からは確認できる(5)。

昭和二十年代は、戦争から復員する人々が少なく、すべての番付を奉納することが困難となっていた。昭和三十二年には現在の保存会の前身である「狭野伊勢講協会」が設立されたが、昭和三十三年と三十四年は、神舞が行なわれなかった。また、昭和三十七年は舞い手が七人しか揃わず、明け方まで舞うことができなかった。昭和三十九年前後には若手は二名しか残っておらず、一人が舞いを、一人が楽を担当することで対応した。

昭和四十年代（一九六五〜）には出稼ぎ先から帰ってきた若者が増えたが、依然として人数の不足は深刻であった。この状況を改めるため、本来神徒の行事である神舞に仏徒を勧誘する試みが、昭和四十年代に開始された。回覧板などによって地区内で加入者を募り、徐々に仏徒が加入するようになった。しかし、この時期に加入した仏徒の多くは、家族に反対されてまもなく辞めたようである。次の試みとして、昭和四十三年には、狭野小学校に働きかけ、郷土芸能教育として狭野神舞と学校との提携を開始した。

このように狭野地区では、昭和四十年代の時点で、舞い手を神徒に限るのではなく、狭野地区内の仏徒や校区の子どもなど、地域の行事として神舞を変化させていくことが試みられていた。平成二年には、狭野神舞を狭野地区の行事として行なうことが地区総会で可決された。これにより、神徒の家だけで賄ってきた神舞の執行費用だけでなく、舞庭の設営にも多くの人員を確保できるようになった。しかし、神舞の執行費用に関しては、支払いを拒否する仏徒の家もあった。そこで平成十五年には一戸五〇〇円の神舞執行費用を、区費の一部として徴収するようになった。また、現在も高原町役場などに採用された若手職員たちへ積極的に勧誘を行なっている。

祓川と狭野の担い手の変化　以上のような神舞の担い手の変化について整理すると、次のようなことが指摘できる。

(1)祓川地区では、集落の神徒によって神舞の伝承が行なわれてきた。これは現在においても、神徒の中から選出される年行事と主取が神舞の運営にあたって重要な決定権をもっていること、高度経済成長期に伝承の危機が生じたあとも神徒だけで結束して神楽を執行しようとしつづけてきたことなどから指摘できる。しかし、神徒組織そのものの衰退から、近年は準会員を設けて人員の確保を図っている。

(2)狭野地区では、もともと社家によって神舞の伝承が行なわれてきた。社家二八戸は明治期には広大な農地を所有していたとされ、一般の神徒の家々よりも経済的に優位にあった。その社家による神舞の執行がいつまで続いていたのか記録の上で定かではないが、大正十三年の段階で神楽宿から公民館へと舞庭が移っており、昭和九年からは青年団を中心とした希望者も神舞に加えることが承認されていることが確認できる。その背景の一つとして、神舞の伝承組織が社家から神徒へと移ったという変化が推察される。しかし、昭和二十年代の時点ですでに神舞の執行に困難を伴うようになっている。そののち、高度経済成長期を経たあとは、神徒から地区住民全体へと担い手が大きく拡大し、それに伴って神舞の担い手の上での伝承力は増大しており、現在でも大規模な舞庭を設営することが可能となってい

表2　祓川地区の神事次第

行事名	日時	参加者	場所
番付決め	12月1日夜	年行事・主取，祓川神楽保存会員，神楽宿主人	神楽殿
神楽宿の設営	12月第2金曜日 9時～	年行事・主取，保存会役員，神楽宿主人	神楽宿
ウチマツリ	12月第2金曜日 19時～	霧島東神社宮司，年行事。主取，保存会員	神楽宿
ミコウヤの設営	12月第2土曜日 8時～	年行事・主取，保存会員，準会員	神楽殿
ハマクダリ	12月第2土曜日 19時～	霧島東神社宮司，年行事。主取，保存会員	霧島東神社旧参道～神楽殿
神舞	12月第2土曜日 19時30分～	演目は表3に記載	
カママツリ	12月第2日曜日 6時20分～	霧島東神社宮司，年行事。主取，保存会員	神楽宿
イタシッパリ	12月第3週	霧島東神社宮司，年行事。主取，保存会員	神楽殿

出典）筆者調査による。

る。

二　祓川と狭野の神舞の演目構成

1　祓川の神舞の神事次第

神舞は舞の奉納だけでなく、さまざまな神事を伴う。表2は、その次第を整理したものである。

まず祓川地区では、十二月一日に神楽殿でその年の神舞における演目の割り振りが決められる。また、神楽宿の当番も決定される。この日の翌日から神舞の練習が行なわれる。次に神舞の執行される前日である十二月の第二金曜日の朝に、神楽宿の設営が保存会の役員によって行なわれる。「松尾大明神」と書かれたシメ（注連。飾りをつけた柱）を正午までに立てる。この日の夜に保存会員は神楽宿に集合し、霧島東神社宮司による御祓いのあとに、室内で「神随（カンシイ）」が舞われる。この行事はウチマツリ（内祭）と呼ばれ、終了すると全員で湯豆腐を食べるのが決まりである。

神舞執行の当日の朝には、保存会員と準会員が集まり、御講屋の設営が行なわれる。御講屋には四つの鳥居と三本の注連を立て、中心にはヤタンバンと呼ばれる白蓋《びゃっかい》に相当するものが吊り下げられる。これらの作業と並行して、採物・幣・えり物つくりや、竹の切り出しなどがそれぞれ分担されて行なわれる。このさいの昼食の準備は、神徒の家の女性が担っている。

夜の十九時になると、舞い手は採物を持って霧島東神社の旧参道まで向かい、霧島東神社の宮司によって降神の祝詞が奏上される。そののち、ハマクダリといって、隊列を組んで神楽殿まで練り歩き、御講屋の中に入っていく。ここから神舞の番付が始まる。

番付の順に演目が続き、最後の「太力」の演目が終了すると、宮司と「太力」の舞い手を筆頭に、舞い手のほとんどは神楽宿へと移動する。神楽宿に到着すると、「地割」という演目の舞い手が神楽宿の軒に下げた藁束に向かって矢を射る。これが終わると、宮司が神楽宿の庭に設けられた竈の前で昇神の祝詞を奏上し、舞い納めとする。このあとに神楽宿でイワシを焼き、皆で食べる。この行事はカママツリ（釜祭）と呼ばれている。

その年の神舞の執行が終わると、十二月第三週に神楽殿でイタシッバリ（板敷払い）が行なわれる。このときに当該年度の会計報告と、翌年の年行事および主取が決定される。この日を境に新たな年行事と主取へと神舞運営の権限が委譲される。

2　祓川の神舞の演目構成

表3は、祓川地区の神舞を、嘉永六年（一八五三）の番付を基準として(6)、番号を付けて整理した表である。ここから新旧の演目を比較してみることとする。

表3　祓川の神舞の演目（嘉永６年の番付を基準として番号を振った）

嘉永６年(1853)出典②		昭和59年(1984)出典①		平成27年(2015)筆者調査		平成28年(2016)筆者調査	
1	門境	2	宮入りの事	1	宮入の事	1	宮入の事
2	宮入之事	1	門境	2	門境	2	門境
3	御祓祝詞	3	御祓祝詞	3	御祓祝詞	3	御祓祝詞
4	一番舞	4	壱番舞	4	一番舞	4	一番舞
5	神楽	5	神楽	5	神随(御神楽)	5	神随(御神楽)
6	式三番	6	式三番	6	式三番	6	式三番
7	大光神	7	大光神	7	大光神	7	大光神
8	地割	8	地割り	8	地割	8	地割
9	飛出	9	飛出	9	飛出	9	飛出
10	高幣	10	高幣	10	高幣	10	高幣
11	金山	11	金山	11	金山	11	金山
12	宇治	12	宇治	12	宇治	12	宇治
13	幣貫之事	13	幣貫い	13	幣貫	13	幣貫
14	諸神観請	14	諸神観請	14	諸神観請	14	諸神観請
15	舞揚	15	舞揚				
16	中入	16	中入「拾弐人剣」	21	劔	21	劔
17	舞揚	17	舞揚				
18	田之神	18	田ノ神	18	田の神	18	田の神
19	納	19	納(御花神随)	16	十二人劔(中入)	16	十二人劔(中入)
20	舞揚	20	舞揚				
21	剣	21	剣	22	杵舞	22	杵舞
22	杵舞	22	杵舞	23	鉾舞	23	鉾舞
23	鉾舞	23	鉾舞	24	長刀	24	長刀
24	長刀	24	長刀	19	納	19	納
25	陰陽	25	陰陽				
26	住吉	26	住吉	26	住吉	26	住吉
27	龍蔵	27	龍蔵	27	龍蔵	27	龍蔵
28	大神祝詞	28	大神祝詞	28	大神祝詞	28	大神祝詞
29	大力	29	太力	31	三笠	31	三笠
30	柴之問	30	柴の問				
31	三笠	31	三笠	29	太力	29	太力
32	将軍	32	将軍	32	将軍	32	将軍
33	花舞	33	花舞	33	花舞	33	花舞
計33		計33		計28		計28	

出典）①宮崎県教育委員会『宮崎県の民俗芸能―宮崎県民俗芸能緊急調査報告書―』(1994年)，②高原町教育委員会・編『高原町祓川・狭野の神舞（神事）　本文編』(2000年）および筆者調査による。

嘉永六年から昭和五十九年（一九八四）にかけては、「1門境」と「2宮入之事」の順序が入れ替わっている以外、番付に異同は見られない。一方、筆者の調査した平成二十七（二〇一五）、二十八年の番付では、演目の順序に変動が生じており、「15・17・20舞揚」や「25陰陽」、「30柴之問」のように行なわれなくなった演目もみられる。しかし、実際には「舞揚」は平成二十七、二十八年時点でも「14諸神勧請」や「16十二人劔（中入）」の最後に舞われる舞として組み込まれており、行なわれなくなったわけではない。「陰陽」、「柴之問」に関しては、神歌しか残っておらず、舞は失われてしまっているものの、平成二十七、二十八年の番付にも割り振られた舞い手の名が記載されており、形式としてではあるが、現在も番付の中に残っている。祓川地区では番付は動かすことができないものとして考えられており、伝承されてきた番付をそのまま保持していこうとする傾向が指摘できる。

図3　祓川「幣貫」——四神による幣の争奪

次に、それぞれの演目を、平成二十七、二十八年の番付をもとに、内容から整理してみる。まず、「1宮入の事」から「3御祓祝詞」に関しては、神舞の導入にあたる演目であるといえる。「宮入の事」はハマクダリの隊列が御講屋の中に入ってから行なわれる神事である。続く「2門境」は宿借り問答であり、「御祓祝詞」の中で鬼神に対してお神酒を飲ませる所作を行なう。「4一番舞」は子どもの舞で、神舞の始まりの舞とされている。「5神随」は祓川の神舞にとってもっとも重要な演目であり、熟練者でなければ舞うことを許されない刀舞である。刀舞には他にも、一二人が刀で舞う「16十二人劔」や、子どもが刀を握って舞う「21劔」などアクロバティックな曲目も演じられる。

「7大光神」から「13幣貫」までの七つの演目は、「8地割」を中心とする一連の曲目である。「地割」は弓矢による採物舞で、続いて「9飛出」から「12宇治」までの四つの神の演目がある。「飛出」は子どもによる鬼神舞で、「10高幣」は女面で、女性が用を足すような滑稽な所作も行なう。「11金山」と「宇治」では、「地割」の舞い手が置く矢と幣をそれぞれが回収する。そのあと、図3に見るように「幣貫」でこれら四つの神々が中央の幣を取り合い、最後に「宇治」が勝利する。この演目は、鹿児島県下の神舞の諸事例における「四人鬼神」の演目に相当すると考えられる。春夏秋冬の四季の巡りを、神々による幣の委譲を通して表している。

「18田の神」や「22杵舞」といった演目は、農業に関わる演目であり、方言を交えた滑稽な田の神の語りや、杵の上に乗るといった曲芸的な要素をもつ。

「26住吉」、「27龍蔵」、「28大神祝詞」、「29太力」の四つはいずれも岩戸開き神話に関わる演目であり、神舞の後半において重視されている演目である。こうした演目ののちに、「32将軍」、「33花舞」が演じられる。「花舞」は刀を使って御講屋を取り巻く注連縄を切っていく演目であり、この演目ののちには観客も御講屋の中に入ることが許される。こうした演目の他に、霧島の神と関わりをもち、宮司しか舞うことのできない「23鉾舞」や、注連の縄を揺する「31三笠」などもある。

3　狭野の神舞の神事次第

表4は、狭野地区の神事次第を整理したものである。祓川地区と比較して神舞に関係する神事が少なくなっていることが指摘できる。

表4　狭野地区の神事次第

行事名	日時	参加者	場所
番付決め	11月第2週	保存会長，副会長	北狭野神武ふるさと館
マイニワの設営	12月第1土曜日 8時～	保存会員，狭野地区民	狭野神社第二鳥居前
斎　食	12月第1土曜日 18時～	保存会員，狭野地区班長，来賓	北狭野神武ふるさと館
ハマクダリ	12月第1土曜日 19時～	狭野神社宮司，保存会員	狭野神社～狭野神社第二鳥居前
神　舞	12月第1土曜日 20時～	表5に記載	
昇神祭	12月第1日曜日 6時50分～	狭野神社宮司，保存会員	狭野神社第二鳥居前
直　会	12月第1日曜日 17時～	保存会員	北狭野神武ふるさと館
霧島講	12月第1日曜日 19時～	狭野神社神職，保存会員	北狭野神武ふるさと館～当番宿

出典）筆者調査による。

狭野地区では、十一月第二週に保存会長と副会長によってその年の神舞の演目の割り振りが決定される。この割り振りが決まってから神舞の練習が行なわれる。

神舞執行の朝、保存会員と地区住民が集まり、舞庭の設営が行なわれる。舞庭には一つの鳥居と三本の注連が立てられる。舞庭の中心には天蓋を吊り下げ、天照大神と天津風のえり物がそれぞれ取り付けられる。これらの作業と並行して、採物・幣・えり物つくりや、舞庭に飾る木の切り出しなどがそれぞれ分担されて行なわれる。このさいの昼食の準備は、狭野地区民の女性たちが担っている。

十八時になると、保存会員と地区住民の代表者は「北狭野神武ふるさと館（神舞のさいの支度場所となる公民館）」へ向かう。この場には来賓も集まっており、皆で斎食を行なう。このさいにハマクダリの隊列が読み上げられる。これを御列召上と呼び、食事が済むと舞い手は採物を持って狭野神社へ向かう。狭野神社本殿で宮司によって降神の祝詞が奏上されたあと、ハマクダリが始まる。狭野地区のハマクダリは神輿を中心として隊列を組んでおり、舞庭まで練り歩いていく。ハマクダリの隊列が舞庭の中に入っていくと、斎場祭が始まり、神舞が開始される。

番付の順に演目が続き、最後の演目である「手力男」が終了すると、狭野神社神職によって昇神の祝詞が奏上されて、舞い納めとなる。こうして、その年の神舞の執行が終わると、十二月第一日曜日の夕方から、「北狭野神武ふるさと館」で保存会員によって直会が行なわれる。そのさいに献饌の餅を切り分け、みんなに配る。食事が済むと、霧島講の準備を始める。霧島講は、霧島様と呼ばれる小祠を当番の家まで太鼓や笛などで楽を鳴らしながら練り歩く行事である。霧島様の小祠は神舞のさいに舞庭に置かれており、その年の神舞が終わると、次の当番のもとに移動する。当番の家に到着後、狭野神社の神職によって祝詞が奏上され、再度飲食が行なわれる。このさいには、必ずメザシを食べる決まりとなっている。

4　狭野の神舞の演目構成

表5は、狭野地区の神舞を、寛延三年（一七五〇）の番付[7]を基準として、番号を付けて整理した表である。祓川地区と同様に新旧の番付について比較を行なう。

平成28年(2016) 筆者調査	
	太鞁の事※2
6	一番舞
8	神師
10	飛出
11	地割
12	金山
13	志目
14	高幣
15	四ツの事
20	臣下
18	踏劔
23	花舞
27	長刀
26	箕舞
19	鉾舞
29	本劔
28	住吉
9	一人劔
30	御笠舞※2
21	大神楽
24	龍蔵
22	御酔舞(瓶舞)
17	柴荒神　雨天中止
16	小房　雨天中止
31	武者神師　雨天中止
34	手力男　雨天中止
計26	

および筆者調査による。

表5　狭野の神舞の演目（寛延3年の番付を基準として番号を振った）

寛延3年(1750)		明治43年(1910) 出典①		昭和9年(1934) 出典②		平成27年(2015) 筆者調査	
1	宮入						
2	御祓						
3	祝言	※1					
4	山迎入						
5	縄開眼		太鞁の事				太鞁の事※2
6	壱番舞	6	一番舞歌	6	一番舞	6	一番舞
7	神楽	7	神楽ウタ				
8	神師	8	神師	8	神師	8	神師
9	壱人劔	9	壱人劔	9	一人剣	10	飛出
10	飛出	10	飛出	10	飛出	11	地割
11	地割	11	地割	11	地割	12	金山
12	金山	12	金山	12	金山	13	志目
13	志め	13	志目	13	志目	14	高幣
14	高幣	14	高幣	14	高幣	15	四ツの事
15	輿津	15	四つの事	15	四ツノ事	20	臣下
16	小ふさ	16	小房	16	小房	18	踏劔
17	柴荒神(右之問)	17	柴荒神問			23	花舞
18	踏劔	18	踏劔	18	踏劔	27	長刀
19	鉾舞	19	鉾舞	19	鉾舞	26	箕舞
20	臣下	20	臣下	20	臣下	19	鉾舞
21	大神楽	21	大神神楽			29	本劔
22	御酔舞	22	御酔舞	25	問神師	28	住吉
23	花舞	23	花舞	26	箕舞	9	一人劔
24	龍蔵	24	龍蔵			30	御笠舞※2
25	問神師(右之問)	25	問神すい	27	長刀		
26	箕劔	26	箕劔	28	住吉	21	大神楽
27	長刀	27	長刀	29	本劔	17	柴荒神
28	住吉(右之荒神)	28	住吉	22	御酔舞	22	御酔舞(瓶舞)
29	本劔	29	劔	23	花舞	24	龍蔵
30	御笠(右之荒神・とひ)	30	御笠問			16	小房
31	武者神師	31	武者神師			31	武者神師
32	神化	32	神化				
33	縄入荒神(右之問)	33	縄入荒神				
34	太刀から	34	太刀から皇明神	34	太力明神	34	手力男
35	部屋入	31	武者神師				
36	縄荒神						
37	かふならし						
38	柴起						
39	日明						
計39		計31		計21		計26	

註）※1　数字の記載はない，※2　近年に復活したもの。

出典）①高原町教育委員会『高原町祓川・狭野の神舞（神事）本文編』(2000年)，②狭野神社所蔵記録，

寛延三年から明治四十三年（一九一〇）の期間を比較すると、「1宮入」、「2御祓」、「3祝言」、「4山迎入」、「5縄開眼」、「35部屋入」、「36縄荒神」、「37かふならし」、「38柴起」、「39日明」といった演目が失われていることが指摘できる。「1宮入」から「5縄開眼」までに関しては、「6壱番舞」の前段の演目であるため、舞というよりは神事であったと推定される。「35部屋入」、「36縄荒神」、「37かふならし」、「38柴起」、「39日明」に関しては不明であるが、「35部屋入」という名称から、神楽宿に舞い込むような演目であったと考えられる。また、明治四十三年の時点で、「太鞁の事」という演目が追加されている。

明治四十三年から昭和九年にかけて「21大神神楽」、「30御笠問」、「32神化」、「33縄入荒神」といった演目が失われている。「17柴荒神」と「24龍蔵」の二演目に関しては、昭和九年の記録に、「奉仕者得ザリシ分」として記載があり、この時点では演目そのものは失われていなかったと推察される。そののち、平成二十七年の筆者調査の時点までの間に「問神すい」が失われている。「問神すい」は詞章によると祓川神舞の「諸神勧請」と類似の演目であると推定でき、「神化」に関しても詞章がないことから祓川神舞の「田之神」と類似の演目であると推定される。

このように狭野地区では、神舞の番付に大きな異同が生じている。演目の順序に関しても、近年は舞い手の都合や観客への配慮等で変更しており、[8]「柴荒神」「大神神楽」「御笠舞」などの伝承が途絶えた演目を復元するなど、伝承されてきた演目を比較的自由な形で執行していることが指摘できる。

平成二十七〜二十八年の番付をもとに、内容を紹介してみる。「太鞁の事」は、神舞の導入にあたる演目であると考えられ、宮司が太鼓を叩きながら神歌を唱えるものである。「一番舞」は子どもの舞である。「8神師《カンシイ》」は狭野の神舞にとってももっとも重要な演目であり、熟練者でなければ舞うことを許されない刀舞である。刀舞には他にも、「29本劔」、「9一人劔」、子どもが刀を握って舞う「18踏劔」なども演じられる。

次に「10飛出」から「15四ツの事」までの六つの演目は、図4に見る「11地割」を中心とした一連の曲目である。「10飛出」は鬼神面で、舞庭の入り口ではなく神前から飛び出てくる。「14高幣」は長い幣を採物とする。狭野の神舞では祓川と異なり、「12金山」だけが矢を回収し、「宇治」が「13志目」と呼ばれているなどの違いがある。図5に見るように「飛出」から「志目」までの四つの神は「15四ツの事」に登場するが、ここでは幣の争奪は見られず、順々に神が退出していく。

図4　狭野「地割」——弓を持った地鎮の舞

図5　狭野「四つの事」——四神が順に舞う

「20臣下」や「26箕舞」といった演目は農業に関わる演目である。「臣下」は方言を交えた滑稽な田の神の語りとともに餅を作る所作を伴う形式の田の神舞である。「箕舞」は、祓川の神舞の「杵舞」と同様の演目となっている。「28住吉」、「24龍蔵」、「34手力男」はいずれも岩戸開き神話に関わる演目である。狭野の神舞では舞庭の結界を解くような演目は見られず、「手力男」で舞い納めとなる。こうした演目の他に、焼酎を口に含んで舞う「22御酔舞」のように祓川地区の神舞には見られない演目も見られる。

5　祓川と狭野の両地区の演目構成の変化

以上、高原の神舞の演目構成について確認してみた。祓川と狭野、両地区の神舞は前半部の「地割」から「幣貫（四ツの事）」までの演目構成にみられるように共通している部分もある。一方で、祓川地区の「門境」や、狭野地区の「御酔舞（瓶舞）」など、それぞれが独自に伝承してきた演目も確認できる。また、新旧の番付を比較してみると、狭野地区では、現行の神舞の演目と、寛延三年の番付に記載された演目とでは、大きな変動がある。

この変動は、なぜ生じたのであろうか。その原因として、二点をあげてみる。一点目が、狭野地区では大正十三年（一九二四）の段階で神楽宿が失われているということである。

狭野地区では寛延三年の番付から明治四十三年の番付までの間に、「宮入」から「縄開眼」までの演目については確認できなくなっているが、明治四十三年の記録では、「一番舞」の項に「第六　一番舞歌」とある。[9]一方で、最後の「武者神師」の項には「第三拾五　武者神師」とあり、寛延三年には三五番目に位置していた「部屋入」が「武者神師」に置き換わっている。[10]「第六　一番舞歌」という記載から、一番目から五番目の演目が、記録者の念頭にあった可能性が推察される。それらの演目の記載がなかった理由は明らかではないものの、一つの可能性として、明治四十三年の記録が神舞の歌に関するものであり、神事として執行されていたと推察される「宮入」から「縄開眼」の演目については記載しなかったのではないかと推測される。番付からは確認できないが、明治四十三年時点ではまだ「宮入」から「縄開眼」までの神事は行なわれていた可能性を指摘できる。

祓川地区の「宮入の事」において、神事の中心となるのは神楽宿の主人夫婦である。狭野地区では神楽宿から公民館への舞庭の変化が大正十三年に起こっているが、それに先行して、神楽宿の衰退が明治四十三年の段階で起こっていた可能性がある。このことは、「部屋入」という神楽宿で行なわれると推察される演目が明治四十三年の番付では確認できなくなっていることからもうかがえる。「部屋入」のような演目が失われていく中で、神事としての「宮入」から「縄開眼」に関しては伝承が保持されていたものの、それが大正十三年に舞庭が公民館へと移り、神楽宿の機能が完全に喪失したことによって失われたものと推察される。

二点目は、伝承組織が社家組織から変化していく中で、負担の大きい演目は伝承されなくなったということである。たとえば、昭和九年の記録では、「奉仕者得ザリシ分」として、「柴荒神」と「龍蔵」の二演目があげられている(11)。そののち、神舞の執行記録が確認できなくなる昭和十二年まで、この二演目は演じられていない。「柴荒神」、「龍蔵」の詞章は他の演目と比べて長く、青年団などの希望者も含めた伝承組織へと変化した昭和九年には、その長い演目を伝承する余力がなかった可能性がある。また、「縄開眼」、「縄荒神」、「縄入荒神」などの綱が必要と思われる演目に関しても、現在の舞庭においてそれらの綱の形跡がみられないことから、綱の作成が負担となり、演目そのものも失われていった可能性が指摘できる。つまり、舞庭の変化に伴う神楽宿の消失と伝承組織の変化が、演目の伝承に変化を生じさせたと推察されるのである。これは、伝承組織に近年まで変化がなく、御講屋の位置は変化しながらも依然として神楽宿を持ち続ける祓川地区とは対照的である。のちに言及するが、両地区の担い手のもつ伝承のあり方への志向性の違いが、演目の変化にも表れていることが指摘できる。

6 「地割」から「幣貫」・「四ツの事」への構成とその位置づけ

前段で述べた通り、祓川と狭野の神舞は演目構成がいくらか共通している。とくに、「地割」を中心とした一連の演目は、神舞の演目としては長時間にわたっているものである。これらの演目は、地割による地鎮のあとに、四方の神が去来して四季の運行を表象する、陰陽五行の調和にもとづく連続した演目で構成されている。では、このような「地割」から「幣貫」(祓川)・「四ツの事」(狭野)へと向かう構成はどのように位置づけられるものであろうか。それを確認するために、旧薩摩藩領地域に伝承される神舞を参考にしてその中から、該当する演目を抽出してみる。そして、そこからその伝承の過程での変遷を追跡してみる。

このような演目の記録上の初見としては、延宝七年(一六七九)に成立したとされる旧薩摩藩領の蓬原熊野神社神舞「神舞書」(12)に記載されている事例があげられる。そこでは、「地破舞」、「山舞」、「金山舞」、「宇治舞」、「矢抜舞」、「幣抜舞」、「四人鬼神舞」、の並びによる演目の順序が確認できる。「四人鬼神舞」とは、「幣貫」(祓川)・「四ツの事」(狭野)に相当する演目である。旧薩摩藩領地域の神舞の中では、「四人鬼神」と称されている事例が一般的であり、「幣貫」や「四ツの事」という呼称は高原の神舞以外にはみることができない。これらの演目の中で、「山舞」から「幣抜舞」に関しては、「前五通ハ地破之中ニ舞也」(13)という記載があり、この五つの舞が「地割」の中で舞われる演目として位置づけられていたことが確認できる。高原の神舞でも、「金山」、「宇治」の二演目において「地割」の配った矢や幣を抜いて回収しており、「金山」、「宇治」が「矢抜舞」、「幣抜舞」の所作をも含んだ演目として、「地割」の中に位置づけられていることを指摘することができる。

「地割」演目の二分類　しかし、その一方で、高原の神舞には「飛出」と「高幣」という演目も確認できる。ここで指摘しておかなければならないのは、祓川と狭野の両者の神舞が伝承している、「飛出」、「金山」、「宇治(志目)」、「高幣」という四つの演目の組み合わせは、他の地域の神舞の中には見出すことができない、ということである。むしろ旧薩摩藩領地域の神舞では、「金山」、「宇治」の二つの演目の組み合わせという事例が一般的である。「飛出」と「高幣」は、寛延三年の狭野の神舞の番付が初出であり、延宝七年の「神舞書」に確認することのできる「金山」、

「宇治」からは七〇年ほど遅れて記載がある。また、「飛出」、「金山」、「宇治（志目）」、「高幣」の四つの演目で唱えられている神歌は、他の地域で「金山」、「宇治」が唱えている神歌と類似している。記録からみると、これらの神歌は「金山」と「宇治」の二つの演目で唱えられている形が古く、それが高原の神舞では「飛出」、「金山」、「宇治（志目）」、「高幣」の四つの演目で唱えられる形へと分割されていることが指摘できる。

このような分割が生じた理由として、「金山」、「宇治」の二演目がもっていた、矢を抜き、幣を抜くことで地鎮を行なうという意味合いが伝承の過程でしだいに薄れていったからではないか、そして、単に「幣貫」・「四ツの事」の前段に位置する演目であるとして認識されるようになり、その結果二演目ではなく四演目として構成されるようになったのではないか、と推察される。これは、狭野の「飛出」は神前から飛び出してくる所作を行ない、祓川の「高幣」は女性が用を足す所作を行なうなど、「金山」「宇治（志目）」の分割に留まらないような、特徴づけられた滑稽な演出・所作の工夫が確認できることからも指摘できる。

「四人鬼人」の変化　次に、高原の神舞の「幣貫」（祓川）・「四ツの事」（狭野）と関連する、鹿児島県下の諸事例における「四人鬼神」について確認してみることとする。先述の「神舞書」には、「四人鬼神舞」の詞章として次のような文章が載る。

山の葉に雲の衣をぬきかけて　ひとりや月のしゆみ登るかな
○東方降三世夜叉明王ハ獅子フンジン之利劔ノヌグ
○南方軍荼利夜叉明王ハ身ニハニンニク波羅蜜ノヨロイヲチヤクス
○西方大威得夜叉明王ハ善波羅蜜ノ弓ヲ引
○北方金剛夜叉明王ハ三代即壽ノ利劔ヲサ、グル(14)

この詞章では、東西南北を守護する明王の名と、その持ち物が唱えられている。しかし、成立年代が新しくなるごとに、「四人鬼神」の詞章から明王の名が消えていくことが指摘できる。たとえば、鹿児島県伊佐市菱刈の湯之尾神社が所蔵する、寛延四年の「湯之尾神舞論議集」を確認してみると、「東方の句々廼馳命ハ如何」[15]という詞章を「金山」が唱え、「氏」が答えるといった形式で演目が展開している。このように、明王に代わる存在として、東方の句々廼馳命のような日本書紀に登場する木の神の名がみられるようになる。ただし、「湯之尾神舞論議集」では「氏」が「金山」の問いかけに対して、「三々ブンジノツルギヲニギル」[16]と答えている通り、その持ち物は明王の持ち物と変わることがなかった。

ではなぜ、このような変化が「四人鬼神」の詞章に生じているのだろうか。

この変化の要因としては、吉田神道による詞章の改変が行なわれた可能性があることが指摘できる。吉田兼倶によって著された『唯一神道妙法要集』[17]の中では、「地亦有五大神。木火土金水之太祖神也」として陰陽五行の配置の中に木の神の句々廼馳命、金の神の金山彦命のような、日本書紀の神々が記載されており、それらの神々が五行の神として位置づけられているのである。つまり、明王であったものが、吉田神道の導入によって書紀神話の神へと改変されながらも、その持ち物までには改変が及ばなかったと考えられるのである。

高原の神舞では、祓川地区の「幣貫」の中には詞章はないが、狭野地区の「四ツの事」には詞章がある。以下にその全文をあげる。

東方の御三社明王は七ふしんのけんをぬく
△南方のくんだるやしや明王は　身にはにんにく　はらみつのよろひをきる
△西方ノ大威徳明王ハ　善バラミツノ弓ヲ引

△北方の金剛やしや明王わ　天帝しやう軍の御幣をさゝく(18)

このように、前述の延宝七年成立の蓬原熊野神社に伝わる「神舞書」にみられる内容とほとんど相違のない詞章が、狭野の神舞においては伝承されてきたことが確認できる。

「地割」から「幣貫」・「四ツの事」へ　以上のことをふまえて、「地割」の位置づけについて整理してみると、以下の点が指摘できる。

(1)「金山」と「宇治」の組み合わせという二神による演目の方が成立が古く、これらは「地割」の中で舞われる、地鎮のための演目であったと考えられる。

(2)高原の神舞が伝承している四神の演目はむしろ新しく成立したものであり、現在は「幣貫」(祓川)・「四ツの事」(狭野)の前段で四神を登場させるという形にしているが、それは古くは「金山」と「宇治」の二つの演目であったものを、「飛出」、「金山」、「宇治（志目）」、「高幣」という四つの演目へと分割したものと考えられる。

(3)四神を登場させる高原の神舞の演目構成自体は新しいものであるが、狭野の神舞が伝えている「四ツの事」の詞章は、鹿児島県下の神舞に伝えられる「四人鬼神」の詞章と共通していて古い形式を保っている。

おわりに

高原の祓川地区および狭野地区で伝承されている神舞について、本章で導き出された内容をまとめると、以下の四つを新しい論点として明示することができる。

1　担い手とその変遷

(1)高原の神舞の伝承には、地区内の住民が神徒と仏徒とに区別されていることが明らかになった。神舞は神徒によって伝承されてきたが、仏徒による神舞への対応に関して両地区では相違がみられた。
(2)祓川地区では、集落内の神徒によって神舞の伝承が行なわれてきており、現在も神徒の当番による役職が神舞の運営にあたって重要な決定権をもっている。高度経済成長期（一九五五〜七三）に伝承の危機が生じたあとも、少数化しながらも神徒だけで結束して神舞を執行しつづけている。神舞の伝承に際しては、体系立てて伝承を保持しようとする傾向性が指摘できる。
(3)狭野地区では、古くは有力な社家によって神舞の伝承が行なわれてきた可能性がある。大正十三年（一九二四）の段階で神楽宿から公民館へと舞庭が移っており、昭和九年（一九三四）には青年団などの希望者を構成員に加えるなど、比較的早い段階で伝承組織に変化が起こっていた。担い手の減少という変化の度合いが狭野地区では激しく、高度経済成長期を経たあとは神徒から地区住民へとさらに変化して、神舞の伝承に際しては、担い手の拡大と変更という柔軟な姿勢で伝承を継続しようとする傾向性がみとめられる。

2　伝承の保持性

(1)体系立てて伝承を保持しようとする傾向性のみとめられる祓川地区と、担い手の拡大と変更という柔軟な姿勢で伝承を継続しようとする傾向性のみとめられる狭野地区との相違は、現在の神舞の形態からも確認することができる。
(2)祓川地区では御講屋が公民館に場所を移していながらも、神楽宿が未だに神舞の執行の上で大きな意味合いをもっている。神舞の終わりを告げるのは御講屋における神舞の演目ではなく、神楽宿におけるカママツリである。番付に関しても、伝承されてきた演目を、番付次第の通りに執行しようとする意志が確認できる。

(3)狭野地区では、神楽宿はすでにその機能を失っており、神舞に関連する行事も現在はほとんど確認することができない。番付に関しても、舞い手の都合や観客への配慮で変動させており、番付次第の通りに執行することに重点を置いていない。

3 番付の変遷

(1)嘉永六年（一八五三）時点の番付から現在まで演目を保持しつづけている祓川地区に対して、狭野地区では寛延三年（一七五〇）時点の番付から現在までの間に、演目に大きな変化がみられる。

(2)その原因として、大正十三年の段階で神楽宿が失われ、神楽宿と関連した神事が失われたことと、伝承組織の変化の中で詞章が長い「龍蔵」、「柴荒神」といった演目や、綱を作る必要のある「縄開眼」、「縄入荒神」といった演目を奉納しなくなったことがある。

(3)記録からは、狭野地区がもつ担い手の拡大と変更という柔軟な姿勢で伝承を継続しようとする傾向性を、明治四十三年（一九一〇）の時点からうかがうことができる。

4 演目の変遷

(1)「地割」の位置づけについて整理してみると、「金山」と「宇治」の組み合わせという二神による演目の方が古く、これらは「地割」と関連づけられた、地鎮のための演目であったと考えられる。一方で高原の神舞が伝承している四神の演目は、現在は「幣貫」（祓川）・「四ツの事」（狭野）の前段で四神を登場させるという形にしているが、それは古くは「金山」と「宇治」の二つの演目であったものを、「飛出」、「金山」、「宇治（志目）」、「高幣」という独自の個性をもたせた四つの演目へと分割したものと考えられる。

(2)こうした四神を登場させる高原の神舞の演目構成自体は新しいものであるが、狭野の神舞が伝えている「四ツの事」の詞章は、鹿児島県下の神舞に伝えられる「四人鬼神」の詞章と共通していて古い形式を保っている。

註

（1）高原町役場ホームページ http://www.town.takaharu.lg.jp/modules/contents03/index.php?content_id56より、二〇一六年一二月二三日閲覧。
（2）高原町内には、浄土真宗本願寺派に属する遍照寺および光明寺の二寺がある。『高原町史』によれば、遍照寺は明治九年（一八七六）に高原町内に移動し、明治十九年に寺号の承認を受けている。光明寺は大正二年（一九一三）に法務所として創建され、寺号の承認を受けたのは昭和十九年（一九四四）のことである（高原町史編さん委員会『高原町史』一九八三年、六八〇～六八一頁）。祓川と狭野の両地区において、仏徒のほとんどが遍照寺の門徒となっているのは、遍照寺の創建が光明寺よりも早かったためであると推察される。また、祓川地区では報恩講の当番となった家をサトデラと呼ぶ。葬儀の際にはサトデラの家から人を呼んで、お経をあげてもらう。
（3）神舞は激しい運動を伴う舞が多く、七番もの舞を担当することは相当な負担であった。
（4）狭野神社所蔵記録より。昭和九年（一九三四）からの狭野神舞の執行記録であり、昭和十二～二十年の間は記録がない。年行事二名、主取七～八名と祓川地区よりも役職の人数が多かったことが確認できる。
（5）狭野神社所蔵記録より。ただし、従来の構成員については言及がない。
（6）祓川地区における番付は、嘉永六年（一八五三）の「神歌本」がもっとも古い。この「神歌本」をもとに神舞を伝承しているため、現在の番付の基礎になっているといえる。
（7）狭野地区では、寛延三年（一七五〇）の番付を書写したとされる幟が現存している。その次に古い資料として明治四十三年（一九一〇）の「神舞之歌本」があるが、現在の神舞はこの「神舞之歌本」の詞章をもとにしていると考えられる。
(8) 子供が演じる必要のある「踏劔」を、二十四時までに終わらせるよう演目を入れ替えるなど、舞い手や観客に配慮した変更が多い。
(9) 高原町教育委員会『高原町祓川・狭野の神舞（神事）―本文編―』（二〇〇〇年）五五頁。
(10) 前掲註(9)、六一頁。
(11) 狭野神社所蔵記録より。
(12) 本文には所崎平による翻刻である「資料・蓬原神舞文書」（『鹿児島民俗』第一一一号、鹿児島民俗学会、一九九七年）を用いた。
(13) 前掲註(12)、五四頁。
(14) 前掲註(12)、六一〜六二頁。
(15) 村田熙編「湯之尾神舞論議集」（『鹿児島民俗』第一〇七号、鹿児島民俗学会、一九九五年）八二〜八三頁。
(16) 前掲註(15)、八二〜八三頁。
(17) 「唯一神道妙法要集」（『日本思想大系　第一九巻　中世神道論』岩波書店）三二六頁。
(18) 前掲註(9)、五五〜五六頁。

参考文献

石塚尊俊　一九七九　『西日本諸神楽の研究』　慶友社
小野重朗　一九八六　「神楽の竜と綱引の竜」『隼人文化』第一七号　隼人文化研究会
鹿児島県教育委員会　一九九二　『鹿児島県の民俗芸能』　鹿児島県
高原町教育委員会　二〇〇〇　『高原町祓川・狭野の神舞（神事）―本文編―』　高原町教育委員会
西角井正慶　一九三四　『神楽研究』　壬生書院
本田安次　一九六六　『日本の民俗藝能一　神楽』　木耳社
牧山望・所崎平　一九七六　『繭牟田神舞』　祁答院町
宮崎県教育委員会　一九九四　『宮崎県の民俗芸能』　宮崎県

山口保明　二〇〇〇『宮崎の神楽～祈りの原質・その伝承と継承～』鉱脈社
渡辺伸夫　一九九一「鹿児島県入来神舞資料」『演劇研究』第一四号　早稲田大学坪内博士記念演劇博物館

〔付記〕本章は、拙稿「高原町「神舞」の伝承組織と演目構成」（『民俗芸能研究』第六三号、二〇一七年）に掲載された論文をもとに新たな論点を加えて加筆修正したものである。

関東地方の屋敷神

――ウジガミとイナリ――

岸澤美希

はじめに

本章は、関東地方の農村における屋敷神信仰を実地調査し、その結果を比較・考察したものである。屋敷神（屋敷地に祀られる神）は民俗学では早い段階から研究の対象とされながら、必ずしも適切とはいえない論及が重ねられてきたことにより、現在では混迷状態にあると筆者は認識している。[1]そこで民俗学の本道に立ち返り、フィールドワークと一定の調査項目の設定と現地調査にもとづく比較研究の視点からその実態を少しでも明らかにしようと試みた。

一　先行研究と研究動向

屋敷神を研究対象とした戦前の早い時期の論文として知られているのは、社会学者鈴木栄太郎の「屋敷神考」（鈴

木　一九三九〕であろう。鈴木はそこで、⑴村内の旧家だけに屋敷神が祀られており一般の家には祀られていない例がある、その一方で、村内のほとんどの家々が屋敷神を祀っている例がある、⑵屋敷神は家族の生活の守護神だと考えられている例がある、その一方で、家屋と屋敷の守護神だと考えられている例がある、この⑴と⑵の二つのかたちについて、いずれかが古いかたちでもう一つが変化したかたちなのか、それとも屋敷神ははじめからそのような二つのかたちを具えていたものであったのか、その点を考察していく必要がある、という重要な指摘をしていた。その後、戦後になって、民俗学で屋敷神のことに触れられたのは、柳田國男の氏神論の中でのことであった〔柳田　一九六九a・b〕。柳田は「氏神と氏子」と「山宮考」という論文で、氏神について、民俗伝承上の事実から帰納して、「村氏神」「屋敷氏神」「一門氏神」という三つに分類されるとし、現在では氏神といえば村で祀られる「村氏神」が一般的であるが、「ウジガミ」という名からして、「一門氏神」のかたちがもっとも古い氏神のかたちを伝えているであろう、と述べている。

そして、「屋敷氏神」については、「屋敷即ち農民の住宅地の一隅に、斎き祀られて居る祠で、（中略）斯ういふ屋敷付属の小さな祠だけを、氏神と謂っている地方は存外に広い」と述べ〔柳田　一九六九a〕、関東、東北、また九州の南半分など国の端々、中央から遠ざかった地方にこの例が多く伝えられているのは偶然ではなかろう、といい、「屋敷氏神」は「村氏神」の形態よりも古い氏神の形態であろうと述べている。つまり、「村氏神」がもっとも新しい形態であり、「屋敷氏神」がそれよりも古い形態である、がしかし、さらにそれよりも古いのは「一門氏神」の形態であろう、というのである。この柳田の氏神論は、「先祖―氏神―田の神―山の神―年神」という日本の神の連結論の中にあったものであり、氏神はもともと先祖神であったという点を基本とする論であった。ただし、その柳田の議論の中心はあくまでも氏神論であり、屋敷神論ではなかったという点に注意しておく必要がある。あくまでも氏神論の中の一部としての屋敷神への注目であり、屋敷神をウジガミと呼ぶ事例の存在に対して、柳田自身の氏神論の論拠を定位させることができるであろうという観点からの論究であった。

それに対して、民俗学の分野で屋敷神を正面から論じたのが、直江廣治『屋敷神の研究』〔直江　一九六六〕であった。この直江の屋敷神論はその後の民俗学の屋敷神研究に大きな影響を及ぼすものとなってしまうのであるが、再確認されるべき大きな疑問を含むものであった。少なくとも二つの疑問点がある。その第一は、屋敷神といいながら屋敷地以外の小祠や森神の類までを屋敷神という枠にはめて論じた点である。直江は「狭義の屋敷神」と「広義の屋敷神」という設定を提示しているのであるが、それは肝心の屋敷神とは何か、その概念規定がなされないままの設定提案であり、伝承事実にもとづく提案ではなかった。研究対象の設定とは、通常はまず、その対象を具体的に提示してから取り組むのが基本である。この屋敷神の場合には、すでに柳田が「屋敷即ち農民の住宅地の一隅に斎き祀られて居る祠」「斯ういふ屋敷付属の小さな祠だけ」をウジガミと呼んでいるような事例が各地に伝えられていることに注目したように、屋敷神とは「家々の屋敷及び屋敷付属地に祀られている神」と直江もまずは定義しておく必要があったはずである。

しかし、直江ははじめから「屋敷すなわち宅地内の一隅や、これに接続した小区画に小祠を構えて祀られている神を〝狭義の屋敷神〟、屋敷からやや離れた持地の山林とか、田畑など家の生産場の傍に祀られているものを〝広義の屋敷神〟というように規定する」としたのであった。それは、直江が研究目的を「屋敷神の原初的な信仰の一つとして、屋敷神の祖霊的性格を追究すること」と定めたからであった。屋敷神とは何か、具体的な伝承事実とは何か、という基本的な問題設定と具体的な調査に取り組む前に、直江は先に屋敷神は祖霊的な性格をもつはずであるとし、それに合わせて「広義の屋敷神」という概念を設定したのである。それはまさに本末転倒であった。そうして提示されたのが、「一門屋敷神」「本家屋敷神」「各戸屋敷神」という三つの分類案であったが、それは結局屋敷神研究の肝心な問題点を集約し、解明していくものとはならなかった。

次に、直江の論文の疑問点の第二は、根拠となる事例ごとの具体的な情報が、明確な調査項目に沿って提示されないままに論が展開されていることである。事実関係が不明瞭なままに叙述が進められており、論理的にまた批判的に読解することが困難な論述となっている。具体的な伝承事実が、明確な調査項目に沿って提示され、比較検証される必要があったのであるが、それが十分ではなかったのである。

その後の屋敷神についての調査研究としては、佐藤紀子が埼玉県と群馬県の四地域での調査・比較を行なったものがある〔佐藤　一九七九〕。それによれば、埼玉県川口市安行ではイナリを祀る、埼玉県妻沼町ではウジガミの呼称でイナリを祀る、埼玉県荒川村ではウジガミを祀る、群馬県吉井町ではヤシキガミサマを祀る、という傾向があるとし、東京から距離が離れるほど、稲荷信仰が薄れることを指摘している。また、牧野真一は埼玉県の東西地域の調査・比較を行なった。その結果は、西部の児玉郡上川村元阿保では、呼称はウヂガミで、形状は藁製のカリヤ、祭日は十二月十五日、供物は赤飯・尾頭付き・けんちん汁・こんにゃくであり、東部の大宮市大和町では、呼称はイナリ（祭神の名前で七割がイナリを祀る）、祭日は二月初午であった。両地域の差異は生業と地形によって生じているのではないかと指摘している〔牧野　一九八二〕。その後、佐々木勝は信州のイワイジンや若狭のニソの杜を調査し〔佐々木　一九八三〕、森隆男は大分県杵築市においてイナリを調査しているが〔森　一九九六〕、概してこれまでの研究では、柳田の影響を受けた直江廣治の論著からの影響が強く、一つには、屋敷神を先祖を祀るものと位置づけようとする傾向、そしてもう一つには、屋敷神を同族で祀る小祠と連動させて把握しようとする傾向が続いている。つまり、具体的な伝承事実の調査の現場に立ちながらも、事実から解読していくというよりも、先祖祭祀や同族神祭祀へと連結させて解釈したいという先入観から解き放たれていないという現状がある。そうして、直江の論述の時点で生じていた問題点が自覚されず解決もされないままに、民俗学の屋敷神研究はいわば閉塞的な状況に陥っているのではないかと懸念されるのである。混迷の中では原点に帰ることが大切である。

以上のような状況に対して、筆者は二つの分析視点を設けることとした。一つは、先入観を払拭して、具体的な事実を重視し、それに基づく分類と分析をすること、もう一つは、過去の研究者の調査情報を重視しつつも、改めて自分自身の実地調査による情報を重視すること、である。そして、屋敷神の概念規定については、「屋敷神とは屋敷地及び屋敷付属の土地で祀られる神」と単純に規定しておくこととして、以下の叙述を進めることにしたい。

二　調査項目と調査対象地区

これまでのように調査項目の不明瞭な情報を収集するのではなく、一定の調査項目の下に調査し、資料情報を収集した。まだ数量的には一部にすぎないが、その情報資料を比較することによって、屋敷神信仰の実態を把握することに努めた。具体的な調査項目としては、①呼称、②祭神、③位置、④形状、⑤祭日、⑥供物、⑦本家分家関係（イッケ）、⑧由来・いわれ、の八項目を設定した。また、これまでの研究では、屋敷神を先祖祭祀と連結させて考えようとしながらも、本家分家関係の中での屋敷神信仰の実態の観察・叙述がほとんどなされてこなかった。そこで筆者は、本家と分家とでどのように祀られているか、その共通点と相違点についても注意して調査を行なった。調査地は関東地方の四つの地域、①埼玉県東松山市上野本、②東京都東久留米市小山、③埼玉県和光市上新倉上ノ郷、④栃木県真岡市中間木堀、である。家並配置図、調査表、本家分家関係図を、いずれの調査地でも作成したが、紙幅の関係上で全ての掲載は不可能である。そのため、その一部を資料として提示しておくことにする。

〔事例1〕埼玉県東松山市上野本(2)

（1）調査地概要

東松山市は、埼玉県の中央部に位置する。もともと稲作と畑作とを主な生業としていたが、明治期には養蚕と梨作りも行なわれるようになった。しかし、高度経済成長期（一九五五〜七三）にさしかかると、農家の戸数は昭和三十五年（一九六〇）から五十五年（一九八〇）の二〇年間で四分の一まで激減し、現在では、第三次産業に従事する割合が増加しつつある。この上野本には、東から向山、上野本一、上野本二、金谷新田、北金谷と、五つの地区が存在する。鎮守は二社で、向山・上野本一・上野本二を氏子とする八幡神社と、金谷新田・北金谷を氏子とする氷川神社である。また、市内には「ヤキュウサマ」と呼ばれて市民に親しまれる箭弓稲荷神社（伝承によると和銅五年〈七一二〉創建）があり、初詣には約三〇万人の参詣者を集める。調査地での信仰も篤い。

（2）調査結果

調査は、本家二三戸、分家四三戸、あわせて六六戸の在来戸を対象に行なった。調査結果の一部を図1（家ごとの整理番号1〜42）・表1（家ごとの整理番号8〜30）・図2（家ごとの整理番号5〜32）として提示する。なお数字は、作成した元の表の家ごとの整理番号である。さらに、表、図以外で指摘できることが三点ある。まず第一に、宗教者が関与した事例がある（1・9・33・36）。1と33は吉見の日蓮宗関係の行者が、9と36は嵐山の大行院が関与したそうだ。9は社の位置を変えるように、36は豊受稲荷を祀りこむようにといわれたという。第二に、調査地のほとんどの

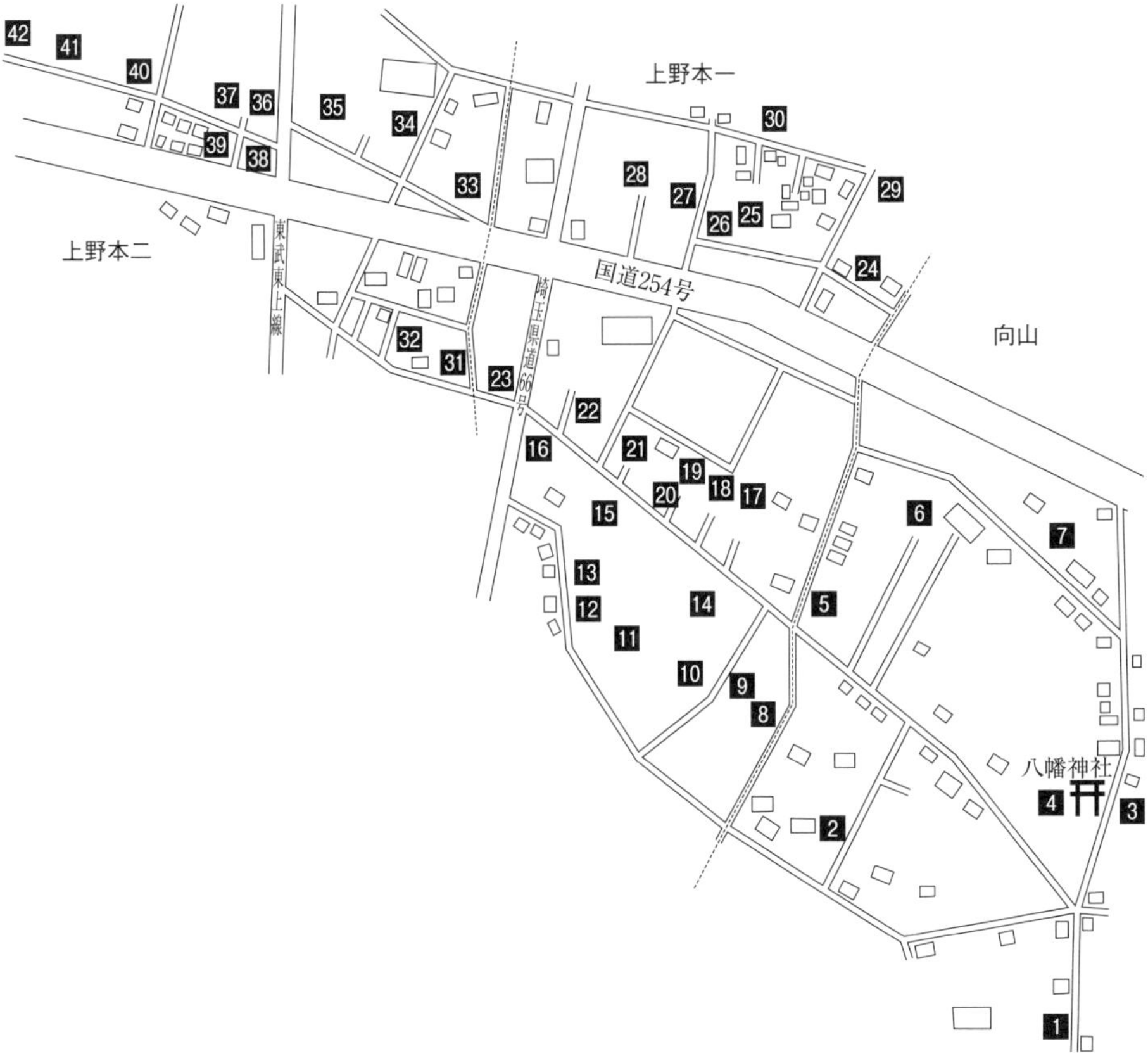

図１　上野本の家並配置図（東半分）

⑥供物	⑦本家分家関係	⑧由来・いわれ
幣束	9の本家	
里芋・大根・人参・牛蒡・餅を賽の目に切って煮たもの(＝オタキアゲ)，昔は朝晩，現在は朝のみ		
餅，雑煮の餅を入れる前のもの	8の分家	
水		
餅	13の分家	家を守る神。お祝い事があると家のウジガミサマに参ってから村のチンジュサマ(八幡神社)に参る。家が繁栄していること，絶えないことが御利益。
餅，朝に雑煮の中身のようなもの(里芋・人参・大根などを煮たもの)，昼にごはん	12・23の本家	家の神
ミソカソバ	11の分家	昔は赤ちゃんができるとウジガミサマにお宮参りに連れていった。
餅，雑煮を作る前の芋・人参・大根などを煮て塩と味噌で味付けしたもの(＝オタキアゲ)		
	10・15・29の本家	以前は，赤ちゃんの夜泣きが治るといい，周りの家の人も「治してくれたら油揚げあげますから」といって拝んだ。
餅	27の本家	家を守る神。子供が生まれたらウジガミサマに一番に参った。
人参・牛蒡・大根などを煮て雑煮の実のようにしたもの(現在では雑煮の実)		
雑煮	13の分家	
	18の分家	
	18の分家	
雑煮の野菜だけ	本家	昔はお願いがあるときに赤飯，サナブリに苗や榊や馬鍬，イノコにぼた餅も供えた。
シミズカリ		
	20・28の本家	
	19の分家	

表1　上野本の屋敷神信仰

No.	氏名	①呼　称	②祭　神	③位　　　置	④装　　置	⑤祭　　　日
8	T.S	ウジガミサマ		後方，北，南向き	木造，社2つ（どちらもウジガミサマ）	12月30日 正月3が日
9	Y.S	イナリサマ		後方，西北，南東向き（以前は前方，南西向き）	木造	正月
		以前同じ土地にあった家の神様				毎日
10	T.S	ウジガミサマ		後方，西北，南向き	石が二つ	正月
11	T.K	ウジガミ		後方，西北，南東向き	木造	正月3が日
12	T.K	ウジガミサマ	箙弓稲荷の神様	横，西北，南向き	木造	12月31日 正月
13	K.S	オトウカサマ（11のT.Kさんの話による）		後方，西北，南向き	石造	
14	S.K	ウジガミサマ		後方，西北，東向き	石造	12月30日 正月3が日
15	K.K	イナリサマ		前方，西，東向き	木造	正月3が日
16	K.O	なし				
17	T.O	なし				
18	I.O	ウジガミサマ	ヤキュウサマのイナリサマ	後方，北，南向き	木造	正月 初午（十数年前まで）
19	O	（ウジガミサマ）祖父の代でなくした				
20	M.O	なし				

⑥供　　　物	⑦本家分家関係	⑧由　来　・　い　わ　れ
餅，朝に雑煮(＝オタキアゲ)，夜にうどん	30・31・32の本家	
重ね餅	24の本家	家を守る神
赤飯など		
雑煮，正月に食べている物などを朝・昼・晩	11の分家	家の神
牛蒡・人参・大根・餅を煮たもの	22の分家	
赤飯	Wの分家	孫の祝いごとにも赤飯などを備える。
餅	41の分家	子供が家にいたころはお祝いのさいに，一番に家のウジガミサマにお参りした。
藁苞に入れたシミツカリ，稲荷ずし	14の分家	
朝食べるもの(オタキアゲ)	19の分家	
	13の分家	ウチを守るウチだけの神様
	21の分家	

家が、鎮守の八幡神社・箭弓神社・子育浅間神社の神主である前原氏から年末に幣束（カマシメ）・注連縄をもらっている。年末の三十日に飾る家が多く（4・14・32・41・43）、「一夜飾りは良くない」という。また、家長がその幣束で家人の頭上を祓うミソカッパライをする家もある（30・32）。第三に、母屋の床は屋敷神の社より高くしてはいけないという家もみられた（36・41・60）。

そして、表1と図2の資料情報をもとに、指摘できる点は以下のとおりである。

①呼称　ウジガミが多数で四九例、イナリ（稲荷）が少数で八例。

②祭神　イナリ（稲荷）が多く一五例みられる。ハチマン（八幡）も四例ある。ウジガミと呼んでいる場合でも、イナリ（稲荷）を祀っている例がある。

③位置　家屋敷の後方の西北隅。

④形状　木製の小祠（図3参照）。

⑤祭日　ウジガミの場合は年の暮れから正月、イナリ（稲荷）の場合もウジガミに準じており、二月初午

No.	氏名	①呼　称	②祭　神	③位　　置	④装　　置	⑤祭　　日
21	T.T	ウジガミサマ		後方，西北，南向き	木造	正月３が日
22	H.N	ウジガミサマ		後方，西北，南向き	木造	正月 良いことがあったとき
23	T.K	ウジガミサマ		後方，西北，南向き	木造	正月３が日
24	H.N	ウジガミ		後方，西北，南向き	木造	正月
25	T.W	ウジガミサマ		後方，西北，南向き	木造	正月
26	H.I	ウジガミ	オイナリサン	後方，西北，南向き	木造	正月
27	T.K	オイナリサマ		後方，西北，南向き	木造	３月初午(以前)
28	Y.O	イナリ		前方，西，東向き	木造	元旦から七日まで(以前)
29	S.S	ウジガミサマ	イナリサマ(オトンキョサマ)	後方，西北，東向き(もと南向き)		正月
30	M.T	ハチマンサマ		前方，西，東向き	木造，赤い鳥居	正月３が日

ではない。

⑥供物　餅・雑煮（オタキアゲの呼称がある）。

⑦本家分家関係（イッケ）　本家では必ず祀っている。分家するさいにも屋敷神を伴う例が多い。イッケごとにみた場合の特徴は、本家ではウジガミを祀り、分家ではイナリ（稲荷）などを祀るという例が比較的多い。

⑧由来・いわれ　家の神様、家を守る神様。

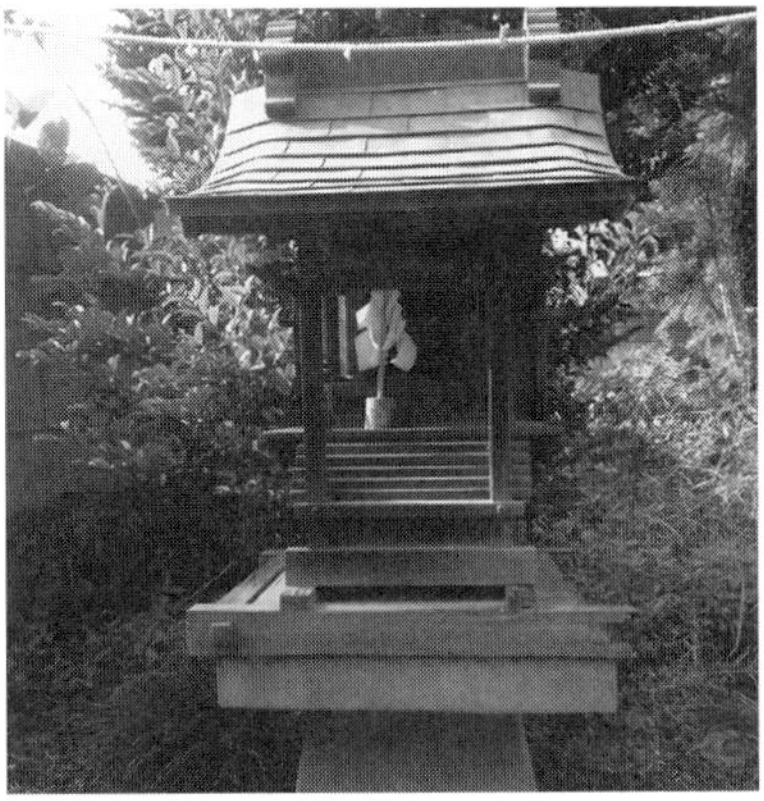

図３　上野本，木製のウジガミ（2015年）

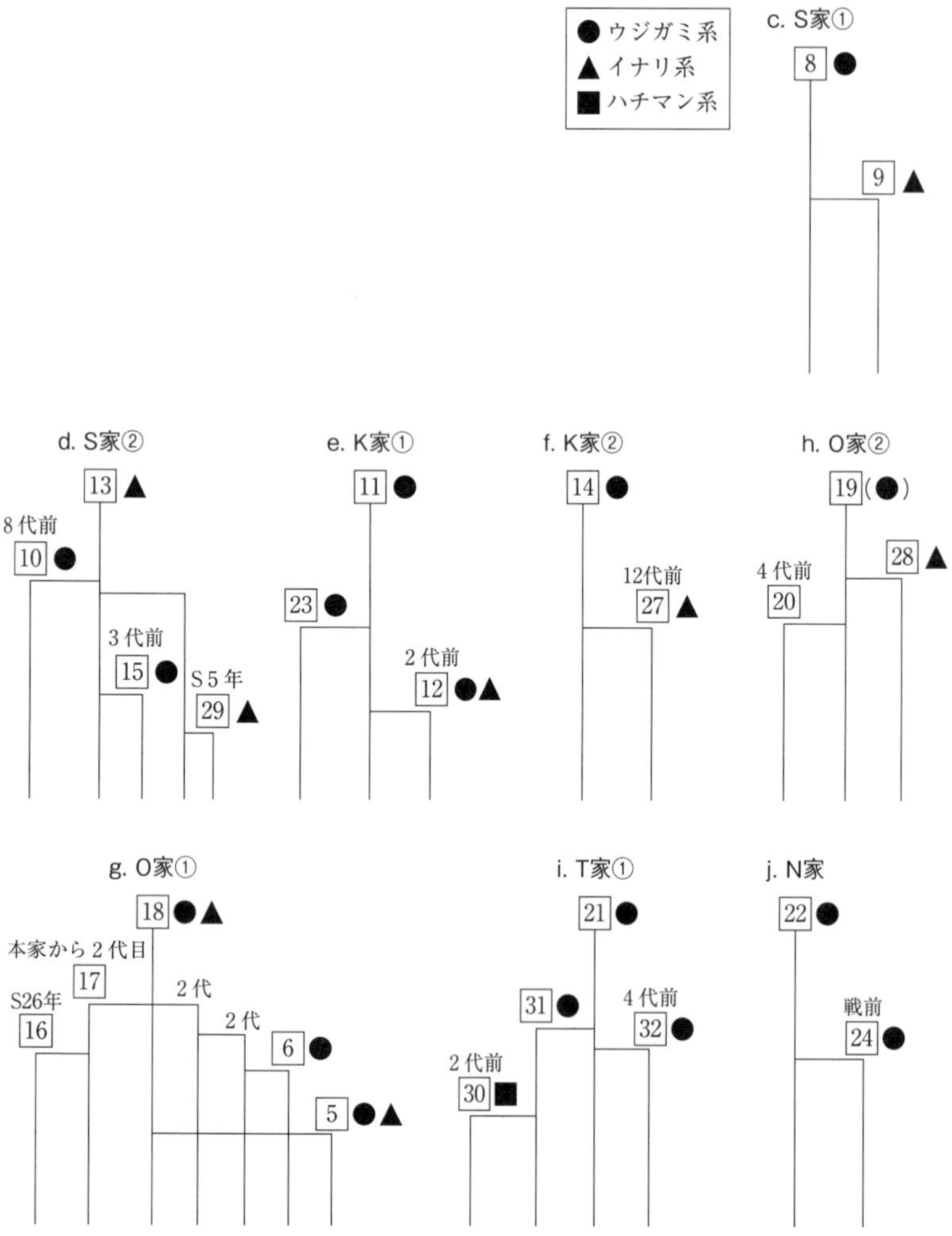

図2　上野本の本家分家関係（□内の数字は元の表の整理番号，○代前という表記は分家した時期を示す）

〔事例2〕東京都東久留米市小山

（1）調査地概要

東久留米市は、東京都の北部、埼玉県との県境に位置する。もともとは粟・稗・ソバ・小麦・甘藷作りを主な生業としていた。明治末期ごろからは桑栽培、昭和初期には都市向けの野菜も生産されたが、戦後は東京近郊という土地柄、農地は住宅地に転用された。昭和三十年代には団地が建設され、都市化により農業はいっそう後退した。市内は住宅地の割合が高いため、商業・工業の規模は比較的小さく、現在は都心へのベッドタウンとしての性格が強い。したがって現在の住民の多くは会社勤めをしている。調査地の鎮守（村社）は、子ノ神社である。

図4　小山，竹藁製のイナリ（1977年頃）

（2）調査結果

過去の調査（『東久留米市史』一九七九）では、当時は計七六戸の集落で、三三戸で屋敷神が祀られていた。しかし、現在では前述のとおり市街地化と都市住民化が進み、調査がひじょうに困難になっており、今回は話を聞くことができた六戸のみの調査となった。前回と今回の調査結果をあわせてそこから指摘できる点は以下のとおりである。この調査でも上野本同様に家並配置図と調査結果表を作成しているが、紙幅の関係で割愛させていただく。

①呼称　イナリ。

図5　小山，竹藁製のイナリ（2015年）

②祭神　イナリ（稲荷）。
③位置　家屋敷の後方で東北隅。
④形状　木製の小祠　以前は藁と竹で毎年葺き替えた（以前の形状は図4、現在の形状は図5参照）。
⑤祭日　二月初午。
⑥供物　赤飯・油揚げ・魚など。
⑦本家分家関係（イッケ）　本家や古い分家で祀られている例が多い。新しい分家では祀られていない。
⑧由来・いわれ　イナリサマ（稲荷様）は農業の神で、その祭りは豊作祈願の祭り。イナリサマ（稲荷様）は祀り方が粗末になると祟りが激しいので、前回の調査時（一九七〇年代）に祀っていなかった場合、新たに祀り込むことはしない。イナリサマ（稲荷様）が土地についてしまうのを恐れるから、などと語られていた。

〔事例3〕埼玉県和光市上新倉上ノ郷

（1）調査地概要

和光市は、埼玉県の南端、東京都との県境に位置する。かつては畑作を主とする農村であったが、昭和十八年ごろには軍需工場が進出し、軍需の町へと変貌した。戦後は農地の工場用地への転用が進み、それに伴って農家は激減した。そして、高度経済成長期には、重工業の町として発展を遂げることとなる。昭和二十年代からはサラリーマン層も増大し、ベッドタウン化も進んでいる。調査地の鎮守は、上新倉氷川八幡神社である。この調査でも家並配置図と調査結果表を作成しているが、紙幅の関係で割愛させていただく。

（2）調査結果

上新倉では昭和五十五年ごろに調査が行なわれており、『上新倉の民俗』（一九八〇）に掲載された当時の調査情報からわかることは以下のとおりである。

①呼称　イナリ。

②祭神　イナリ（稲荷）。

③位置　家屋敷の後方。

⑤祭日　二月初午あるいは月遅れの三月初午。

⑥供物　前日の宵宮に灯明・蛤・油揚げ・甘酒・お神酒をあげ、翌朝（当日）に色紙の旗を立て赤飯・油揚げなどをあげる。隣近所とも互いにお供えを持ってお参りをしあっていたという。

⑦本家分家関係（イッケ）　本分家関係は不明だが、在来戸三一戸中一七戸と約半数が祀っている。

現在では集落内を新たにバイパス道路が貫通し（一九九二年）、転居した家が数軒ある。市街地化が進んだため、調査困難な状態であったが、今回は一六戸に話を伺うことができた。指摘できる点は以下のとおりである。

①呼称　イナリ。

②祭神　イナリ（稲荷）。

③位置　家屋敷の後方、東北隅。

④形状　木製の小祠。
⑤祭日　二月初午、正月も少数あり。
⑥供物　初午の家では赤飯・油揚げ、正月の家では餅・雑煮。現在では相互にお参りをしあう家はみられなかった。
⑦本家分家関係（イッケ）　本家では必ず祀っている。
⑧由来・いわれ　農耕神。

〔事例4〕栃木県真岡市間木堀(3)

（1）調査地概要

真岡市は、栃木県の南西部に位置する。昭和三十年代から市内の工業団地の造成が進められているが、先の三つの地域よりも離農は進んでおらず、現在でも稲作や、野菜や果樹などの商品作物作りに従事する家が残っている。間木堀は三町会に分かれており、それぞれがまた二班に分かれている。一・二町会は新たに家を増やしてはいけない地域だが、三町会には一〇年ほど前から建売や移り住む人が増え、今では六班までできている。約三〇年前は四四戸だった間木堀も、現在は一二〇戸ほどあるという。中村八幡宮が鎮守とされているが、住民はその境内で合祀されている八坂神社が間木堀の神様だといい、現在でも七月十七日に祭りを行なう。

（2）調査結果

在来戸の多い一・二町会を主に調査し、本家九戸・分家二二戸・他所から転居してきた家四戸、あわせて三五戸に話を伺うことができた。ここでも、紙幅の関係上、調査結果の一部を図6（家ごとの整理番号1～33）・表2（家ごと

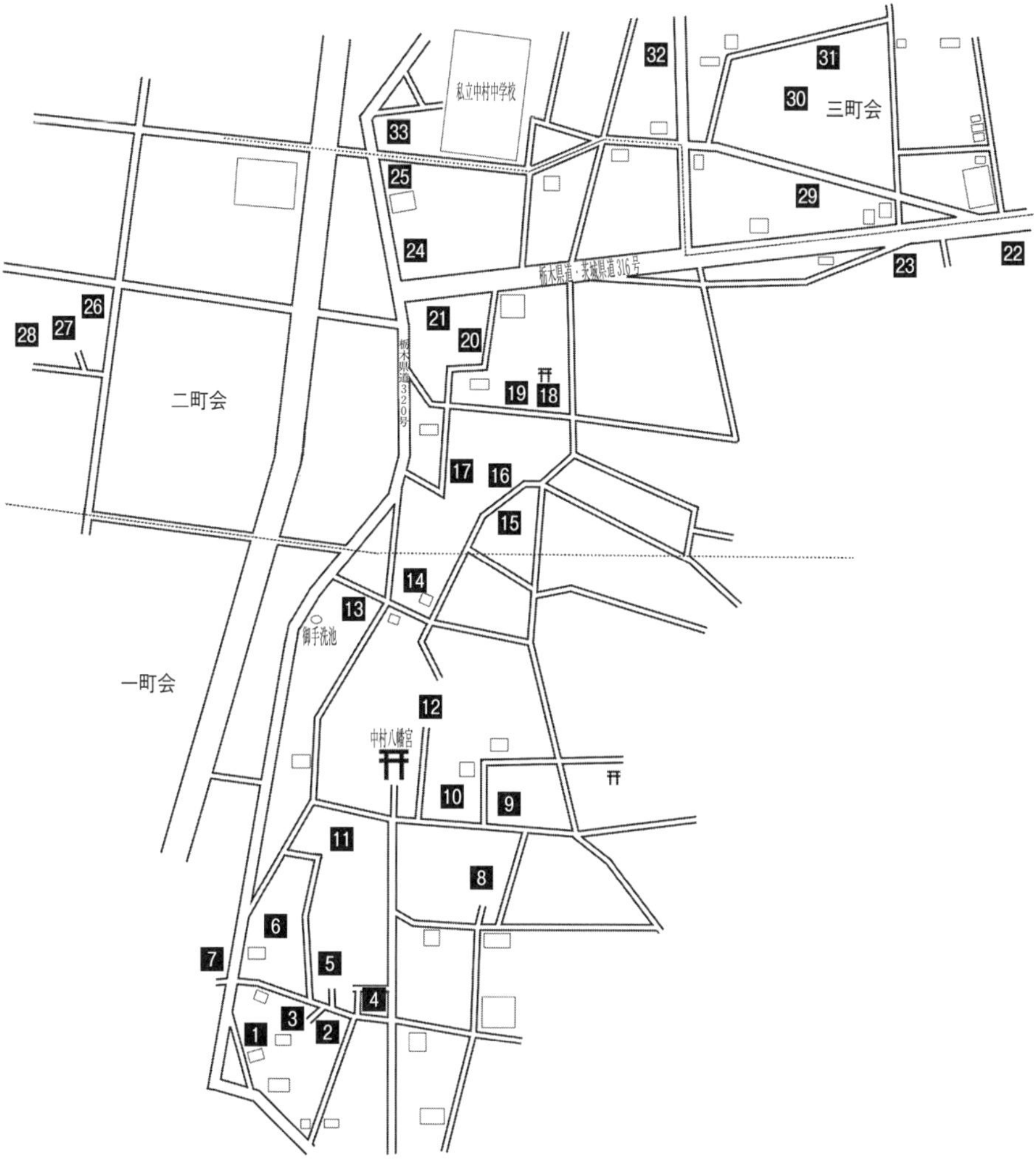

図6　間木堀の家並配置図

⑥供物	⑦本家分家関係	⑧由来・いわれ
赤飯，ケンチン	7の分家	
餅		
赤飯		
	10の分家	
赤飯，ケンチン	分家(本家は三ツ谷のY氏)	
餅		
赤飯		
かわりもの		
	分家	
餅，お神酒，幣束	10の分家(本家は上野)	守り神
赤飯，米，酒，家でとれた果物	本家	
餅	1の本家	
豆，鰯の頭(柊の枝に刺したもの)		
注連縄，赤飯，具沢山のけんちん汁，栗など	12の本家	
赤飯，けんちん汁，油揚げ		
	10の分家	
幣束，赤飯	2・5・9の本家	学問の神。受験が近づくと付近を掃除する。
赤飯		
餅	本家	
赤飯(藁のツトッコ)		
赤飯		
赤飯		
赤飯，酒，煮干，豆腐	宮(8の分家)	
シモツカレ		
	14の分家	

表２　間木堀の屋敷神信仰

No.	氏名	①呼　称	②祭　神	③位　　置	④装　　置	⑤祭　　日
1	K.T	ウジガミサマ		後方，西北，南向き	陶器製	スイクンチ(旧９／29)
						正月
						子が生まれたとき
2	Y.N	なし				
3	S.S	ウジガミサマ	中村八幡宮	後方，西北，南向き	陶器製	スイクンチ(旧９／29)
						正月
						子の入学や卒業などの節目
						かわりものを作ったとき
4	K	なし				
5	E.N	ウジガミサマ		後方，西北，南向き	石造	正月
6	T.N	ウジガミサマ		後方，東北，南向き	石造	スイクンチ(旧９／29)
7	Z.T	ウジガミサマ		後方，西北，東向き	石造(以前は２本の竹の上に藁を葺いたものが３つあった)	正月
						節分
8	T.N	ウジガミ	イナリ	後方，西北，南向き	木造	スイクンチ(旧９／29)
						初午
9	T.N	なし				
10	N	ウジガミサマ	テンジンサマ	後方，西北，南向き	石造，自然石	スイクンチ(旧９／29)
		イナリ，不明			石造　２つ	初天神
11	M.S	ウジガミ	中村八幡，イナリ	後方，西北，南向き	石造，鳥居	正月
						初午
						クンチマチ(11／29)
						ヤブサメ
12	N	ウジガミサマ(天として)		後方，西北，南向きと東向き	陶器製，石造	スイクンチ(旧９／29)
		(地として)		西(ミタラセと呼ばれる池のあたり)		節分
		(鬼門として)		北東(畑の向こう)		
		(裏鬼門として)		南西(八幡神社の駐車場)		
13	K.T	なし				

⑥供　　　　物	⑦本家分家関係	⑧由来・いわれ
赤飯	13の本家	
餅		
スミツカレ(藁のツトッコ)		

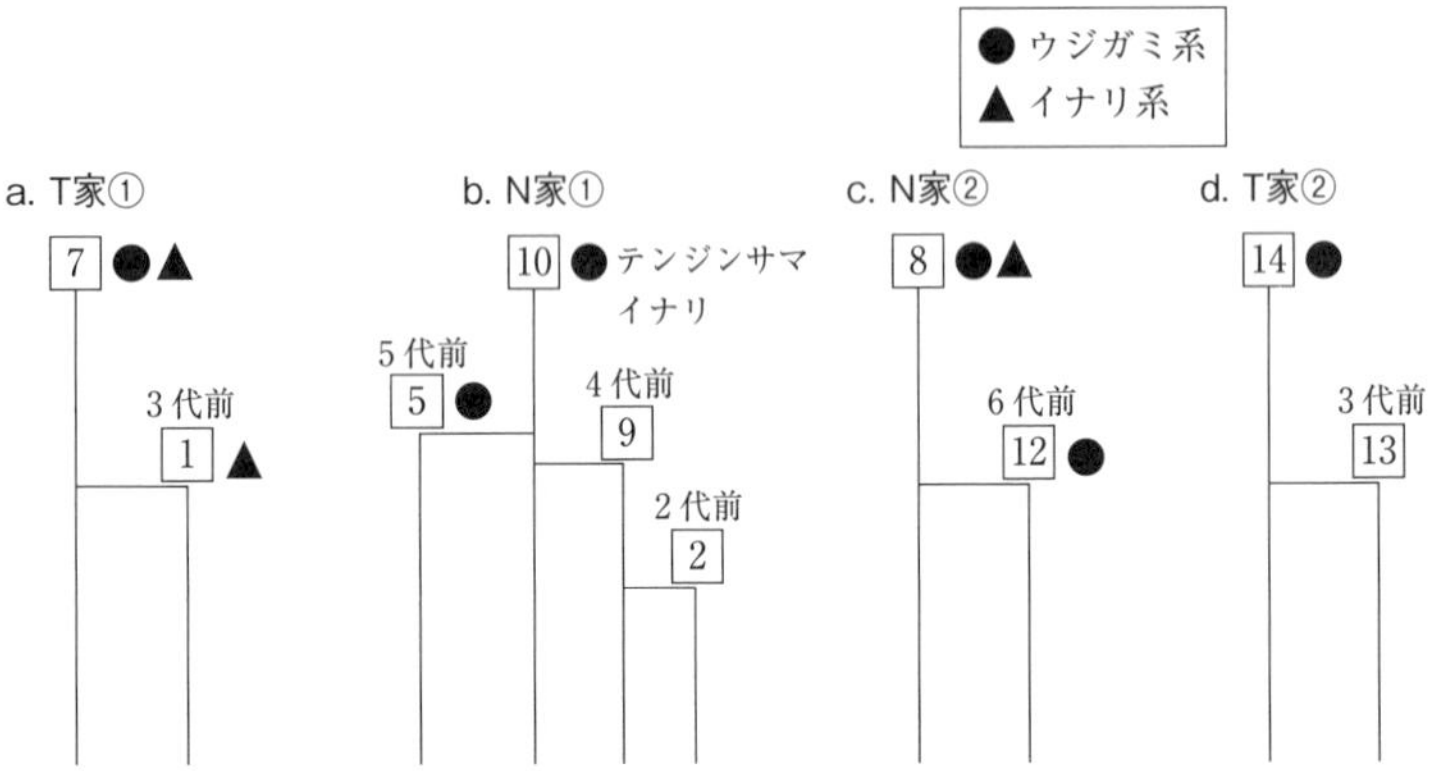

図7　間木堀の本家分家関係

図8　間木堀，石製のウジガミ（2016年）

の整理番号1〜14）・図7（家ごとの整理番号1〜14）として提示する。

そして、表2と図7の資料情報は次のようにまとめることができる。

①呼称　ウジガミ。祭神にイナリ（稲荷）やハチマン（八幡）を祀っているという場合でも、ウジガミという呼称は抜け落ちずに付随している。

②祭神　ウジガミ。イナリ（稲荷）は三戸、ハチマン

No.	氏名	①呼　称	②祭　神	③位　　置	④装　　置	⑤祭　　日
14	S.T	ウジガミサマ（2カ所）		後方，西北，南向き（裏の林の中）	石造	スイクンチ(旧9／29)
				後方，東北，南向き（畑の中）	石造	正月
						初午

（八幡）も三戸で少数。

③位置　家屋敷の後方、方位は西北隅。

④形状　木製の小祠（図8参照）、石製の小祠、以前は藁と竹で毎年作り替えていた。

⑤祭日　スイクンチ（末九日：旧暦九月二十九日）。農業の収穫祭の日なので、農耕神としての性格がうかがえる。

⑥供物　赤飯・けんちん汁。

⑦本家分家関係（イッケ）　本家では必ず祀り（九戸中九戸）、分家でも古い家では祀っている（二戸中六戸）。

⑧由来・いわれ　守り神、家の神様だといわれている。

三　調査結果の比較

四つの調査地の事例を比較すると、以下のような点が指摘できる。①呼称と②祭神については、埼玉県の上野本では、屋敷神はウジガミとイナリの呼称で、祭神もウジガミとイナリとされている。とくに本家など古い家ではウジガミで、分家ではイナリが祀られる傾向にある。それに対し、小山と上ノ郷では呼称・祭神ともにイナリとして祀られている。栃木県の間木堀ではウジガミと呼ばれて祀られており、祭神としてもイナリはごく少数である。③位置については、ウジガミとして祀る上野本と間木堀では家の後方西北隅が比較的多く、イナリとして祀る小山と上ノ郷では後方東北隅

表3　4地域の調査結果の比較

	東松山市上野本	東久留米市小山	和光市上ノ郷	真岡市中間木堀
①呼称	ウジガミ・イナリ	イナリ	イナリ	ウジガミ
②祭神	ウジガミ・稲荷	稲荷	稲荷	ウジガミ
③位置	後方西北隅	後方東北隅	後方東北隅	後方西北隅
④形状	木製	木製・竹藁製	木製	木製・石製・竹藁製
⑤祭日	年末正月	2月初午	2月初午・正月	スイクンチ(旧9月29日)
⑥供物	餅・雑煮	赤飯・油揚げ	赤飯・油揚げ／餅・雑煮	赤飯・けんちん汁
⑦本分家	本家は必ず	本家は必ず	本家は必ず	本家は必ず
⑧由来	家の守り神	農耕神	農耕神	家の守り神・農耕神

表4　ウジガミとイナリの2系統

呼称・祭神	位　置	祭　日	供　　物	由来(神格)
ウジガミ	後方西北隅	9月・正月	赤飯・けんちん汁	家の守り神
イナリ	後方東北隅	2月・正月	赤飯・油揚げ	農耕神

が比較的多い。④形状については、木製・石製・藁竹製で、藁の社は小山だけで現存していた。⑤祭日と⑥供物については、上野本では年末から正月にかけて、餅や雑煮を供える。小山と上ノ郷では二月初午に赤飯や油揚げを供える。間木堀ではスイクンチ（末九日）といって旧暦の九月二十九日に赤飯やけんちん汁を供え、家人も同じ物を食す。⑦本家分家関係（イッケ）については、どの調査地も本家では必ず祀っていた。⑧由来については、ウジガミとして祀る上野本と間木堀では「家の守り神」、イナリとして祀る小山と上ノ郷では「農耕神」であった。以上を表に整理すると、表3のとおりである。

こうして、今回の四事例の調査地の屋敷神には、ウジガミとイナリの二つの系統があることがわかる。そしてそれは、表4のようにまとめられ、要素ごとに対応していることがわかる。そして、このウジガミとイナリの二系統ではそれぞれ、呼称、祭神、位置、由来（神格）の四つが連動していることが指摘できる。位置の西北隅は、柳田國男が「風位考」〔柳田　一九六二〕で指摘した忌むべき方向であり、それに対してイナリの東北隅は、陰陽五行思想に関連する艮の鬼門の方角である。由来（神格）では家の守り神と農耕神という対応である。祭日と供物の二つも、ウジガミの九月、イナリの

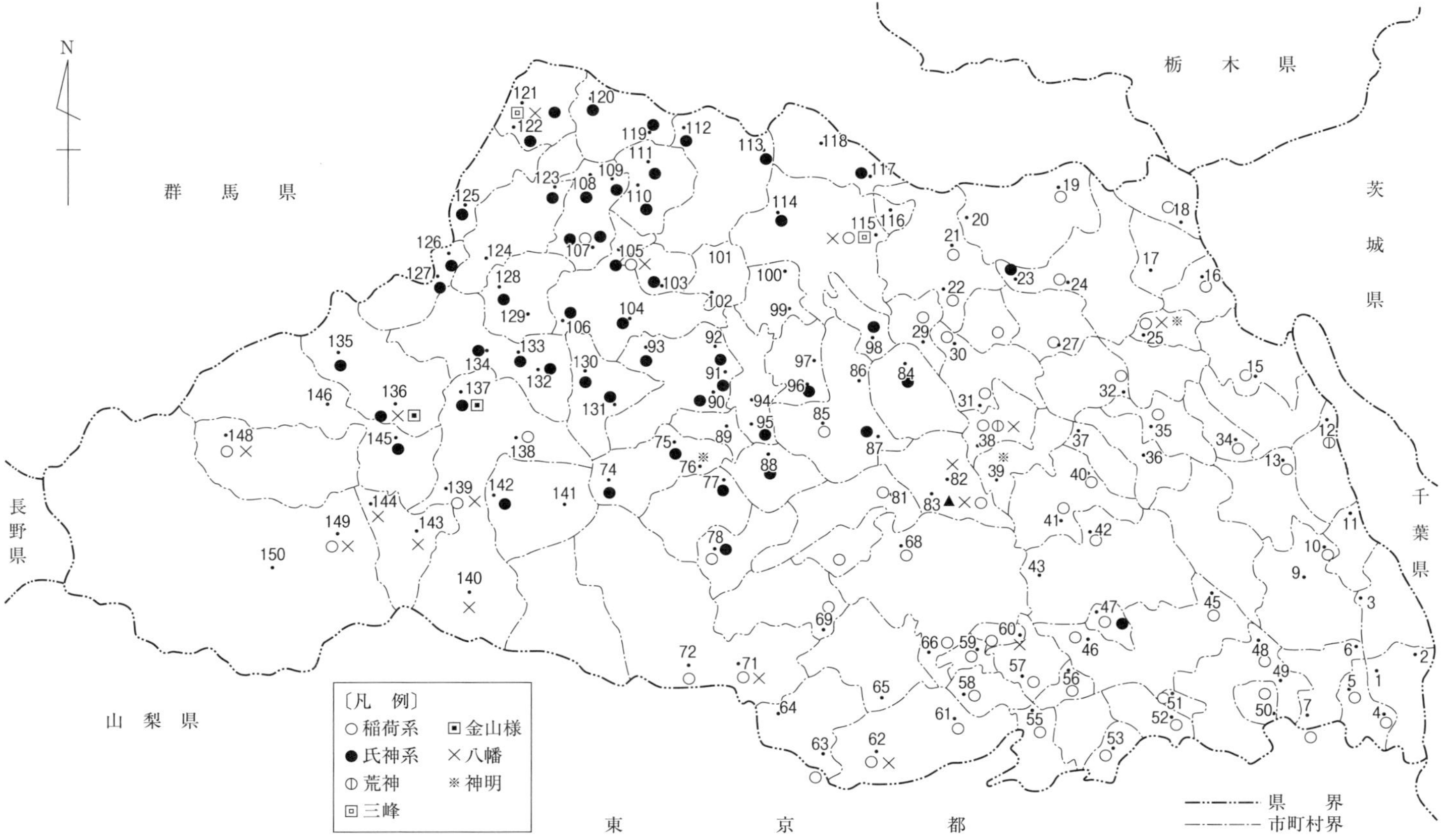

図9　埼玉県民俗地図より屋敷神の項（埼玉県民俗地図をもとに，筆者が再編集）

表5　稲荷信仰に関する記述(『武江年表』より)

No.	年	場所(現在相当)	内　　　容
1	慶長11年(1606)	文京区本郷	本郷昌清寺三河稲荷を駿河台より移す。
2	元和元年(1615)	千代田区神田駿河台	太田姫稲荷社を建立。
3	寛永2年(1625)	中央区南八丁堀	南八丁堀1丁目にあった古い稲荷社を，この辺りに町屋が建ち続いたために，摂社八幡宮のあったところへ移す。
4	承応2年(1653)	千代田区紀尾井町	承応元年の春，羽村から虎御門までの水道工事のさいに，玉川庄右衛門が赤坂御門外玉川稲荷社を勧請した。
5	万治元年(1658)	新宿区市谷	正月元日夜，市谷安養寺三世秀誉の夢に，白衣の老翁が現れ，和歌を詠じ白狐となって去ったため，稲荷社を建てる。それから霊験著しいと「江戸砂子」にある。
6		台東区千束	今戸村百姓九郎吉の息子の九郎助，田中の道にあった稲荷社を吉原へ移す。これを九郎助稲荷という。
7	寛文3年(1663)	台東区寿	6月15日，浅草に熊谷安左衛門稲荷社勧請。
8	元禄8年(1695)	千代田区神田	柳原柳森稲荷修営，境内構等成就。
9	元禄10年(1697)	千代田区九段坂	飯田町世継稲荷の地，松平近鎮君の藩中の鎮守だったが，災後この辺町屋となり，神主願にて翌年建立した。
10	元禄15年(1702)	新宿区西早稲田	某月4日，高田水稲荷霊告，榎の椌から霊泉を出す。眼疾を患う者が洗ったところ，験があった(水いなりの名はこのときより始まったか)。
11		文京区湯島	「兵家茶話」では，武江妻恋岡は，信田小太郎小山判官を殺したところだという。妻恋稲荷の摂社に小山判官の霊祠がある。
12	正徳元年(1711)	千代田区三崎町	三崎稲荷社にて今年から神道七夜待ということを行い始める(このこと「江府神社略記」に詳しくある)。
13	正徳年間記事	文京区白山	「武江被砂」によると，小石川御殿跡瘡守稲荷社は，宝永中和田倉御用屋敷に大前氏が住んでいたとき，京都吉田家の雑掌，摂州芥川の瘡守稲荷を大前氏の鎮守として勧請したもの。正徳中白山御殿へ替地を下されたとき，稲荷社も白山へ移したが，奇瑞のことがあって信仰する者が増える。その後三さき(ママ)へ引き移した。
14	享保年間記事	葛飾区東金町	葛西半田稲荷社，平井聖天宮の参詣者が多い。

15	延享元年(1744)	新宿区市谷	2月朔日より，市谷八幡宮地主茶木稲荷社開帳。
16	宝暦2年(1752)	墨田区向島	2月2日より，三囲稲荷明神開帳。
17	宝暦7年(1757)	港区白金台	真先稲荷社流行しだし，田楽茶屋が数軒できて繁盛する。
18	宝暦10年(1760)	北区岸町	王子稲荷社地にて，越後高田春日山(謙信守本尊)毘沙門天開帳。
19	宝暦11年(1761)	中央区？	霊厳島円覚寺橋本稲荷社稲荷薬師如来開帳。
20	宝暦年間記事	荒川区日暮里	日暮里笠森稲荷(三崎社の外)，新たに勧請する。
21		品川区北	杉森稲荷祭，宝暦9年まで隔年，産子の町より花出し練物神輿を渡したが，その後中絶した。
22	明和元年(1764)	江東区？	6月のころより，深川椀蔵大御番頭，大久保豊洲候下やしき稲荷社参詣者群集する。
23	明和5年(1768)	北区岸町	2月20日より，王子権現王子稲荷明神開帳。
24	明和8年(1771)	北区岸町	2月20日より，王子稲荷明神開帳。
25	安永元年(1772)	台東区竜泉	2月初午，浅草寺西宮稲荷神輿を渡す。
26		台東区上野	3月5日より，不忍弁天内にて，京真如堂鎮守稲荷明神開帳。
27	安永2年(1773)	台東区千束	3月，真先稲荷明神開帳。
28		中央区築地	4月午の日，築地小田原町波除稲荷，町々出し練物等出す。
29	安永3年(1774)	新宿区市谷	9月朔日より，市谷八幡宮内茶の木稲荷開帳。
30	安永4年(1775)	千代田区九段坂	9月朔日より30日まで飯田町世継稲荷天満宮開帳。
31	安永7年(1778)	目黒区上目黒	烏森稲荷明神，春日明神(別当快長院)開帳。
32	天明4年(1784)	目黒区上目黒	2月初午，烏森稲荷祭出し練物出る。
33		千代田区三崎町	2月，小川町三崎稲荷明神開帳。
34	寛政2年(1790)	台東区東上野	3月11日，下谷稲荷社祭礼，産子町々より出し練物出る。本祭のときは産子の諸侯から長柄槍の警固が出されることは旧例だった。
35	寛政4年(1792)	千代田区？	2月初午の日，芝日比谷稲荷祭礼。産子町々より出し練物を出す。
36	享和3年(1803)	台東区東上野	5月28日より，下谷稲荷開帳。
37		台東区入谷	今年2月中旬より，浅草田圃立花侯御下藩，鎮守太郎稲荷社に江戸並びに近在の老若参詣群集した。
38	文化元年(1804)	文京区湯島	4月15日より，妻恋稲荷明神開帳。

No.	年	場所(現在相当)	内　　　容
39	文化11年(1814)	台東区？	4月朔日より，下谷正方院稲荷明神開帳。
40		新宿区	正月8日より，四谷新宿子安稲荷本地十一面観音開帳。
41	文化年間記事	江東区南砂	砂村王地稲荷社へ疝癪を患う者が祈願して，霊験を得たことにより，参詣が始まった。
42	文政5年(1822)	北区岸町	王子稲荷社再興，翌年春成就。
43	文政6年(1823)	北区岸町	3月28日より4月12日まで，王子稲荷明神開帳。
44	文政年間記事	埼玉県東松山市	川越箭弓稲荷社，下総駒木村諏訪明神社，江戸からの参詣者が多い。
45	天保6年(1835)	墨田区向島	4月朔日より，三囲稲荷開帳。
46	天保7年(1836)	葛飾区東金町	4月朔日より，永代寺にて，葛西半田稲荷明神開帳。
47	天保9年(1838)	新宿区市谷	3月17日頃，市谷茶木稲荷明神開帳。
48	天保11年(1840)	北区岸町	2月28日より，王子稲荷明神開帳。
49		文京区根津	4月より，根津権現山内駒込稲荷明神開帳。
50	天保年間記事	中央区日本橋	天保7，8年のころより日本橋四日市翁稲荷明神霊験あらたかだといって，祈願をする者，天気を問わず群集した。
51	弘化元年(1844)	北区岸町	10月17日より，王子稲荷明神開帳。
52	安政6年(1859)		2月5日，初午快晴，所々稲荷祭花出し等出して賑わった。
53	万延元年(1860)	葛飾区東金町	3月朔日より60日の間，市谷八幡宮境内茶の木稲荷社開帳。
54	元治元年(1864)		8月8日より，毛利大膳大夫殿桜田屋敷を取り壊す命があり，大勢で取り掛かった。9日，上屋敷の鎮守稲荷祠へ取り掛かったころ，にわかに烈風吹起こったので，諸人大いに恐ろしがる。
55			本所伊予橋永井侯中屋敷示教稲荷社の参詣を許される。しだいに繁盛して諸人が所願を掛けた。
56	慶応3年(1867)		2月10日，初午稲荷祭，世間で統一しては行なわれなかった。3月末または4月に執り行なわれた。
57	明治元年(1868)	台東区入谷	浅草田圃(新堀という)，立花侯屋敷鎮守太郎稲荷社は，去年よりにわかに諸人群をなして，春は殊に賑わった。
58		千代田区内幸町？	11月9日の午の日に，山下御門内の薩州侯陣営で稲荷社祭礼があった。相撲興行があり，町人

			の者は参詣見物を許された。下賤の者へ酒を与えもした。
59			9月22日，23日，土州侯御邸鎮守稲荷社の祭礼があった。
60	明治3年(1870)		2月10日，初午，烏森稲荷は例の通り御旅出を行う。日比谷稲荷は産子町々類焼のため，御旅出はなかった。
61		台東区	浅草八軒寺町，本法寺熊谷稲荷が普賢菩薩と改める。
62	明治4年(1871)	北区岸町	3月15日より50日の間，王子稲荷社の臨時祭礼が執行され，参詣者多く出る。
63	明治5年(1872)	千代田区神田	表神保町栄寿稲荷神社，7月15日の縁日にて商人が多く出る。

二月とそれぞれ連動している。ただし、正月が混入しており、年中行事における正月の引力の強さが認められる。

四　稲荷信仰の動向

柳田國男がすでに指摘しているように、関東地方東部の栃木県・茨城県・千葉県、そして埼玉県では、屋敷神の多くがウジガミと呼ばれてきており、その後の調査によって埼玉県では西半分にウジガミ、東半分にイナリの分布がそれぞれみられることがわかってきている。埼玉県下については、図9（二三七頁）を参照いただきたい。

そこで、古くからの呼称および祭神はウジガミであったのが、のちにイナリの信仰が流布してきて、新たに定着、つまりいわゆる上書き保存されたのではないかという可能性が浮上してくる。そこで、近世以降に江戸およびその近郊に稲荷信仰がどのように展開していたのか、という点について、天正十八年（一五九〇）から明治六年（一八七三）までの江戸の市井の出来事をまとめた『武江年表』を参考にしてみる。それから、稲荷信仰に関する記述を追ってみると、十八、十九世紀にかけて稲荷の記述が多いこと、そして江戸の都市部の範囲を超えた地点でも稲荷が祀られてきていたことがわかる。たとえば、はじめは現在の千代田区・文京区・台東区で稲荷の記述が多い一方で、十九世紀には葛飾区や北区の記述が目につくようになる。また、遠く現在の埼玉県の箭弓稲荷神社のことも書かれている。このように文献記録を参考にしてみると、稲荷信仰が江戸時代に江戸の町方で流行したこと、そしてそれが近郊農村にも浸透していったのではないかということが推定される。そして、ウジガミにイナリが上書き保存されることができたのは、ウジガミの「家の守り神」であり、「農耕神」でもあるという二重の性格に、これまたイナリの「商売繁盛、福の神、転じて家内安全の家の神」と「農耕神」という二つの性格が類似していたためではないかと考えられる。

おわりに

ここでの論点をまとめておくと、以下のとおりである。

(1)今回の四地域の事例調査を、関東地方の屋敷神についてのサンプル調査と位置づけるならば、関東地方の屋敷神には、大別してウジガミ系統とイナリ系統の二つがあり、ウジガミ系統が古くイナリ系統が新しい。

(2)イナリ系統は、もともと江戸の町方を中心とする稲荷信仰によるもので、その影響下にあった近郊農村へ流布した可能性が考えられる。

(3)ウジガミ系統もイナリ系統もそれぞれ、呼称・祭神・位置・祭日・供物・神格など、その構成要素は連動していて自律的であり、関連的である。ウジガミ系統は、ウジガミ・後方西北隅・九月・赤飯にけんちん汁・家の守り神、イナリ系統は、イナリ・後方東北隅・二月初午・赤飯に油揚げ・農耕神、という構成を主としている。

(4)古いウジガミ系統に新しいイナリ系統が徐々に浸透し、上書き保存されていったことを示すように、両者の併存と混淆の状態を呈する中間的な事例が存在している。たとえば、古いウジガミの典型的な例は事例4の栃木県真岡市中間木堀、新しいイナリの典型的な例は事例2の東京都東久留米市小山と事例3の埼玉県和光市上新倉上ノ郷であり、両者の併存と混淆の状態を呈している中間的な例は、事例1の埼玉県東松山市上野本である。

⑸古いウジガミに新しいイナリが上書き保存されていくことができた理由の一つには、ウジガミの「家の守り神」であり「農耕神」であるという二重の性格があったためであり、それがイナリの「商売繁盛、福の神、転じて家内安全的性格」と「農耕神」という二つの性格と共通していたためではないかと考えられる。

⑹関東地方の屋敷神については、先祖神としての性格を見出すことはできない。むしろ、「家の守り神」であり「農耕神」であると位置づけるのが自然である。

筆者が調査を行なった四地域の比較からは、以上の六つの内容が指摘できた。しかし、これは関東地方の農村における結果である。筆者は、山村や漁村など生業が稲作中心ではない地域や、関東地方とは異なる屋敷神の類の信仰形態（先行研究から挙げると信州地方のイワイジンなど）をもつ地域で、今回と同様の調査・比較を行なった場合には、その限りではないだろうと考えている。また、今回の調査の構成要素の中で連動のみられなかった「社の形状」に関しても、さらに多くの事例の収集と比較が必要であろう。屋敷神信仰の実態をより明らかにするには、今後さらに広い範囲での調査が必要であると考えている。

註

（1） 直江廣治『屋敷神の研究』（直江　一九六六）が、屋敷神をその伝承実態とはかけ離れたレベルで、先祖をまつるもの、という先入観を前提として論じてから、それがその後も民俗学界では無批判に踏襲されてきた。

（2） 地元の大谷巖氏や前原利雄氏をはじめとして多くの方々の協力によって得られた情報である。

（3）　間木堀区長の篠崎正一氏を中心として中里忠彦氏をはじめ地元の多くの方々の協力によって得られた情報である。

参考文献

鈴木栄太郎　一九三九「屋敷神考」『民族学研究』一―二
柳田國男　一九六九a（初版一九四七）「氏神と氏子」『定本　柳田國男集』第一一巻　筑摩書房
柳田國男　一九六九b（初版一九四八）「山宮考」『定本　柳田國男集』第一一巻　筑摩書房
直江廣治　一九六六『屋敷神の研究』吉川弘文館
佐藤紀子　一九七九「関東地方の稲荷信仰と屋敷神」『日本民俗学』一二〇号
牧野真一　一九八二「民間信仰の地域差―関東の屋敷神について―」『日本民俗学』一四四号
佐々木勝　一九八三『屋敷神の世界―民俗信仰と祖霊―』名著出版
森　隆男　一九九六『住居空間の祭祀と儀礼』岩田書院
『東松山市史　資料編　第五巻　民俗編』一九八三　東松山市
『東久留米市史』一九七九　東京都東久留米市
『東久留米市文化財資料集（四）―講編―』一九七六　東久留米市教育委員会
『和光市史　民俗編』一九八三　和光市
『上新倉の民俗』一九八〇　和光市
『真岡市史　第五巻　民俗編』一九八六　真岡市
柳田國男　一九六二（初版一九三〇、三二）「風位考」『定本　柳田國男集』第二〇巻　筑摩書房
『関東地方の民俗地図〈1〉茨城・栃木・群馬・埼玉』一九九九　東洋書林
『増訂　武江年表1・2』一九六八　平凡社

〔付記〕本章は、拙稿「関東地方の屋敷神について―ウジガミとイナリ―」（『日本民俗学』二九一号、二〇一七年）に掲載された研究ノートをもとにデータの増補を行ない大幅に加筆修正したものである。

疱瘡絵をめぐる民俗伝承

石垣絵美

はじめに

日本の民俗信仰の多様な伝承の一つに、「疱瘡絵」というものが存在する。その多くが紅一色摺り、または多色摺りの版画で、図柄と文言が共に書かれているものも多い。近世から近代初頭にかけて、子どもの疱瘡罹病時に、その無事な治癒を願って用いられたものであった。

疫神や疫病除けというテーマは、民俗学や歴史学、文化人類学などによって長く研究されてきたが、疫病除けの対処は、現代ではほとんど話題にならないテーマである。疱瘡という病気も、明治四十二年（一九〇九）の種痘法施行規則の公布などによる近代的な治療体制が整備されることによって、過去の病気となった。

しかし、日本の生活史の中で疱瘡流行の歴史は長く、とくに江戸時代にはほとんどの子どもが罹病し、生涯に一度はかかる病気とされていた。そして、死に至ることもある恐ろしい病気であり、その対処法や治療法がさまざまに工夫されていた。それらの歴史的事実が、日本各地の民俗信仰の中に多様な伝承となって伝えられ、豊かな世界を作り上げている。

現在では、疱瘡は克服されたが、子どもの成育と病気という問題は、充実した現代医療の中でも、重要な課題である。疱瘡という病気は、現在はなくなっているが、この病気をめぐる習俗には、日本人の病気への対処や観念が埋め込まれている。その一つが「疱瘡絵」であり、本章はその分析結果を提示しておくものである。

一　先行研究と疱瘡習俗

「疱瘡絵」のこれまでの研究には、H・O・ローテルムンドや川部裕幸のものがあり、「疱瘡絵」の図柄と文言に、呪的な要素や祝祭性が見られること、「疱瘡絵」が流布した範囲、また「疱瘡絵」の図柄に影響を与えた三系統の浮世絵について論じられている。また、藤岡摩里子は、江戸の玩具研究の中で、「疱瘡絵」に描かれる江戸玩具について論じ〔藤岡　二〇〇八〕、荻野夏木は、近世以降の錦絵や随筆類に描かれる疱瘡と麻疹の表象の差異について論じている〔荻野　二〇一一〕。しかし、「疱瘡絵」を構成する図柄としてしばしば見られる富士山や源為朝については、それらの先行研究では論じられていない。

H・O・ローテルムンドは『疱瘡神―江戸の病いをめぐる民間信仰の研究―』において、「疱瘡絵」二九点の分析を通して、図柄と文言の構成要素は、⑴疱瘡除けの呪的効力を持つ人物や事物により疱瘡を予防する、⑵祝祭的な呪力により疱瘡を押さえ込む、⑶子どもの遊びや笑い、快復を連想させるもので健康を予祝する、の三つであると指摘している。また、疱瘡に直接挑んで闘うような表現の少なさ、病気治癒の予祝や祝祭的な図柄の多さは、疱瘡に対する人びとの無力感を反映している、と指摘している〔H・O・ローテルムンド　一九九五：一〇九～一一七〕。しかし、

「疱瘡絵」の中の文言の解読と、構成要素の整理は十分でなく、「疱瘡絵」の背景にある庶民の医学的知識や、主要な構成要素の一つである源為朝の出処についての言及はない。また、川部裕幸は「「疱瘡絵」の文献的研究」において、近世の育児書である香月牛山『小児必用養育草』〔香月牛山　一七〇三〕や、近世の滑稽本である山東京伝『腹筋逢夢石』〔山東京伝　一八一〇〕、また福井県大野市の旧家に残る天保元年（一八三〇）から同十五年にかけて記録された「疱瘡見舞諸事留帳」(1)などを主な資料として、「疱瘡絵」は病人の見舞品として購入され、病家に贈られる消費が大多数を占め、護符として使用されていた、と指摘している〔川部　二〇〇〇〕。そして、(1)「疱瘡絵」に書かれる絵師の名前や版元から、ほとんどが十九世紀の江戸の版元から出版されたものであり、大坂でも多少出版されていること、(2)疱瘡罹病患者の対処方法を記録した滝沢馬琴『馬琴日記』(2)や疱瘡見舞い帳から、「疱瘡絵」が東日本のかなり広範囲の中流町人層、下級武士層、有力農民層、農民層に流布していたこと、(3)「疱瘡絵」発生に影響を与えた浮世絵の系統を、図柄によって、①朱鍾馗の系統、②玩具や芝居の浮世絵の系統、③護符の系統、の三つの系統に辿れると指摘している〔川部　二〇〇〇〕。ただし、川部はその分析対象とした「疱瘡絵」の具体的な作品を明記せず、版行年の特定方法が不明瞭であるなどの問題が残っている。

このような先行研究を受けて、筆者はこれまで、従来の医療民俗研究に対し、〈病への理解〉という視点の欠落を指摘し、民俗伝承のなかで形成されてきた呪術や神信仰などの習俗を〈病への理解〉と〈病への対処〉という二つの視点から分析することで、病への対処はその理解に対応して形成されていることを指摘した〔石垣　二〇一五：四一～五二、石垣　二〇一六：一九七～二一八〕。また、渡邊平太夫政通『桑名日記』〔渡邊平太夫政通　一八三九～四八〕や指田摂津正藤詮『指田日記』(3)などの近世の日記資料に記録されている疱瘡罹病患者への対処が、香月牛山『小児必用養育草』〔香月牛山　一七〇三〕、橘南谿『痘瘡水鏡録』〔橘南谿　一七七八〕、池田霧渓『疱瘡食物考』〔池田霧渓　一八四〇〕などの近世の育児書や医学書に記される症状の経過段階ごとの対処と一致することから、当時の人びとが医学書の内容と同程度の疱瘡の症状に関する知識を持ち、段階ごとに行なう疱瘡関係の習俗もこの知識に対応していることを指摘した。具体的には全国各地の疱瘡治病呪術の分析を通して、(1)疱瘡に対する呪術が、疱瘡の症状の経過段階

要素 文字	所蔵機関
起たがる／たるま	東京大学総合図書館
かろくもはやきあし／達磨	国立歴史民俗博物館
豆太鼓／達磨	国立歴史民俗博物館
一日も寝ずに／軽々／野せん豆／たるま	国立歴史民俗博物館
寝もせで／おきあがり／まめに	国立歴史民俗博物館
かるかる／二つ三つ／あがれ／はるのこま	国立歴史民俗博物館
寝た事のない／じつとして居ぬ／かるすぎて／達磨／風車	国立歴史民俗博物館
軽く／湯のふ峠をらくに越へけり／達磨／犬	国立歴史民俗博物館
	国立歴史民俗博物館
かるき／達磨／犬	国立歴史民俗博物館
富士ほどに山をあけ／たるま／為とも／正氣	国立歴史民俗博物館
富士ほどに山をあけ／たるま／為とも／正氣	国立歴史民俗博物館
おきる／かるかる／張上ケる富士／朱だるま／為とも／正氣	国立歴史民俗博物館
富士ほどに山をあげ／だるま／為とも／正氣	国立歴史民俗博物館
かろく／山もあけたる／はりぬきの不二	東京大学総合図書館
かろかろ／ふしの山／上る	東京大学総合図書館
かるかる／鯛／ゑびす／万歳	東京大学総合図書館
かほに三つ四つ／豆太鼓	国立歴史民俗博物館
かろく／にえはご板／羽根／鞠	国立歴史民俗博物館
春の若駒／なりふり太鼓	日本医学文化保存会
二ツ三ツ／犬／梅	日本大学医学部図書館
かるく／かるき／いぬはり子	武田科学振興財団杏雨書屋
疱瘡の山ほど……	国立歴史民俗博物館
獅子舞	東京大学総合図書館
軽く／十二峠も祝ふ／曲鞠	日本大学医学部図書館
山／たかくあぐる	東京都江戸東京博物館
かるかる／山あげる	東京都立中央図書館
軽々／軽し／大角豆／えびす講／紅梅	国立歴史民俗博物館
あとなく／鍾馗大臣	東京大学総合図書館
だるま／いぬ／しばらく	国立歴史民俗博物館
八郎大明神／為朝伝説／老爺	内藤記念くすり博物館
山あがらぬ／南天の実	国立歴史民俗博物館
梅／疫痒の神／悪魔	日本医学文化保存会

表　疱瘡絵一覧

類　型	No.	資　料　仮　題	構　成 図　柄
(1)紅一色摺り	1	兒のやさしきたるま	達磨
	2	はやきあし達磨	達磨
	3	豆太鼓あし乃達磨	達磨／でんでん太鼓
	4	持遊ひもふんだるたるま	達磨／鯛／まさる
	5	竹馬乃友だち……おきあがり小法師	達磨／春駒
	6	はるのこま	達磨／春駒
	7	寝た事のないだるま……風車	達磨／犬張子／風車
	8	もてあそぶ犬や達磨	達磨／犬張子／でんでん太鼓
	9	童子・達磨	達磨
	10	達磨も犬も疱瘡の見舞	達磨／犬張子／鯛／まさる
	11	富士山・為朝・鍾馗・達磨①	達磨／源為朝／鍾馗／富士山
	12	富士山・為朝・鍾馗・達磨②	達磨／源為朝／鍾馗／富士山
	13	富士山・為朝・鍾馗・達磨③	達磨／源為朝／鍾馗／富士山
	14	富士山・為朝・鍾馗・達磨④	達磨／鯛車／源為朝／鍾馗／富士山
	15	富士山・為朝・達磨・金太郎	達磨／犬張子／金太郎／源為朝／富士山
	16	富士山・為朝・鍾馗・達磨・桃太郎	達磨／犬張子／兎／鯛／まさる／桃太郎／源為朝／鍾馗／富士山
	17	鯛車	鯛車
	18	木菟・豆太鼓	木菟／でんでん太鼓
	19	羽子板・羽根・鞠	達磨／羽子板／羽根／鞠
	20	なりふり太鼓……春の若駒	春駒／でんでん太鼓
	21	早咲の梅……色よき犬のあし跡	犬張子／春駒
	22	童子・犬張子	犬張子
	23	犬張子・鯛車	犬張子／鯛車／でんでん太鼓
	24	獅子の勇ミ顔	獅子頭／太鼓
	25	十二峠も祝ふ獅子舞	獅子頭／太鼓
	26	たかくあぐる怪童	金太郎
	27	かるかると斧もてあそぶ疱瘡が子	金太郎
	28	紅梅……喜目舞	達磨／木菟
	29	鍾馗大臣	鍾馗
	30	獅子舞他	達磨／犬張子／鯛／獅子舞／源為朝／鬼
(2)図柄紅文字黒	31	豆州八丈島鎮守正一位八郎大明神正像	源為朝
	32	疱瘡養生艸	達磨／犬張子／兎／でんでん太鼓／鞠／源為朝／鍾馗
	33	素盛雄尊・管相丞・清正	

に対応する形で伝承されていること、⑵辻に注連縄を張って疱瘡の侵入を防ぐ、疱瘡神の棚を辻に送り出すという事例から、病気は外界から悪霊的に侵入し憑依してくるものだとする病気観が見て取れること、⑶疱瘡をめぐる呪術は、疱瘡踊りなどの芸能や、疱瘡団子を作って食べるといった食習に関する要素も含み、また疱瘡神は絵画や石塔、玩具に具象化されることから、疱瘡の表象の多様性を指摘した。

本章では、これらを踏まえながら、「疱瘡絵」の図柄と文言の構成要素の分析を通して、疱瘡に対する人びとの対処のあり方について検討する。表に、博物館や図書館や財団法人が所蔵する、現存する「疱瘡絵」のうち、対象とする「疱瘡絵」四五点の類型、番号、仮題、構成要素、所蔵機関を整理した。ローテルムンドが扱った「疱瘡絵」一六点に新たに二九点を加えて計四五点を分析対象とした。「疱瘡絵」は、次の①、②、③のいずれかの要件を持つものと設定しておくこととした。①紅一色摺りの版画、②「疱瘡」を表す文言が見られる、③「源為朝」を表す図柄および文言が見られる、である。以下の「疱瘡絵」の仮題の前に付す番号は、表の番号に対応する。表のうち、ローテルムンドが扱った資料は、1、10、15～17、19～22、24、25、27、29、33、38、41の計一六点である。

「疱瘡絵」は使用後に川に流したり、焼却したりするのが普通であったため[4]、現存する点数がきわめて少なく、また版行年が不詳の例も多い。

要素 文字	所蔵機関
かろく／豆太鼓／あづき／木菟／兎／豆太鼓	東京都江戸東京博物館
為朝大明神	国立歴史民俗博物館
為朝大明神	国立歴史民俗博物館
せうき	日本医学文化保存会
ためともさま／ほうそう神	日本医学文化保存会
鎮西八郎為朝／疫鬼	不明
為朝／疫鬼神	順天堂大学山崎文庫
為朝大明神／為朝伝説／痘瘡を護る神	日本医学文化保存会
鎮西八郎為朝／疱瘡神	日本医学文化保存会
	国立歴史民俗博物館
源為朝／為朝伝説	国立歴史民俗博物館
痘瘡	東京都立中央図書館

類型	No.	資料仮題	構成
			図柄
(3)多色摺り簡素	34	あづき・うさぎ・みみづく	木菟／兎／でんでん太鼓
	35	木菟・為朝大明神	木菟
	36	達磨・木菟	達磨／木菟
	37	中村芝翫九変化ノ内	鍾馗／青鬼
	38	疱瘡退除の圖	源為朝／疱瘡神（赤／発疹）
(4)多色摺り複雑	39	鎮西八郎為朝・疫鬼	源為朝／疫鬼（老爺）
	40	為朝の武威疫鬼神を退く図	源為朝／疫鬼神（発疹）
	41	八丈島の鎮守正一位為朝大明神来由	源為朝
	42	鎮西八郎為朝・疱瘡神	犬張子／木菟／兎／鯛／まさる／源為朝／童子／老婆／犬／兎／熊
	43	天岩戸・為朝・八岐大蛇退治	達磨／風車／源為朝／疱瘡神７体
	44	為朝他	達磨／犬張子／木菟／源為朝
	45	牛頭天王他	痘瘡

そこで、本章では版行年によって「疱瘡絵」の変遷を辿るのではなく、色彩と構成要素に注目することにした。図柄と文言の構成要素を抽出し、構成要素の数が少ない単純な図柄のものから順に表に整理した。表の「疱瘡絵」には、(1)紅一色摺り（三〇点）、(2)図柄が紅摺りで文言が黒摺り（三点）、(3)二色〜四色程度の簡素な多色摺り（六点）、(4)四色以上用いた複雑な多色摺り（七点）、の四タイプが存在する。(1)タイプは、1「兒のやさしきたるま」のような「疱瘡絵」を指し、(2)タイプは31「豆州八丈島鎮守正一位八郎大明神正像」のような例、(3)タイプは33「素盛雄尊・管相丞・清正」のような例、(4)タイプは39「鎮西八郎為朝・疫鬼」のような例を指す。

二　疱瘡の症状と治療法への理解

疱瘡に対して、江戸時代の医学書では次のように述べられている。まず、元禄十六年（一七〇三）に香月牛山が著した『小児必用養育草』では、疱瘡発症後の症状の経過を、熱蒸、放標、起脹、貫膿、収靨の五段階に分け、それぞれの時期に発症する症状と、対処の方法を示している〔香月牛山　一七〇三〕。寛延三年（一七五〇）に橋本静話が著した『疱瘡禁厭秘伝集』では、疱瘡罹病時の対処、また疱瘡罹病前の予防のための呪術を示し、さらに「疱瘡は胎毒より発する病なり」として、「胎毒を解す」ための呪術を示している〔橋本静話　一八〇三〕。寛政七年（一七九五）に渡充が著した『荳瘡養育』では「疱瘡十五日期日祭之圖」を示し、疱瘡罹病から一五日間の症状の経過段階を図で示している。また「痘ハものにあやかりやすきゆへ、紅絹を屛風などにかけて出ものをして紅活ならしめんがためなり」として、疱瘡には赤い色が効くと述べている〔渡充　一七九五〕。その寛政七年（一七九五）には、緒方春朔がわが国における最初の種痘書『種痘必須辨』を著している〔緒方春朔　一七九三〕。文化十二年（一八一五）には甲斐国市川（山梨県甲府市の南方）の医者、橋本伯寿が『国字断毒論』を著し、「痘瘡を其年の氣運、時候にて流行時疫と心得、又一生に一度にかぎるを奇妙不思儀の病なりと醫書に聖瘡天花瘡などと異名を附、世間の人も痘神の病しむるなど心得しは甚あやまりなり」と述べて、痘神による病いなどという俗説を否定した。また、「毒氣と正氣と戰事甚しく實に火水の如なるをもつて暫時も正氣と和合して人の身中にとゞまらず、外に發するか内に陥か二ツ一ツの勝敗を決するゆゑに、一たび病ば天禀の毒氣おのずから尽て生涯二度病ざるなり」と述べ、疱瘡を一度病むと二度病むことはないことを説明している〔橋本伯寿　一八一〇〕。

明治時代以後の日本における、疱瘡流行と本格化された種痘の実施については、川村純一が整理している。(5)これによると、明治時代に入ると、明治政府によって明治七年（一八七四）に種痘規則の改正、明治八年（一八七五）に天然痘予防規則の制定が行なわれ、強制種痘の徹底が図られた〔川村　一九九九〕。しかし、当時の人びとの種痘への理解が得られず、積極的な接種に至らなかったため、明治時代には合わせて四回の疱瘡の大流行が起こる。

大正期、昭和期にも疱瘡の大流行はあるが、昭和三十年（一九五五）に患者一名を出して、これを最後に国内の患者数はゼロになる。昭和五十一年（一九七六）以降、国内での種痘が廃止され、その後、昭和五十五年（一九八〇）

にＷＨＯが天然痘根絶宣言を出し、疱瘡はこの世から姿を消した。

三　疱瘡絵の画題と添書き

現存する「疱瘡絵」は個人によって収集され、博物館や図書館や財団法人の所蔵となっているものがほとんどである。[6]所蔵が博物館や図書館に限られるのは、「疱瘡絵」は使用後に焼却したり、川に流したりして処分するのが普通であったためである。また、なかには川に流したものを拾ってきて売り物にしたりするせいで、絵の色も薄くなり、どんな構図かさえ見分けにくいようなものも多い。[7]しかし、「疱瘡絵」の特徴は別名「赤絵」とも呼ばれるように赤い色で刷られているという点である。これまでも指摘されているように、それは疱瘡の症状の赤い斑点からの類似連想であろうと考えられる。表に示した「疱瘡絵」四五点は前述のように四つのタイプに分類できるが、描かれている図柄と文言は、①達磨と玩具、②富士山、③赤豆、④源為朝、が主なもので、以下では図柄とこれに記されている文言の検討を行なっていく。

1　達磨と玩具

「疱瘡絵」には、１「兒のやさしきたるま」と、２「はやきあし達磨」のように、赤絵に達磨が描かれる例が多い。[8]江戸時代中期の医者で、貝原益軒に儒学を、鶴原玄益に医学を学び、豊前中津藩に仕えたのち、京都で開業した香月牛山（明暦二～元文五年〈一六五六～一七四〇〉）によって、元禄十六年（一七〇三）秋に刊行された『小児必用養育草』は、日本で最初の育児書といわれるが、全六巻のうち四巻と五巻は、すべて疱瘡について述べている。『小児必

図１　No.３ 豆太鼓あし乃達磨（仮題）

図２　No.23 犬張子・鯛車（仮題）

用養育草』四巻の「疱瘡の病人、居所しつらひやうの説」に「屏風衣桁に、赤き衣類をかけ、そのちごにも、赤き衣類を著せしめ、看病人も、みな赤き衣類を著るべし、疱の色は、赤きを好とする故なるべし」とあり、これにより元禄十六年（一七〇三）の時点で、疱瘡罹病時に身体に発生する発疹の色に類似する赤い色を疱瘡は好むという認識が存在したこと、そしてその赤い色の衣類を着れば重篤にならずに快癒するという認識が存在したということがわかる〔香月牛山　一七〇三〕。

文化十二年（一八一五）から天保十三年（一八四二）の間のものと推定される27「紅梅……喜目舞」には、その赤い達磨が描かれている。1「兒のやさしきたるま」の文言を読むと、「起きたがる兒のやさしきたるまかな」とあり、これには「起きたがる」を「たるま」に掛け、静かに寝ているのをいやがり起きて遊びたがる子どものこと、そして同時に長く寝込むことなくだるまのように早く起き上がり病気が快復することへの祈願が示されている。疱瘡治癒に有効な赤色、倒

れても起き上がるという特徴、そこから達磨が疱瘡治癒祈願に有力な縁起物として「疱瘡絵」に多く用いられていた理由がうかがえる。

次に、3「豆太鼓あし乃達磨」と、4「持遊ひもふんだるたるま」と、5「竹馬乃友だち……おきあがり小法師」のように赤絵と達磨の中に、でんでん太鼓[9]、まさる[10]、春駒[11]、犬張子[12]、風車などの、子どもがよく手にする縁起物の玩具が付加されている例も多い。犬張子やでんでん太鼓などは、出産祝いに組み合わせて贈る玩具としても用いられたことから[13]、小児の成長と健康を祈願するための玩具図が、「疱瘡絵」にも流用されたと理解できる。文言にも、4「持遊ひも　ふんだるたるま一日も　寝ずにささ湯は　おめてたひとと　野せん豆そえてちゃ漬のさらさらと　軽々してとるこふのものかな」、8「もてあそぶ　犬や達磨にも軽く　湯のふ峠を楽に越へけり」、10「張抜の　達磨も犬も疱瘡の　見舞にかるき　手遊びにして」のように、「もてあそぶ」や「手遊び」という言葉が多出しており、疱瘡に罹病した子どもが、疱瘡治癒、疱瘡除けの効力のある玩具を弄ぶことによって、効力が出ると考えられていたようである。そして、それと同時に、じっと寝ているのが嫌で何かと動きたがる子どもに玩具を与えたり玩具の絵を見せたりして機嫌をとろうとした大人たちの気配りもうかがえる。

2　富士山と「山あげ」

「疱瘡絵」の中には富士山を描いたものが多い。11「富士山・為朝・鍾馗・達磨①」や、15「富士山・為朝・達磨・金太郎②」や、16「富士山・為朝・鍾馗・達磨・桃太郎」は、縁起物としての達磨に加えて、源為朝や鍾馗のような疫病除けの武将や神仏、金太郎や桃太郎等の力童、そして富士山が加わったものが描かれている。文言を見てみると、11「疱瘡の　身も冨士ほどに山をあけ　正氣てすく寿　たるま為とも」、12「疱瘡の　身も冨士ほどに山をあ

図3　No.13 富士山・為朝・鐘馗・達磨③（仮題）

図4　No.14 富士山・為朝・鐘馗・達磨④（仮題）

け　正氣ですく寿　たるま為とも」、14「疱瘡の　身も冨士ほどに山をあげ　正氣ですぐ寿　だるま為とも」がほぼ同じ内容で、その他は13「為ともの　弓張上ケる冨士よりも　正氣てかるかる　おきる朱だるま」、15「をさな子かきけむ遊ひの手にかろく　山もあけたる　はりぬきの不二」、16「疱瘡は　三國一のかろかろと　ふしの山をも上る力童」と、11〜16のいずれも「冨士ほどに山をあけ」、「弓張上ケる冨士」、「山もあけたるはりぬきの不二」、「ふしの山をも上る」というように、「山をあける」という言葉が共通して使われている。この富士山や「山をあける」という文言は、近世期の医学書や日記に出てくる疱瘡の症状の経過段階の一つである「山あげ」を意味しているものと考えられる。

　香月牛山は『小児必用養育草』巻四の「痘瘡始終日数の説」において、疱瘡発症後の症状の経過を次の五段階で記している〔香月牛山　一七〇三〕。

　熱蒸とて、三日あり、和俗ほとをりといひ、又は序熱といふなり、

放標とて、三日あり、和俗出そろひといふなり、
起脹とて、三日あり、和俗水うみといふなり、
貫膿とて、三日あり、和俗山あげといふなり、
収靨とて、三日あり、和俗かせといふなり、
かくのごとく、三日づゝにて、十五日を經て後、落痂とて、瘡のふた落て愈るを、順症といひて、藥を服するにも及ばず、又夫よりも輕き症は、首尾十二日にて、かせて愈るもあり、逆なる症は、何かと、變ずる事多くして、二十餘箇日三十日あまりもかゝりて愈もあり、或は死するに至るあり

牛山はここで、「山あげ」を、疱瘡発症から最終段階までの一五日間のうち、一〇日目～一二日目の期間を指す言葉として用いている。そして、疱瘡が軽い症状で済む場合は、「山あげ」の段階が済んだ一二日目で膿疱の表面が乾いて癒えると述べている。また『小児必用養育草』巻四「痘瘡生死を決する日期の説」では、疱瘡罹病患者の生死を決める時期は、発症から六日目か九日目あるいは一一日目か一四日目であるとし、重い疱瘡に罹病した場合には、「山あげ」という「成就」をすることなく死ぬと述べられている（香月牛山　一七〇三）。したがって、「山あげ」は患者の生死を決める重要な段階であると認識されていたことがわかる。以上の点から、「山あげ」を過ぎて順調に快方に向かうこと、すなわち軽い疱瘡で済むことが望まれ、「山あげ」の期間を無事終えることが、疱瘡患者にとって快復に向かう非常にめでたいことと認識されていたのである。こういった「山あげ」を無事に済ませ、快方に向かうことを予祝する心意が、図柄としては富士山によって表現され、文言としては、11、12、14の「正氣てすく寿」や、13「かるかるおきる朱だるま」、15「かろく山もあけたるはりぬきの不二」、16「かろかろとふしの山をも上る」などによって表現されていたのである。つまり、富士山は「山あげ」への祈願の意味をもつ類似連想による図柄であったと

考えられる。

3　疱瘡絵の文言と赤豆

「疱瘡絵」の文言と図柄の構成要素についてみると、第一に、「かるかる」、「さらさら」などという症状を連想させる言葉を用いて、疱瘡が軽く済むことを願うタイプと、第二に、「豆太鼓」や「大角豆」、「あづき」などの赤い豆への連想で、治癒を願うタイプとがある。

第一の、いわば「かるかる・さらさら」タイプは以下のとおりである。

2「ほうさうの　なミのおとよき　ミずかみを　かろくもはやき　あし達磨かな」

4「持遊ひも　ふんだるたるま一日も寝ずにささ湯はおめてたひ　とと野せん豆そえてちや漬のさらさらと軽々してとる　こふのものかな」

6「二ツ三ツ　かるかるあがれよ　はるのこま」

7「かるすぎて　寝た事のないだるまより　じつとして居ぬ　この風車」

13「為ともの　弓張上ケる冨士よりも　正氣てかるかる　おきる朱だるま」

第二の、いわば「赤豆」タイプは、以下のとおりである。

18「はらはらと　かほに三つ四つ　豆太鼓」

21「早咲の　梅のつぼミも二ツ三ツ　雪に色よき犬のあし跡」（これは豆ならぬ犬の足跡だが）

28「紅梅□のるさまの赤□軽々と　一荷十六大角豆哉　名月やとりわけ搔ゆき草の露　引つさける千両軽し　えびす講喜目舞」

34「ほうそうは　かろくしあげて豆太鼓　寝ねけるあづき　うさぎみみづく」

このことに関連して、『小児必用養育草』巻四「痘瘡の形色の善悪の説」には、「痘の形は、尖圓にして、大きに起脹の時にいたつて、大豆を見るやうにして、手にてその上をなづるに、さらさらとして、膿をいつぱいに持たるを、最上吉の痘といふ」とある〔香月牛山　一七〇三〕。つまり、さらさらとした大豆のように膿を多く含んだ丸い痘（膿疱）の形が症状としてはもっとも良いとされており、痘（膿疱）の色に関しては前述したとおり、赤い色が良い色であるとされている。したがって、これらはいずれも症状としては良い状態にある疱瘡の痘の様相を示すことで、それに類似して症状が軽く済むことを願っているものといえる。

その他にも、29「□□疱瘡も　あとなくさめて見し夢の　俤うつる鍾馗大臣」のように、「あとなく」という言葉を用いて、痘痕が残らず綺麗に疱瘡が治癒することを願っているものもある。これらは疱瘡による最悪の場合の死への恐怖などの緊迫感が希薄な例である。また、32の文言には、「年々天一天上の日の水にてゆあみせバ疱瘡をのがるなり（中略）山のあがらぬ時はからしをせんじとと湯をつかはすべし」とあり、ゆあみをして疱瘡罹病を予防する方法や、「山あげ」しない時はからしを煎じた湯を飲むなど、それぞれの症状が出たときに行なうべき対処を具体的に示している。

以上のような「疱瘡絵」の構成要素からみれば、前述した「山あげ」タイプも含めて、近世の医学書や育児書からの影響と、それによる疱瘡の症状に対する人びとの経験による一定の共通の知識や理解があったことがわかる。これらの知識は、「疱瘡絵」だけでなく、疱瘡踊りの歌詞にも見られる[14]。そしてそこには、死への恐怖感や緊迫感よりも、疱瘡への生活感覚的な慣れと症状の変化に寄り添いながら類似連想的な力を信じて自然な治癒へ向けて祈願する、という柔軟な疱瘡対処の姿勢がうかがえる。

図５　No.42 鎮西八郎為朝・疱瘡神（仮題）

4　為朝と疱瘡

「疱瘡絵」の構成要素として目立っているものとして、もう一つ注目されるのが源為朝である。なぜ「疱瘡絵」に源為朝の伝説が描かれるのかを考えてみる。

図柄に源為朝が見られるのが、11～16、30～32、38～44の一六点である。その図柄と文言の構成要素について分類してみると、三つのタイプが存在する。まず、aタイプは、紅一色摺りで、源為朝が鍾馗、達磨、富士山などの他の要素と混合して描かれ、疱瘡の症状の一つである山あげをも意味しているもので、11～16、32がそれに該当する。次の、bタイプは、源為朝と疫鬼がセットで描かれているもので、30、38～40、42、43がそれに該当する。次の、cタイプは、源為朝の図柄と伝説がセットで描かれているもので、31、41、44がそれに該当する。

そこでこのうちのcタイプの源為朝伝説について検討してみる。31の文言には、

抑鎮西八郎為朝朝臣は清和源氏乃嫡流六條廷尉為義公の八男也（中略）御年中為朝八丈島の濱辺に出て絶景を望たまふに一人の老翁筵に乗て波に漂ひ兎角して此渚に就く　為朝熟翁の奇異なるを不審り汝何にしてか浪に浮て爰に来る　そも何ものならんやと問ふ　老翁答へて我ハ痘瘡神の性なりといふ　為朝之を聞いていたく声をいらち（中略）汝はやく此地を去べし若我云所に背き島人を悩さバ敢て赦さじと　老翁勇気に怖れて低頭なし手を拝

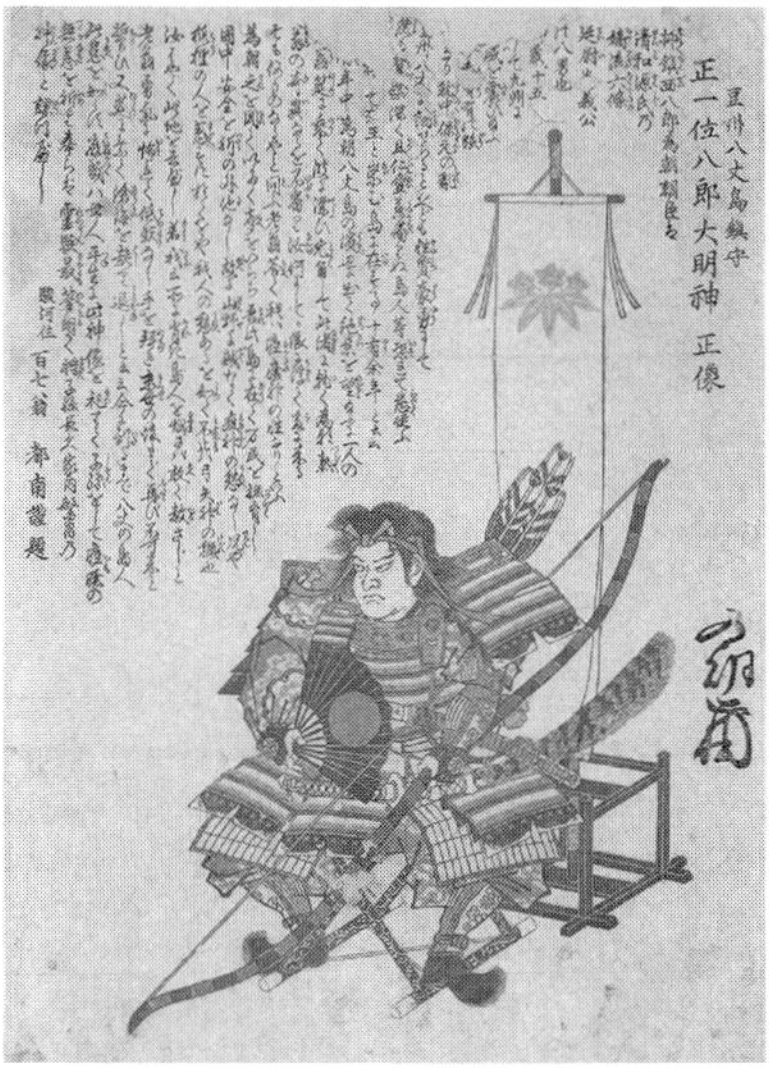

図６　No.31 豆州八丈島鎮守正一位八郎大明神正像（仮題）

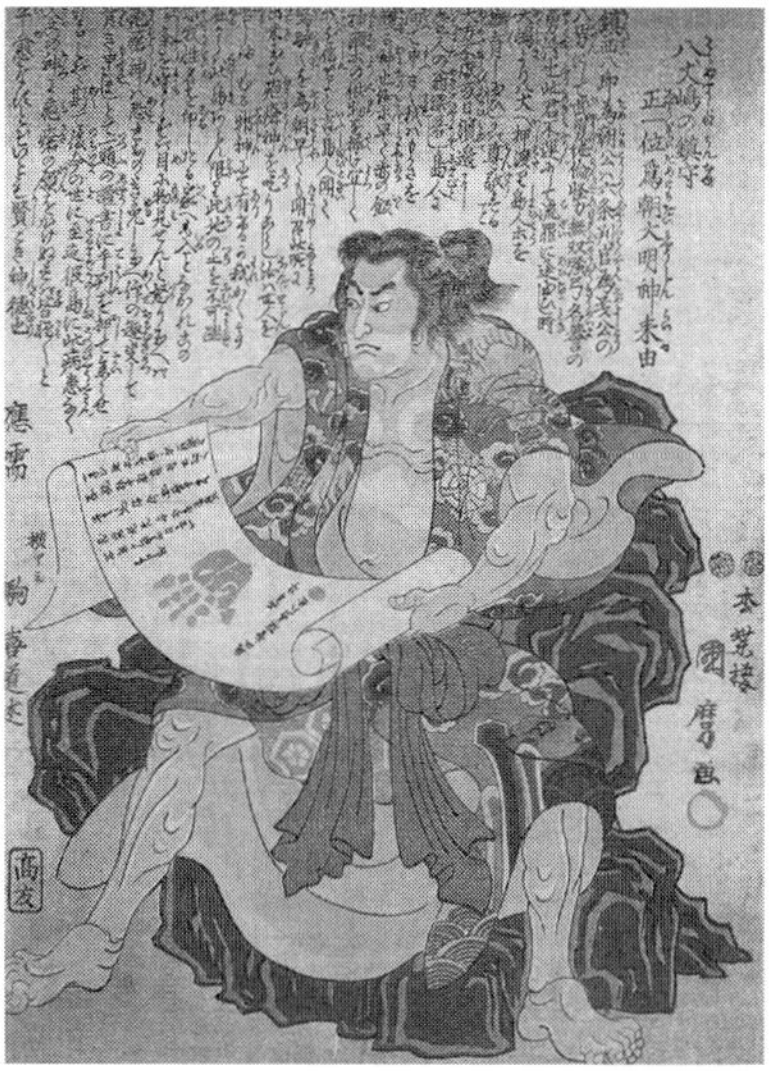
図７　No.41 八丈島の鎮守正一位為朝大明神由来（仮題）

き末世の後まで再び不可来と誓ひ又筵に乗て蒼海を走り退くと（ルビ略）

とあり、41の文言には、

八丈島の鎮守　正一位為朝大明神来由　鎮西八郎為朝公ハ六條判官為義公の八男にして武勇絶倫怪力無双強弓名誉の勇将也（中略）或日濱邊に壹人の翁漂着し島人に向て申さく　我ハもかさを護る神也汝ホ早く赤の飯神酒ホの供物を捧げ宜しく我を信ぜよと言　島人聞きて驚騒くを為朝早くも聞召此所に出来玉ひ疱瘡神を屹りこらし　汝ハ世人を苦しましむる邪神にて有けるが我かくて在からハ此島あらん限り此地の土を不可踏亦我性名を印したる家へも入ことをなかれ　この二ヶ条を守らずバ目に物見せんと怒り玉へバ　疱瘡神ハ恐れおののき免し玉へ仰せの赴決して背き申すまじとて一通の証書に手判を押て参らせけるとぞ　斯て後今の世に至まで彼島に此病患なく又この神に疱瘡の願をかけぬれバ皆軽々と平癒なすとぞいとも賢こき神徳也

（ルビ略）

図8　No.39 鎮西八郎為朝・疫鬼（仮題）

とある。文献上の為朝の初出は『保元物語』であるが、そこには直接疱瘡と為朝とを関連づける記述はないものの、「いかなる悪魔、行疫神も、面をむくべきやうはなし」と、為朝と悪魔や行疫神との関係の文言はみえる。(15)

次に為朝の八丈島における疱瘡神調伏伝説発生の背景を検討するため、各地の為朝伝説を収集してみた。(16)二二事例が確認できたが、為朝と疱瘡との関連が見られる伝説は、東京都八丈島に伝わる一事例のみである。その伝承は、次のような内容である。

おおむかしの話でおじゃる。為朝が女護が島から大島に帰るとき、海上で不思議なものを発見しました。それは一尺四、五寸くらいの小さい、やせこけた老人が、赤い旗を立てたタライに乗って浮かんでいるのです。為朝がそのあやしげな老人にむかって、「われは為朝であるが、なんじは水の怪か、地の怪か、すみやかに返答せよ！」といいながら、左手に強弓をにぎりしめて、ハッタとばかりにらみつけました。返答によっては射ころす考えでした。為朝の威厳に恐れをなしたのか、不思議な老人は、タライの上に平伏すると、「われは、水の怪でも、地の怪でもおじゃらない、痘瘡の神でおじゃる。このごろクニ（内地）で痘瘡をイッパイはやらせ申したが、もうつまらなくなり申したので、新しい天地をもとめて海上にただよっているところでおじゃる。うわさによると、これから南に女護が島とか申すところがおじゃるとのことなので、そこにでも行き、痘瘡をはやらせようと、今思案したところでおじゃる」と答えました。これをきいた為朝は、顔を真赤にして、「このヤクビョウ神め、女護が島にはわしの大事な二人の子供が住んでいる。もしなんじが行って疱瘡をはやらせたら、子供たちの命があぶない。これから先きに一歩でも進むなら、わしの弓矢でなんじをタライごと海底に射沈めてやるぞ……」とどなりつけました。疱瘡の神は、為朝の勢いにちぢみあがり、「とんでもない、命あってのものだねでおじゃる。お身の弓矢にかかれば、われらのごときヤクザ（弱虫）は、ひとたまりもおじゃらぬ。これからは、われらの仲間にもフレ（布令）を出して、女護が島へは絶対に近よらないようにし申すから、命だけは助けてたもうれ」と頭をさげました。為朝はそれをきいて、顔色をやわらげ、「そうなくてはならぬことじゃ。なんじが心をあらためたなら、命だけは助けてつかわす。その小さなタライに乗って、クニまで引きかえすのも大変であろうから、わしの船でクニまでおくりとどけてつかわそう」といって、疱瘡の神を自分の船へ乗りうつらせ、大島につれてかえってから、さらに伊豆の国地へおくりとどけてやりました。そのため、女護が島では、疱瘡の病を知らなかったという話でおじゃる。

この伝説は、前掲の「疱瘡絵」の31と41の文章の内容と一致する。この伝説を収集した浅沼良次によれば、この原話は滝沢馬琴の『椿説弓張月』(17)であるといい〔浅沼　一九六五〕、その『椿説弓張月』の記事は、次のとおりである〔滝沢馬琴　一八〇八～一〇〕。

後編第十九回　為朝《ためとも》の武威《ぶい》疱鬼《もがさのかみ》を退《しりぞ》く

浩處《かかるところ》に澳《おき》のかたより。米俵《よねだはら》の蓋《ふた》に。赤き幣《ぬさ》を建《たて》て。身丈《みのたけ》僅に一尺四五寸もあるらんとおぼしく。いとからびたる翁《おきな》。その上に乗りて。浪のまにまに流れよるにぞ。太郎丸二郎丸は。もろ共に魘《おそはれ》て。聲高やかにむつかり給へば。為朝かの翁を佶《き》とにらまへて。汝は是れ。水の怪歟地の怪歟。とく退出《まかで》よと叱《しか》り給へば。翁大いに怕れて。俵の上に拝伏し。僕《やつがれ》は魑魅魍魎《ちみもうりやう》の属《たぐひ》にあらず。そなはち世にいふ疱鬼《もがさのかみ》是なり。近會《ちかごろ》京攝《けいせつ》の間にあつて。もつはら痘瘡を流行《はやら》したるが。浪速《なには》の浦に送り遣られて。大洋に漂流し。事の叙《ついで》。この島はむかしより。痘瘡を志らずと聞き。且《しばら》く足を休んとおもひつるに。はからずも君が武徳灼然《いやちこ》なれば。はしなく陸《くが》に上る事かなはず。免させ給へ。向後《こののち》わが黨《ともがら》にも令《ふれ》志らして。こヽへは立ちもよらじと賠《わぶ》れば。為朝や、顔色を和げ。さこそあらめ。此島にはわが子どもらもあり。加旃《しかのみならぬ》往古《いにしゑ》より痘瘡を志らぬ島人の。俄頃《にはか》にこれを病ときは。非命の死をなすもの多かるべし。汝等ふたヽびこの島へ来ることなかれ。さらば送りて得させんとて。軈《やが》て船に引きのぼし。遂に大島へ射て歸り。彼處《かしこ》より又伊豆の國府へ送り給ひしとぞ。このゆゑに八丈には、今もて痘瘡なしといへり。是　併《これしかしながら》為朝の武威掲焉《いちじるき》ゆゑなるべし

ここで描かれている疱瘡神は、「米俵《よねだはら》の蓋《ふた》に。赤き幣《ぬさ》を建《たて》て」た翁の姿で、「近會京攝《ちかごろけいせつ》の間にあつて。もつはら痘瘡を流行《はやら》したるが。浪速《なには》の浦に送り遣られて。大洋に漂流し」て、八丈島に流れ着いたというのであり、それは各地で伝承されている疱瘡への罹病時に桟俵に赤幣束を刺して、赤飯を載せて送り出す疱瘡送りの習俗をふまえて描かれているといってよい。「疱瘡絵」にも桟俵に乗って漂流する疱瘡神の姿などが描かれている例として、38〜40、42などがあげられる。つまり、この文化四年（一八〇七）から五年（一八〇八）に刊行された滝沢馬琴の『椿説弓張月』こそが、為朝による疱瘡神調伏伝説の初出であり、もともとその情報発信源であった可能性が高いといえる。『椿説弓張月』の流通とともに、為朝の疱瘡神調伏の民俗信仰が流通していき、格好の「疱瘡絵」の画材となっていったと考えられるのである。

おわりに

以上、これまでの研究と本章で追跡してみたことをもとに疱瘡絵と疱瘡除けの民俗伝承についてまとめておくならば、以下の通りである。

(1)「疱瘡絵」には、紅一色摺り、図柄が紅摺りで文言が黒摺り、二色〜四色程度の簡素な多色摺り、四色以上用いた複雑な多色摺り、の四タイプが存在するが、「疱瘡絵」に描かれている疱瘡の症状と治療法への人びとの理解には、江戸時代の医学書における知識が反映されており、症状の展開と快復までの道筋を示すことで人びとを安心させる効果があったものと考えられる。

(2)疱瘡治病に赤色が有効であるという認識は、元禄十六年(一七〇三)刊行の『小児必用養育草』の時点ですでにみられた。そのように「疱瘡絵」に多く赤絵を用いたり、赤い色の衣類を着るなどする背景には、疱瘡の赤い発疹に通じる類似連想的な考え方が認められる。

(3)「疱瘡絵」の図柄にだるまが多く描かれた背景には、だるまの「起き上がり」の発想と、静かに寝ているのを嫌がり、起きて遊びたがる子どもをなだめ、長く寝込むことなくだるまのように早く起き上がり病気が快復するように、という祈願の意味があったと考えられる。赤絵のだるまの中に、正月の縁起物の玩具類が付加されているのは、療養中の子どもをなだめる工夫であった。

(4)赤絵のだるまの中に、「富士山」の図柄が描かれているのは、疱瘡の症状にあわせて一五日間くらいの展開過程における、三日「ほとをり」・三日「出そろひ」・三日「水うみ」・三日「山あげ」・三日「かせ」のうち、無事に「山あげ」に至ればもう安心、という意味が込められており、富士山はその「山あげ」への祈願の意味を持つ図柄であった。

(5)「疱瘡絵」の中の源為朝という要素は、文化四年(一八〇七)から五年(一八〇八)に刊行された滝沢馬琴の『椿説弓張月』の記事がその発信源であったと考えられる。

(6)「疱瘡絵」の構成要素に注目した本章の分析からは、死への恐怖感や緊迫感よりも、疱瘡への生活感覚的な慣れと、症状の変化に寄り添いながら類似連想的な力を信じて自然な治癒へ向けての祈願する、という人びとの疱瘡対処の姿勢がうかがえる。

註

(1) 天保元～十五年(一八三〇～四四)、「疱瘡見舞諸事留帳」福井県大野市旧家蔵(南川伝憲、一九九一、「疱瘡の伝来と越前大野藩」福井民俗の会、『えちぜんわかさ福井の民俗文化』)。

(2) 文政九～嘉永二年(一八二六～四九)にかけて、滝沢馬琴が著した『馬琴日記』には、天保二年(一八三一)に馬琴と同居しつつあった嫡男宗伯の幼児であるお次と太郎が、疱瘡に罹病し、二人の罹病に際して、患者周辺の人物が、様々な対処をする様子が記されている。その天保二年二月九日の記事に、「張子だる磨」や「あかねもめん」が疱瘡罹病患者である「お次」に贈られ、「疱瘡の守札」、「護符」、「為朝の紅絵」、「八丈島為朝神影」などを買ってきて、「痘神棚」に貼る、などの対処が見られる(滝沢馬琴著、暉峻康隆他校訂、『馬琴日記』第二巻、中央公論社、一九七三年)。

(3)『指田日記』は、武蔵国多摩郡中藤村(現東京都武蔵村山市)の陰陽師、指田摂津正藤詮によって、天保五～明治四年(一八三四～七一)にかけて著された日記である(武蔵村山市立歴史民俗資料館『注解 指田日記　上巻』〈武蔵村山市教育委員会、二〇〇五年〉、武蔵村山市立歴史民俗資料館『注解 指田日記　下巻』〈武蔵村山市教育委員会、二〇〇六年〉)。

(4) 中野操は、『錦絵医学民俗志』(金原出版、一九八〇年)において、「総じて「疱瘡絵」はいたみのひどいものが多い。疱瘡が癒えると、枕屏風などに貼ったまま川に流したりするのを拾ってきて剝がして売り物にするせいで、紅絵の色も失われて薄くなり、どんな構図かさえも見わけにくいのが多い」と述べている。

(5) 川村純一は、『病いの克服―日本痘瘡史―』(思文閣出版、一九九九年)において、厚生省による「全国累年痘瘡患者及び死者数」(厚生省公衆衛生局『検疫制度百年史』ぎょうせい、一九八〇年)所載の、明治九年(一八七六)から昭和五十三年(一九七八)までの疱瘡罹病患者数と死者数を参考に、明治時代以後の疱瘡流行と政府による種痘実施の歴史を整理している。

（6）表にあげた「疱瘡絵」を所蔵しているのは、国立歴史民俗博物館（旧侯爵木戸家資料、内田邦彦旧蔵錦絵コレクション）、東京都江戸東京博物館（武田科学振興財団杏雨書屋）、内藤記念くすり博物館、東京都立中央図書館、日本大学医学部図書館、順天堂大学（山崎文庫）、東京大学総合図書館（鶚軒文庫の土肥慶蔵資料）、東京大学社会情報研究所、日本医学文化保存会である。そのうち国立歴史民俗博物館の資料が二三点と約半数を占める。

（7）前掲註（4）。

（8）達磨は禅宗の始祖である達磨大師の座禅姿をうつしたもので、糸を吐き始めた蚕を入れる「上蔟《あがり》」にちなんで、起き上がり達磨は養蚕の縁起物とされる（木村吉隆『江戸の縁起物――浅草仲見世 助六物語』亜紀書房、二〇一一年）。

（9）でんでん太鼓は、赤ん坊をあやす玩具で、鬱金で染めた麻紐には、麻のように丈夫に育ってほしいとの願いが込められる（前掲註（8）木村著書）。一方で、3の文言には、「豆太鼓」と書かれており、疱瘡の膿疱（豆）に掛けて「豆太鼓」を描いたとも考えられる。

（10）まさるは、福島県各地で年末年始に露天で売られる正月縁起物で、竹弓の弦にウサギの白い毛が付いた素焼きの土鈴が付いているものであるが、「疱瘡絵」においては鯛が付いている。まさる（魔去る）を意味するため、疱瘡除けの効力を期待され用いられたと考えられる。まさるの弦に付いた鯛は、疱瘡治癒に効力のある赤色をしていることに加え、「おめでたい」を意味し、疱瘡治癒を予祝する機能を有する。

（11）春駒は予祝のための門付け芸で、邪鬼を祓うためのものであるが、江戸時代に子どもの玩具となったものである。邪鬼を祓うという点で疱瘡除けに効力を発揮すると考えられたのであろう（前掲註（8）木村著書）。

（12）犬張子は、安産祈願、出産見舞い、お宮参りの贈物として用いられる玩具であるが、病気除けとして親が子どもに与える代表的な玩具でもある。犬（去ぬ）の意味を持ち、病気が去るのである（前掲註（8）木村著書）。

（13）前掲註（8）木村著書。

（14）千葉県松戸市七右衛門新田で二月一日に行われる、「疱瘡日祭り」の唄の歌詞に、「こんにちのもがみさまはみずうみかかりて、山高く軽く駿河の、富士の山」（上野勇・日向野徳久・高橋武子・浅野明・栃原嗣雄・直江廣治・和田正洲『関東の民間療法』明玄書房、一九七六年）という文言があり、「疱瘡絵」の「山あげ」を連想させる富士山と共通する。また、鹿児島日置郡阿多村の踊疱瘡の唄の歌詞に、「お疱瘡は三つで軽いと軽いと。顔にや三つ四つ身にやまた七つ。メデタイメデタイナ」（馬場富子「民謡の禁忌について」日本民俗学会編『日本民俗学』第四巻第二号、実業之日本社、一九五七年）という文言があり、「疱瘡絵」の「かるかる・さらさら」といった文言と共通する。

（15）『保元物語』成立年代不明、最古写本、文保二年（一三一八）「かの為朝は（中略）きりやう（器量）・ことがら（事柄）・つらたましゐ（面魂）、誠いかめしげなるもの也。其たけ七尺にあまりたれは、不通の者には二三尺計指《じゃくばかりさし》あらはれたり。生付《うまれつき》たる弓取にて、弓手《ゆんで》のかいな（腕）めて（馬手）より四寸長かりければ、矢づか（束）をひくこと十五そく、弓は八尺五寸（中略）鎧かろげに着なし、小具足《こぐそく》つまやかにして、弓脇にはさみ、烏帽子ひきたてゆるぎいでたる形勢《ありさま》は、かの刀八《たうはち》毘沙門天の悪魔《あくま》降伏《がうぶく》のために、忿怒のかたちをあらはし給ふもかくやとおぼえてをびた丶し。いかなる悪魔・行疫神も、面をむくべきやうはなし」（柳瀬喜代志校注『将門記、陸奥話記、保元物語、平治物語』〈新編日本古典文学全集四一〉小学館、二〇〇二年）。

（16）青森県から鹿児島県までの日本各地の為朝伝説は二二例が収集できた。紙幅の関係上ここではそれらをすべて掲示できないが、それらの伝説は、鎮西八郎とも呼ばれた為朝が十三歳から十五歳まで居住したとされる九州地方、または為朝が保元の乱に敗れ配流された八丈島に集中して存在する。また為朝伝説の内容は、大きく、ア為朝が何かを退治する伝説（大蛇・龍退治、鬼退治、猿退治、疫鬼退治）、イ為朝の強弓や怪力を強調する伝説、ウ為朝の行為が特定事物や場所の由来となる伝説、の三つのタイプに分けられる。

参考文献

浅沼良次　一九六五　『八丈島の民話』　未来社

池田霧渓　一八四〇　『疱瘡食物考』（国立国会図書館蔵）

石垣絵美　二〇一五　「病気への理解と対処―疱瘡習俗を中心に―」國學院大學伝承文化学会『伝承文化研究』第一三号、四一～五二頁

石垣絵美　二〇一六　「疱瘡習俗の諸相」南開大学外国語学院東アジア古代学研究センター「東アジア文化研究」編集委員会（國學院大學大学院文学研究科）『東アジア文化研究（东亚文化研究）』第一号、一九七～二一八頁

緒方春朔　一七九三　『種痘必須辨』（沖縄県立図書館蔵）

荻野夏木　二〇一一　「伝承と絵画に見る疫病神―近世以降における疱瘡と麻疹の表象―」説話・伝承学会『説話・伝承学』第一九号

香月牛山　一七〇三『小兒必用養育草』（黒川眞道・小瀧淳校訂　一九一一『小兒必用養育草』同文館）
川部裕幸　二〇〇〇「「疱瘡絵」の文献的研究」国際日本文化研究センター『日本研究　国際日本文化研究センター紀要』第二一集　角川書店
川村純一　一九九九『病いの克服—日本痘瘡史—』思文閣出版
山東京伝　一八一〇『腹筋逢夢石』（林美一校訂　一九八四『腹筋逢夢石』河出書房新社）
滝沢馬琴　一八〇八〜一〇『椿説弓張月』（滝沢馬琴　一九八九『滝沢馬琴集　古典叢書』第一巻　誠晃社）
橘　南谿　一七七八『痘瘡水鏡録（痘瘡手引草）』（国立国会図書館蔵）
橋本静話　一八〇三『疱瘡禁厭秘伝集』（雅俗の会　二〇〇五　『中野三敏先生古稀記念資料集　雅俗文叢』汲古書院）
橋本伯壽　一八一〇『国字断毒論』（森嘉兵衛・谷川健一　一九七〇『日本庶民生活史料集成』第七巻　三一書房）
ハートムット・O・ローテルムンド　一九九五『疱瘡神—江戸時代の病いをめぐる民間信仰の研究—』一〇九〜一二七頁　岩波書店（Hartmut.O., Rotermund.1991 Hôsôgami ou la petite vérole aisément）
藤岡摩里子　二〇〇八『浮世絵のなかの江戸玩具——消えたみみずく、だるまが笑う』社会評論社
渡邊平太夫政通　一八三九〜四八『桑名日記』（谷川健一　一九七一『日本庶民生活史料集成』第一五巻　三一書房）
渡　充　一七九五『荳瘡養育』（国立国会図書館蔵）

〔付記〕本章は、拙稿「疱瘡絵の画題と疱瘡除け」（『國學院雑誌』第一一八巻七号、二〇一七年）に掲載された論文をもとに新しい資料を加えて加筆修正したものである。

北海道の葬儀の変化

高橋史弥

はじめに

北海道は広大な土地であり、それぞれの土地に先住していたさまざまな人たちがいた。それが、近世末から近代にかけて日本本土のさまざまな地域からの移住者が大量に加わって、政治、経済、言語、文化あらゆる面で、いわば本土化の過程を歩んで現在に至っている。こうした北海道について、柳田國男は『明治大正史 世相篇』の中で「移住の練習地」であったと述べている[1]。

現在は移住してきた人たちが定住して、その後の世代を重ねてきているところである。本章は、北海道帯広市域、三笠市域における一九六〇年代と九〇年代の葬儀の調査事例を中心に、葬儀の変化の傾向についてみてみることとする。その当時からみれば、平成三十年（二〇一八）の現在では「自然葬」や「散骨」の問題、また「家族葬」や「墓じまい」をめぐる問題など大きな変化がおこってきており、それについてはまたあらためて別稿で論じたいが、その前提としての意味もあり、本章は一九九〇年代を射程としておくものである。

なお、調査は平成二十二年から二十七年に行なったものであり、その際、遺骸の処理の仕方や葬儀の場所はもちろん、湯灌、納棺、死装束作り、葬具作り、料理の提供など、葬儀のプロセスごとに誰が担当するか、という点についても、調査項目を定めて、個別事例を収集した。この調査項目は平成九年度と十年度に国立歴史民俗博物館が行なった全国調査（後に、『死・葬送・墓制資料集成』全四冊〈以下、『資料集成』と表記〉として刊行）を参考にしたものであり、一九六〇年代と九〇年代の葬儀の変化についての全国的傾向と北海道の特徴とを比較することができると考えている。

一　『死・葬送・墓制資料集成』にみる葬儀の変化

葬儀の担い手　葬儀には葬具や死装束を用意することが必要とされ、遺体に直接触れる湯灌や入棺といった作業もある。これらの担当者は、死者との関係からみる三者分類をもとにすると〔新谷　一九九二〕、家族や親族などのA血縁的関係者、隣近所や組や講中などのB地縁的関係者、檀家寺の住職など貨幣が介在するC無縁的関係者、に分類される。『資料集成』によれば、一九六〇年代には死装束作りの担当や葬具作りの担当はAの血縁的関係者ないしはBの地縁的関係者が行なうものだったのが、一九九〇年代にはCの無縁的関係者、すなわち葬儀社から購入するようになる変化がみられる。死者に直接触れるような湯灌や入棺の担当も六〇年代に血縁的関係者が行なうものだったのが、九〇年代にはCの病院・葬儀社のような無縁的関係者が行なうように変化してきており、それは「葬儀の商品化」の進行としてとらえられてきた。

遺体処理の方法　『資料集成』によれば、一九六〇年代には土葬が五八事例中三〇事例もまだ残っていたが、一九九〇年代には六事例に減少し、公営火葬場の利用が圧倒的に多くなったことがわかる。その後、土葬から新しく火葬とした地域では、通夜・葬儀・告別式を経て火葬を行なういわゆる「後火葬」と、通夜の後に火葬して葬儀・告別式が行なわれるいわゆる「前火葬」といった事例がみられる。遺骸処理の変化と葬送儀礼の関係についてみると、『資料集成』の中で遺骨葬へと変わった山形県、三重県、島根県の三つの事例(2)では、出立ちの儀礼、野辺送り、埋葬（埋骨）が維持され、土葬のころと火葬になってからとでスケジュールにはほとんど変化がなく、土葬のころの遺体が火葬の遺骨に置き換わっただけとみることもできる状態である。つまり、前火葬で遺骨になっても、葬儀を行なうまでは霊魂があるとみて、遺骨での野辺送り、埋葬や埋骨が重視されているということが注目される〔関沢　二〇一七〕。

また、土葬から火葬への変化の時期について注目されるのは、青森県や秋田県、岩手県などでは比較的早く昭和三十年（一九五五）ごろに変化がみられたことである。一方、熊本県や鹿児島県などでは高度経済成長期（一九五五〜七三）の若年世代の県外流出によって昭和四十年代に変化したという。

九州地方の火葬化は、香月靖晴の福岡県嘉穂郡筑穂町大字平塚の調査報告によると、昭和三十年の三村の合併とともに墓地管理規定が強化され、墓地の新設拡張が許可されなくなり、そのため共同納骨堂などの建設が増加し、衛生上の点からも公営火葬場の完備が必要になったという(3)。また、井上治代によると、鹿児島県大浦町での共同納骨堂建設の背景には、(1)平地の少ない地形から一九六〇年代には、共同墓地はすでに新たに埋葬できる余地がないくらい密集していたこと、(2)全国的な火葬化の流れの中で、焼骨を安置する納骨堂の建設が九州で流行したこと、(3)産業化とともに若者が流出したことで高齢者のみの世帯が多くなり、山の墓の草取りや墓参が困難になったこと、(4)高齢者のみの世帯の増加で、「子どもが継がなくても誰かが守ってくれる」という安心感を与えてくれるものだったこと、をあげている〔井上　二〇〇三〕。

関沢まゆみによると、熊本県の事例から火葬の普及に伴う墓地の変化には三つのタイプがあるといい、その第一は、家ごとの石塔の下部に大型の納骨施設を備えた大型石塔、第二は、一見すると寺院に見間違えるほどの大型の納骨堂をもち、内部に家ごとの納骨棚を設けた共同利用の大型納骨堂、第三は、それぞれの下部に納骨空間を備えて横に一つながりになった連結式石塔、と分類している。そして、その予算は第一が高額で、第二、第三とやや安価になるといい、第三は戸数の少ない集落で選択される傾向があると指摘している〔関沢 二〇一四・二〇一五〕。

また、比較的遅く、平成十二年（二〇〇〇）前後まで土葬習俗がみられた近畿地方の農村部でも火葬が普及してきた今、サンマイを放置して石塔墓地を造成するか、サンマイを再利用するかという問題や、火葬によって必然的に抽出される遺骨の処理の問題が新たに浮上してきているという〔関沢 二〇一五〕。

葬儀の会場　葬儀の場所は、平成十二年ごろから急激に、自宅から主に葬祭ホールへと変化がおこった。福井県三方郡美浜町菅浜の事例の場合〔金田 二〇一五〕、昭和二十八年に行なわれた葬儀では、家からソウレンバまで葬列が組まれ、ノヤキが行なわれていた。昭和四十年に町営火葬場ができて以降は、家での葬儀の後、霊柩車で町営火葬場へ遺体を移送し、その葬列は役割を玄関の鴨居に書いて張り出すだけに形骸化した。平成二十五年の葬儀では、通夜の前に家から遺体を敦賀市内の葬儀場へと移し、そこで葬儀を行なっていた。葬儀社職員によってほとんどの作業が行なわれ、葬列は組まれずに霊柩車で美浜町営火葬場へと運ばれている。ほかに静岡県裾野市の事例の場合〔松田 二〇一五〕、土葬から火葬へ変化しても、出立ちの儀礼や墓地への野辺送りは土葬のときと同様のものが維持されてきた。それが平成十二年ごろから斎場利用になると、通夜から葬儀までの儀礼はすべて斎場で行なわれるようになり、二十二年の調査事例からは、野辺送りなどが省略されるようになったことが指摘されている。また、秋田県山本郡三種町域にみられるアトミラズと呼ばれる霊魂《たま》送り習俗も、自宅での葬儀のころは行なわれていたものの、ホール葬に変化すると消滅した〔関沢 二〇一五〕。

こうしたホール葬への変化から読み取れるのは、第一に、近隣の相互扶助によって行なわれてきた葬儀に関して、業者委託によるいわゆる葬儀の商品化と簡便化がおこったこと、第二に、葬儀社職員の関与によって、組や講中などの手伝いの大部分が不要になったこと、第三に、儀礼伝承の視点からは、遺骸送りと霊魂送りからなる葬送の儀礼構成が、野辺送りが省略されるなどして霊魂送りの部分が消滅し、遺骸送りが中心になった、ということである〔関沢二〇一七〕。

葬儀の変化とその傾向　以上、全国的な葬儀の変化とその中でも維持されていくしくみのあることについてみてみたが、その結果注目できるのは以下の諸点である。

(1)A（血縁的）、B（地縁的）、C（無縁的）という三者分類を利用すると、葬具や死装束作りをA血縁的関係者もしくはB地縁的関係者が行なっていたのが、葬儀社からの購入へといったC無縁的関係者へと向かってきていることがわかる。そして、湯灌や入棺などの遺体に直接触れる作業の担当までが、C病院や葬儀社が担当するようになり、「葬儀の商品化」が進んでいる。

(2)土葬から公営火葬場の利用へと変化した地域では、葬儀や告別式が終わってから火葬する「後火葬」か、通夜の後に火葬を行なってから葬儀や告別式をする「前火葬」かが選択された。

(3)土葬から火葬への変化で、墓地に変化もおこり、九州の熊本県下などでは、①家ごとの石塔の下部に大型の納骨施設を備えた大型石塔、②寺院のような大型の納骨堂を建ててその内部に家ごとの納骨棚を設けた大型納骨堂、③それぞれの下部に納骨空間を備えて横に一つながりになった連結式石塔、がそれぞれ建立されるようになってきている。近畿地方の農村部では旧来のサンマイなどと呼ばれる埋葬墓地の再利用か放棄かという問題と、火葬が生み出す遺骨の処理の問題も浮上している。

⑷ホール葬への変化で、葬儀社がほとんどの作業を行なうようになった。これに伴い野辺送りなども省略され、葬儀が遺骸と霊魂の両方を送ることで完結するという伝統的な死生観に変化がみられる。

以上、葬儀の全国的な傾向をふまえ、北海道の葬儀の変化との比較を試みる。北海道内で注目したのは、農業が盛んな帯広市域の事例と、かつて炭鉱業で栄えていた三笠市域の事例である〔高橋　二〇一五・二〇一六〕。また、『資料集成』中の、宮良高弘調査の常呂郡訓子府町清住第三班、小田嶋政子調査の苫前郡羽幌町の二つの事例も参照していく。(4)

二　葬儀の担い手の変化

帯広市域では、葬具作りは地縁的関係者、死装束作りは血縁的関係者や地縁的関係者が担当するのが一般的だった（表1参照）。地域社会の人々が葬具作りを担当していたのが、少なくとも昭和三十二年（一九五七）に帯広市愛国で行なわれた葬儀から葬儀社による葬具の提供がみられ、六十一年ごろまでは地縁的関係者による事例と葬儀社から購入する事例が混在していた。死装束は家族や親戚が準備していた。一九六〇年代は五事例中二事例で、葬具を葬儀社から購入していたのに対し、死装束を葬儀社から購入した事例はみられなかった（一事例は担当者不明）。葬儀社からの購入は昭和四十五年ごろからである。湯灌は、表1で示した事例は脱脂綿等に水またはアルコールを含ませたもので身体もしくは口元を拭う作業で、家族や親戚が担当するのが一般的であった。葬儀社が関与する事例が昭和三十三年、同六十年、平成十二年（二〇〇〇）、同十四年に確認されたものの、いずれもほぼ血縁的関係者も共に行なっていた。入棺の作業も家族や親戚が担当し、昭和六十年以降の一六事例中六事例で葬儀社の関与が確認できるが、その

湯灌の担当	入棺の担当	火葬場・墓地への運搬	通夜・葬儀を行う場所	土葬・火葬	納骨(埋骨)場所
親族	親族	霊柩自動車	自宅	公営火葬場	寺の納骨堂
親族	親族	徒歩	自宅	野焼き	寺の納骨堂→つつじが丘霊園(納骨堂の遺骨はそのまま。霊園に移したのは，野焼きしたところの土)
親族	親族	不明	自宅	公営火葬場	寺の納骨堂
親族	親族	馬車	自宅	野焼き	士幌町の墓地
なし	なし	マイクロバス(用意した者は不明)	自宅	公営火葬場	寺の納骨堂
親族	親族	馬橇	自宅	野焼き	集落の墓地→芽室霊園
親族	親族	葬儀社のマイクロバス	自宅	公営火葬場	寺の納骨堂
葬儀社	親族	葬儀社のマイクロバス	自宅	公営火葬場	寺の納骨堂→集落の墓地
親族	親族	馬車	自宅	野焼き	寺の納骨堂
親族	親族	葬儀社のマイクロバス	自宅	公営火葬場	寺の納骨堂
親族	親族	集落のトラック	自宅	公営火葬場	集落の墓地→芽室霊園
親族(札幌)	なし	遠方で死亡。骨仏	自宅	公営火葬場	集落の墓地
親族	親族	霊柩自動車	自宅	公営火葬場	自宅→寺の納骨堂
親族	親族	霊柩自動車	寺	公営火葬場	寺の納骨堂
親族	親族	霊柩自動車	寺	公営火葬場	寺の納骨堂
親族	親族	不明。霊柩自動車か葬儀社のバス	自宅	公営火葬場	集落の墓地
親族	不明	霊柩自動車	寺	公営火葬場	集落の墓地
親族	親族	霊柩自動車	寺	公営火葬場	寺の納骨堂→つつじが丘霊園
親族	親族	霊柩自動車	寺	公営火葬場	寺の納骨堂
親族	不明	葬儀社のマイクロバス	公民館	公営火葬場	集落の墓地
親族	親族	霊柩自動車	寺	公営火葬場	寺の納骨堂
親族・葬儀社	葬儀社	霊柩自動車	寺	公営火葬場	寺の納骨堂→集落の墓地
親族	親族	霊柩自動車	寺	公営火葬場	集落の墓地→芽室霊園
親族	親族	葬儀社のマイクロバス	寺	公営火葬場	寺の納骨堂
親族	親族	霊柩自動車	寺	公営火葬場	寺の納骨堂
親族	親族	霊柩自動車	寺	公営火葬場	寺の納骨堂

表１　帯広市域の葬儀の変化

事例	話者(生年)	死者の生年・死亡年	所在地	家および主な稼ぎ手の生業	棺作りの担当	位牌作りの担当	四花作りの担当	死装束作りの担当
1	T(1935)	1872～1939, 40	帯広市街地	土木建築業	地域社会	地域社会	地域社会	地域社会
2	M(1931)	1940～1946	更別村	畑作農業	地域社会	地域社会	地域社会	親族
3	H(1933)	1868～1948	幕別町	畑作農業	地域社会	地域社会	地域社会	不明
4	N(1941)	1900頃～1940年代	士幌町	畑作農業	地域社会	地域社会	地域社会	地域社会
5	O(1931)	1898～1953	帯広市清川	畑作農業	不明	地域社会	地域社会	不明
6	E(1931)	1896～1956	芽室町	畑作農業	地域社会	地域社会	地域社会	親族
7	K(1920頃)	1891～1957	帯広市愛国	商店経営	葬儀社	葬儀社	葬儀社	葬儀社
8	H(1933)	1905～1958	帯広市愛国	畑作農業	葬儀社	葬儀社	葬儀社	葬儀社
9	Y(1921)	1872頃～1950年代	芽室町	建具職人	地域社会	地域社会	地域社会	親族
10	S(1925頃)	1900～1960	帯広市街地	会社員	葬儀社	葬儀社	葬儀社	親族
11	E(1931)	1875～1964	芽室町	畑作農業	地域社会	地域社会	地域社会	親族
12	W(1925)	1898～1964	帯広市別府	畑作農業	なし	親族	地域社会	不明
13	N(1941)	1903～1966	帯広市街地	不明	不明	葬儀社	葬儀社	地域社会
14	M(1931)	1896～1969	帯広市街地	畑作農業 →会社員	葬儀社	不明	不明	親族
15	H(1933)	1890頃～1970	幕別町	畑作農業	葬儀社	葬儀社	葬儀社	葬儀社
16	W(1925)	1898～1971	帯広市別府	畑作農業	葬儀社	葬儀社	地域社会	葬儀社
17	I(1928)	1924～1975	帯広市別府	畑作農業	葬儀社	葬儀社	葬儀社	葬儀社
18	T(1935)	1902～1976	帯広市街地	土木建築業	地域社会	地域社会	地域社会	地域社会
19	E(1931)	1904～1977	帯広市街地	畑作・牧畜農業	葬儀社	葬儀社	葬儀社	親族
20	I(1928)	1894～1979	芽室町	畑作農業	葬儀社	葬儀社	葬儀社	葬儀社
21	O(1931)	1904―1908 ～ 1983, 84	帯広市川西	畑作農業	地域社会	地域社会	地域社会	地域社会
22	H(1933)	1905～1985	帯広市愛国	畑作農業 →会社経営	葬儀社	葬儀社	葬儀社	葬儀社
23	E(1931)	1897～1986	芽室町	畑作農業	葬儀社	葬儀社	地域社会	葬儀社
24	K(1920頃)	1896～1988	帯広市愛国	商店経営	葬儀社	葬儀社	葬儀社	葬儀社
25	E(1931)	1929～1989	帯広市街地	畑作・牧畜農業	葬儀社	葬儀社	葬儀社	葬儀社
26	S(1925頃)	1905～1991	帯広市街地	会社員	葬儀社	葬儀社	葬儀社	葬儀社

湯灌の担当	入棺の担当	火葬場・墓地への運搬	通夜・葬儀を行う場所	土葬・火葬	納骨(埋骨)場所
親族	親族と葬儀社	霊柩自動車	葬祭場	公営火葬場	寺の納骨堂→つつじが丘霊園
親族	親族	霊柩自動車	葬祭場	公営火葬場	寺の納骨堂
親族	親族と葬儀社	霊柩自動車	葬祭場	公営火葬場	寺の納骨堂
親族・葬儀社	親族	霊柩自動車	寺	公営火葬場	寺の納骨堂
親族・葬儀社	葬儀社	霊柩自動車	葬祭場	公営火葬場	寺の納骨堂→集落の墓地
親族	親族	霊柩自動車	寺	公営火葬場	寺の納骨堂
親族	親族	霊柩自動車	葬祭場	公営火葬場	集落の墓地
親族	親族と葬儀社	霊柩自動車	葬祭場	公営火葬場	いまだ自宅にある
親族	親族	霊柩自動車	葬祭場	公営火葬場	寺の納骨堂
親族	親族と葬儀社	霊柩自動車	葬祭場	公営火葬場	つつじが丘霊園
親族	親族	霊柩自動車	寺	公営火葬場	墓地

うち葬儀社だけで担当したのは二事例に留まっている。遺体に直接触れるような作業は依然として血縁的関係者の担当という考え方が維持されていた。

三笠市域では、葬具作りの担当は一九六〇年代までは主に地縁的関係者だった(表2参照)。炭鉱に勤めていた者が死亡した際の葬具作りは炭鉱関係者が担当することがあり、昭和十一年にはすでに社縁によるつきあいが確認できる。葬儀社等の無縁的関係者はおおよそ昭和四十年から加わっており、この時期に一気に変化している。死装束は、昭和五十二年以降葬儀社から購入するようになるまでは、血縁的関係者が作るほか、地縁的関係者が用意する場合も少なくなかった。湯灌は血縁的関係者によって行なわれており、体全体をアルコールで拭いたり、昭和十五年ごろには盥にお湯を入れ、その中で洗ったりもしていたという。昭和五十二年ごろから葬儀社も加わり、脱脂綿に浸した水で体全体を拭くようになった。こうした作業は平成二年から家族や親戚は関与せず、葬儀社だけで行なうように変化している。平成元年ごろからは湯灌を行なわない事例も僅かにみられる。遺体を棺に移す入棺の作業は、血縁的関係者によって行なわれていたのが、平成元年

事例	話者(生年)	死者の生年・死亡年	所在地	家および主な稼ぎ手の生業	棺作りの担当	位牌作りの担当	四花作りの担当	死装束作りの担当
27	T(1935)	1905頃〜1991	帯広市街地	公務員	葬儀社	葬儀社	葬儀社	葬儀社
28	E(1931)	1897〜1998	帯広市街地	畑作・牧畜農業→公務員	葬儀社	葬儀社	葬儀社	葬儀社
29	M(1931)	1920〜1999	帯広市街地	会社員	葬儀社	葬儀社	葬儀社	葬儀社
30	O(1931)	1937〜2000	帯広市川西	鉄工所経営	葬儀社	葬儀社	葬儀社	葬儀社
31	H(1933)	1933〜2002	帯広市愛国	会社経営	葬儀社	葬儀社	葬儀社	葬儀社
32	K(1920頃)	1919〜2004	帯広市愛国	商店経営	葬儀社	葬儀社	葬儀社	葬儀社
33	A(1918)	1918〜2006	帯広市別府	畑作農業	葬儀社	葬儀社	葬儀社	葬儀社
34	Y(1921)	1947〜2007	帯広市街地	会社員	葬儀社	葬儀社	葬儀社	葬儀社
35	N(1941)	1912〜2010	帯広市街地	会社員	葬儀社	葬儀社	葬儀社	葬儀社
36	T(1935)	1932〜2010	帯広市街地	公務員	葬儀社	葬儀社	葬儀社	葬儀社
37	N(1941)	1910〜2010	士幌町	畑作農業	葬儀社	葬儀社	葬儀社	葬儀社

から多くの事例で納棺士や葬儀社が担当するようになり、変化は大きいといえる。

また、『資料集成』に記述された北海道の事例をみてみると、訓子府町、羽幌町ともに葬具作りは地域社会の担当から葬儀社の提供へと変化している。死装束作りは、家族や親戚が行なっていたが、一九九〇年代には葬儀社から購入するようになっている。湯灌や入棺は、訓子府町こそ九〇年代に葬儀社が関わるものの、家族や親戚の担当として維持されている。

北海道では葬具作りの担当は、全国的な一九九〇年代ごろの変化よりも早く昭和四十年ごろに地縁的関係者から葬儀社へ変化したことが指摘できる。また死装束も昭和四十五年ごろに葬儀社からの購入へと変化したが、葬具購入への変化よりも僅かに長く血縁的関係者が作るものとして維持されていたことがわかる。葬具類の葬儀社からの購入への変化が進む中で、湯灌や入棺のように死者と直接触れる作業は、血縁的関係者が行なうものとして維持される傾向があった。早くに葬具類の商品化がおこりながらも、遺体に対する処置は家族や親戚が自ら行なう意識が維持されていたということが指摘できる。

死装束作りの担当	湯灌の担当	入棺の担当	火葬場・墓地への運搬	通夜・葬儀を行う場所	土葬・火葬	納骨(埋骨)場所
地域社会	親族	親族	馬車	自宅	土葬	墓地
地域社会	不明	親族	徒歩で葬列を組む	自宅	幌内の地区の火葬場	墓地
地域社会	親族	親族	馬車	自宅	野焼き	墓地
親族	親族	親族	徒歩で葬列を組む	自宅	幌内の地区の火葬場	不明
親族	親族	親族	馬車か馬橇	自宅	公営火葬場	墓地
葬儀社	親族	親族	馬橇	区(炭鉱)の集会場	公営火葬場	墓地
親族	親族	親族	馬橇	自宅	公営火葬場	墓地
親族	親族	親族	徒歩で葬列を組む	集会場	幌内の地区の火葬場	寺の納骨堂→屋外の墓
地域社会	親族	親族	徒歩で葬列を組む	会館	公営火葬場	寺の納骨堂
葬儀社	なし	納棺士	霊柩自動車	自宅	公営火葬場	墓地
地域社会	親族	親族	マイクロバス	会館	公営火葬場	寺の納骨堂
葬儀社	親族	親族	馬車	自宅	公営火葬場	墓地
葬儀社	親族・葬儀社	親族・葬儀社	霊柩自動車	寺	公営火葬場	寺の納骨堂
葬儀社	親族・葬儀社	親族・葬儀社	霊柩自動車	寺	公営火葬場	寺の納骨堂
葬儀社	葬儀社	葬儀社	霊柩自動車	葬祭場	公営火葬場	墓地
葬儀社	葬儀社	葬儀社	霊柩自動車	葬祭場	公営火葬場	墓地
葬儀社	親族・葬儀社	親族	霊柩自動車	寺	公営火葬場	墓地
葬儀社	親族・葬儀社	親族	霊柩自動車	寺	公営火葬場	墓地
葬儀社	親族	親族	霊柩自動車	寺	公営火葬場	寺の納骨堂
葬儀社	なし	納棺士	霊柩自動車	寺	公営火葬場	墓地
葬儀社	親族	親族	霊柩自動車	寺	公営火葬場	寺の納骨堂
葬儀社	葬儀社	葬儀社	霊柩自動車	市民センター	公営火葬場	墓地(札幌)
葬儀社	なし	葬儀社	霊柩自動車	市民センター	公営火葬場	寺の納骨堂
葬儀社	葬儀社	親族	霊柩自動車	寺	公営火葬場	寺の納骨堂
葬儀社	なし	葬儀社	霊柩自動車	市民センター	公営火葬場	寺の納骨堂
葬儀社	親族	親族	霊柩自動車	市民センター	公営火葬場	墓地
葬儀社	葬儀社	葬儀社	霊柩自動車	公民館	公営火葬場	墓地

表２　三笠市域の葬儀の変化

事例	話者（生年）	死者の生年・死亡年	所在地	家および主な稼ぎ手の生業	棺作りの担当	位牌作りの担当	四花作りの担当
1	O(1919)	1881〜1928	三笠市岡山	農業	地域社会	地域社会	地域社会
2	A(1925)	1864〜1936	三笠市幌内	炭鉱	地域社会（炭鉱関係）	地域社会（炭鉱関係）	地域社会（炭鉱関係）
3	O(1919)	1861〜1939	三笠市岡山	農業	地域社会	地域社会	地域社会
4	K(1934)	1880頃〜1940頃	三笠市幌内	炭鉱	地域社会（炭鉱関係）	不明	地域社会（炭鉱関係）
5	H(1938)	1857〜1947	三笠市本郷	炭鉱→農業	地域社会	地域社会	地域社会
6	M(1932)	1903〜1951	三笠市幾春別村高台（現幾春別山手地区）	公務	葬儀社	葬儀社	葬儀社
7	H(1938)	1883〜1956	三笠市本郷	農業	地域社会	地域社会	地域社会
8	K(1934)	1895前後〜1965	三笠市幌内	炭鉱	地域社会（炭鉱関係）	寺	地域社会（炭鉱関係）
9	T(1932)	？〜1965	三笠市弥生	炭鉱	葬儀社	寺	不明
10	N(1946)	1891,92〜1972	三笠市岡山	農業	葬儀社	葬儀社	葬儀社
11	T(1932)	？〜1975	三笠市弥生	炭鉱	葬儀社	寺	不明
12	O(1919)	1888〜1977	三笠市岡山	農業	農協	葬儀社	葬儀社
13	A(1925)	1896〜1977	三笠市幌内	炭鉱	葬儀社	葬儀社	葬儀社
14	A(1925)	1900〜1977	三笠市幌内	炭鉱	葬儀社	葬儀社	葬儀社
15	H(1938)	1889〜1980	三笠市本郷	農業	葬儀社	葬儀社	葬儀社
16	H(1938)	1910〜1981	三笠市本郷	農業	葬儀社	葬儀社	葬儀社
17	U(1932)	1905〜1981	三笠市榊	幌内の警察官	葬儀社	葬儀社	葬儀社
18	U(1932)	1898〜1985	三笠市榊	幌内の警察官	葬儀社	葬儀社	葬儀社
19	S(1932)	1900〜1988	三笠市本郷	農業	葬儀社	葬儀社	葬儀社
20	N(1947)	1895〜1989	三笠市岡山	農業	葬儀社	葬儀社	葬儀社
21	S(1932)	1893〜1990	三笠市本郷	農業	葬儀社	葬儀社	葬儀社
22	Y(1946)	1909〜1990	三笠市弥生	炭鉱	葬儀社	葬儀社	葬儀社
23	B(1936)	1912頃〜1990	三笠市幌内	炭鉱	葬儀社	葬儀社	葬儀社
24	A(1925)	？〜1996	三笠市幌内	炭鉱	葬儀社	葬儀社	葬儀社
25	B(1936)	1920〜1999	三笠市幌内	炭鉱	葬儀社	葬儀社	葬儀社
26	M(1931)	1924〜2004	三笠市柏	公務	葬儀社	葬儀社	葬儀社
27	H(1938)	1914〜2004	三笠市本郷	農業	葬儀社	葬儀社	葬儀社

死装束作りの担当	湯灌の担当	入棺の担当	火葬場・墓地への運搬	通夜・葬儀を行う場所	土葬・火葬	納骨(埋骨)場所
葬儀社	なし	納棺士	霊柩自動車	葬祭場	公営火葬場	墓地
葬儀社	葬儀社	葬儀社	霊柩自動車	葬祭場	公営火葬場	墓地
葬儀社	なし	札幌の納棺士(葬儀社とは別)	霊柩自動車	葬祭場	公営火葬場	墓地

三　遺体処理の変化

帯広市では昭和十三年(一九三八)九月にはすでに公営の火葬場が建設されており〔帯広市市史編纂委員会　二〇〇三〕、公営火葬場の利用が早かったが、これ以前は土葬や野焼きも行なわれていた。帯広市別府のA氏(大正七年〈一九一八〉生)は青年団に所属していた際に体験した土葬と野焼きを記憶していた。土葬は穴掘りを担当する者が青年団から二名選ばれた。この担当は、青年団の中で順番に回していた。埋葬地に六尺から七尺くらいの穴を掘り、家族や親戚が運び込んだ棺を穴に下ろし、青年団の二人が土をかける。家族や親戚が土をかぶせることはない。A氏によると、「自分の家族に土をかぶせるなど、悲しいことはできない」ということである。昭和十一年の葬儀で行なわれた野焼きは、青年団の二、三人が担当者になったという。担当者は、火葬の際に龕を固定させるため、柏の木を六尺に切ったものを二本用意しておく。棺を担ぐのは家族や親戚の役割で、青年団の待つ野焼きを行なう場所まで担いでくる。棺を青年団に委ねると、家族や親戚は帰っていき、焼く所は一切見なかった。青年団は、夜に焼き始めて朝に焼き上がるように野焼きをしたという。このように帯広市別府では、土葬や野焼きに血縁的関係者は関与せず、地縁的関係者が担当するものとされていた。

三笠市域の場合は、昭和三年に土葬、十四年に野焼きがみられるが、その詳細な方法は定かではない。大正六年八月には当時の三笠山村が所有する火葬場が稼働していたが〔杉渕　一九

事例	話者（生年）	死者の生年・死亡年	所在地	家および主な稼ぎ手の生業	棺作りの担当	位牌作りの担当	四花作りの担当
28	N(1948)	1914～2008	三笠市岡山	農業	葬儀社	葬儀社	葬儀社
29	O(1919)	1922～2010	三笠市岡山	農業	葬儀社	葬儀社	葬儀社
30	N(1949)	1919～2012	三笠市岡山	農業	葬儀社	葬儀社	葬儀社

七二）、公営火葬場での火葬が主となるのは昭和二十二年以降である。幌内地区では昭和四十年まで地区にある火葬場が利用されていた。この火葬場は地元で採れた石炭を燃料として、焼く担当者は炭鉱労働者だった。こうした社縁ともいえる地縁的関係者によって火葬を行なえる環境が、公営火葬場への移行の波を弱くしていたと考えられる。

訓子府町では一九六〇年代から公営火葬場が利用されている一方、羽幌町では六〇年代に野焼きを行なっていた。地区内の死者の出た家から遠方にある家が担当することとされており、昭和三十七年の葬儀では地区内に住む者と、地区外に転出したが付き合いのあった者の合計八名が担当したという。

これらの事例では、土葬や野焼きや地区の火葬場での遺体の処理は地縁的関係者が担っており、血縁的関係者は関与していなかったことが指摘できる。また、帯広市域、三笠市域、訓子府町のいずれも一九六〇年代ごろには公営火葬場を利用しており、この変化の時期は、全国的な傾向にみる一九九〇年代ごろの変化よりも早いことが指摘できる。

火葬を行なう際、北海道では現在は「後火

表3　火葬普及後の葬儀の流れ

	死亡当日	死亡翌日	3日目
渡島・檜山地方	①枕経 ②仮通夜	①出棺 ②火葬 ③通夜	①葬儀 ②繰り上げ法要・忌中引き
根室市1	①枕経	①通夜	①出棺 ②火葬 ③葬儀・告別式 ④繰り上げ法要・忌中引き
根室市2	①枕経	①出棺 ②火葬 ③通夜	①葬儀・告別式 ②繰り上げ法要・忌中引き

出典）宮良高弘・萩中美枝・小田嶋政子『北海道の家族と人の一生』（北海道新聞社，1998年）をもとに作成。

図1　寺の納骨堂（河西郡芽室町）

図2　寺の納骨堂（河西郡芽室町）

葬」で行なうのが一般的である。ただし、渡島・檜山地方と根室市では「前火葬」で行なわれている。火葬を行なうタイミングは、通夜の後に火葬して葬儀を行なうものと、枕経・仮通夜の後に火葬して、それから通夜を経て葬儀が行なわれるものがある（表3参照）。渡島・檜山地方では通夜の前に火葬することを「クサヤキ」と称しており、これは戦後に始まったという〔宮良・萩中・小田嶋　一九九八〕。

火葬に伴う遺骨は、帯広市域と三笠市域の場合、屋外の墓地に石塔を建てて納骨するほか、寺の中に作られた納骨堂と称される場所に納めるのも一般的である。納骨堂を利用する理由について、高倉新一郎によると、開拓地では遺骨は骨箱に入れて付近の寺にあずけて一周忌や初盆の時に帰郷し、故郷の墓に納めるといった理由からだという〔高倉　一九七四〕。関連して矢島睿は、江戸時代の松前地や開拓の始まったばかりの地域では人々の定着性が乏しく、成功したら故郷へ帰ろうと思っていた者があり、遺骨だけでも故郷の墓や寺に納めたいという気持ちから、葬法は火葬でなければならなかったという〔矢島　一九七九〕。また、雪が多く、屋外であれば雪に埋もれてしまい墓参りが困難である気候的条件も、寺の納骨堂が選択される要因の一つと推測できる。

前述の九州地方の昭和四十年代以降の事例では土葬から火葬への変化に伴って、寺院のような大型の納骨堂施設が建設されていたが、北海道における納骨堂の普及の背景には、移住者が遺骨を母村に持ち帰りたいという意識の存在が注目される。遺骨の仮置きという認識のもとで利用されてきた寺の納骨堂が、現在は屋外の墓地と同様、家の納骨場所として一般化してきており、移住者が北海道へ定着したことが遺骨の仮安置場所だった納骨堂の役割を変化させたものと考えられる。

四　葬儀の会場の変化

葬儀を行なう場所は、帯広市域の場合、昭和四十四年（一九六九）ごろに自宅から寺へと変化する段階を経て、平成三年（一九九一）ごろから葬祭ホールへと変化した。筆者が聞き取り調査をした帯広市街地のE氏（昭和六年生）や帯広市愛国のH氏（昭和八年生）（ともに農業をしていた）によれば、地域の中の農家として働いていた時代は、親戚と地域の人が手伝って、自宅でも葬儀を行なうことができたという。死者の生前の職業が、地域外の会社勤めなどになると、地域社会の人に加えて、職場の関係者など多くの人が通夜や葬儀に参加するようになった。そのため、自宅は会場としても広さが足りなくなり、台所は参加者全員の料理を賄うには狭くなった。こうしたことから、E氏やY氏（大正十年〈一九二一〉生）によれば、檀家が発起人となり、寺に台所付きで葬儀を行なえる施設を備えた「会館」を作ったという。その後、葬儀社の葬祭ホールを利用するようになったのは、E氏、Y氏、H氏によると、家の仕事が会社勤めなどになると、葬儀の手伝いに時間を割くことが難しくなったためだという。職業が変化していったことが会場の変化をもたらしたと指摘できる。

全国的には会場が変化するとともに野辺送りなどの儀礼が省略されることがあったが、帯広市域では自宅で葬儀を行なっている時期からすでに野辺送りは行なわれなくなっていた。遺体を遠くの火葬場や墓地まで運ぶ際に徒歩で行ったのはおおよそ昭和二十一年の葬儀のころまでである。このとき葬列が組まれたかは不明である。昭和三十二年ごろからは霊柩自動車の利用が増加する。自動車を利用しない場合も、一九四〇年代から五〇年代には馬車や馬橇が利用されていた。帯広市清川のO氏（昭和六年生）によると、O家から昭和二十八年に出た死者は、帯広市街地の病院で死亡していたため、市街地から離れた農村部の清川地区へ自動車で遺体を運搬しなくてはならなかった。しかし、死亡した日は雨で道がぬかるんでおり、清川へ遺体を運ぶことができなかったのだという。帯広市街地のE氏やY氏も、昭和四十年代ごろまでは現在の帯広市街地も農村地帯であり、雨が降るとぬかるみができて、歩くのも不便であったという。さらに、雪によって道が埋もれる期間が長く、歩行が困難になるという気象条件も、馬車や馬橇を利用するようになった一因と考えられる。

図３　バスで移動した葬儀（昭和30年代，帯広市街地）

三笠市域では、昭和五十二年ごろに葬儀の場所が自宅から寺へと変化し、平成二年ごろに市民センターや葬祭場を利用するようになっていた。また、三笠市域の場合、昭和四十年まで、徒歩で葬列を組んだり馬車や馬橇で棺を運搬したりする形がみられたのが、四十七年から霊柩自動車へと変化している。三笠市域では幌内、弥生、清住地区の三か所に火葬場が設置されていて、比較的家からすぐにたどりつくことができた。それが昭和四十一年に火葬場が清住の一か所に集約されると、火葬場までの距離が遠くなった住人は、徒歩や馬ではたどりつくことが困難になったという。同年、三笠市はマイクロバス型の霊柩自動車を購入しており〔三笠市史編さん委員会　一九九三〕、こうした行政的な火葬場集約と霊柩自動車の購入が、野辺送りを消滅させていったと考えられる。

渡島・檜山地方では、昭和四十年代以降に公民館や生活館で葬儀が行なわれるようになる。これよりも前は、通夜、葬儀の後に野辺送りを経て土葬もしくは野焼きが行なわれてきたが、会場の変化とともに前火葬のクサヤキが一般化していった〔宮良・萩中・小田嶋　一九九八〕。

図4　葬列を組んだ葬儀（昭和3年，三笠市本郷）

このほか、訓子府町と羽幌町の事例では、一九六〇年代に自宅、九〇年代に寺を利用している。また、六〇年代、訓子府町は馬車、羽幌町はトラックに棺を積んで火葬場まで運んでいる。羽幌町ではトラックで遺体を運搬しながらも、自宅からヤキバまでの道筋の曲がり角にローソクを立てている。死者が迷わずに浄土へ行くためといわれているという(5)。葬列は省略しても、遺体と共に霊魂を送る習俗は伝承されていたことが指摘できる。しかし、九〇年代の葬儀の際に霊柩自動車が使用されると、この習俗も消滅している。

道が悪かったことや冬期に雪が積もることなどから徒歩で葬列を組むことが難しかったこと、火葬場の集約によって生じた距離的な問題が、野辺送り消滅が早かった理由と考えられる。全国的な傾向のように、葬祭場で葬儀を行なうことが野辺送りにも影響を与えていたとは必ずしもいえないが、渡島・檜山地方のように会場の変化が影響を及ぼしている地域もあったことは確かである。

おわりに

ここまで北海道の葬儀の変化とその理由についてみてきたが、これを全国的な葬儀の変化と比較することで位置づけられる特徴は以下の諸点である。

(1)葬具作りは、B地縁的関係者、死装束作りは主に、A血縁的関係者が担当していた。それが、葬具は昭和四十年ごろ、死装束は同四十五年ごろから、葬儀社から購入するかたちに変わった。これは全国的な傾向（それぞれ一九九〇年代ごろの変化）よりも早かったこと、また、北海道の事例においては葬具の購入よりも死装束作りのほうが血縁的関係者の担当として僅かに長く維持されてきていたことが注目される。一方、湯灌や入棺といった死者と直接触れる作業は、比較的長く血縁的関係者の担当として維持される傾向があった。

(2)土葬や野焼きはB地縁的関係者が担当し、A血縁的関係者は関与しない傾向があった。昭和十五年ごろからの公営火葬場の普及によって「後火葬」が一般的となるが、渡島・檜山地方や根室市では「前火葬」もみられた。全国的な傾向では一九六〇年代には土葬が多数を占めていたが、北海道ではこの時期すでに多くで公営火葬場が利用されていたことに注目できる。

(3)遺骨は屋外の石塔墓のほか、寺の納骨堂に納めるのも一般的である。移住が始まったころ、遺骨を母村へ持ち帰る意識から納骨堂の利用が普及したと考えられる。また、積雪期が長く屋外の墓地が利用しづらいこともその利用を維持させている理由と考えられる。

(4)通夜や葬儀の場所は、生業が地域内での農業から地域外での会社勤めなどへと変化し、葬儀への出席者が増加したことから、昭和四十五年ごろから寺、平成二年ごろから葬祭場などを利用するようになっていった。葬儀会場の変化は、渡島・檜山地方では、土葬や野焼き、野辺送りが消滅し、前火葬が一般化するといったこととも関係していた。

(5)北海道では広大な土地で、早くから徒歩による野辺送りは、雨天時や積雪期に困難であることから省略され、馬車や馬橇、霊柩自動車による運搬が普及していた。羽幌町では一九六〇年代はトラックで棺を運搬しながらも、道筋の曲がり角にローソクを立てるなど、霊魂送りの儀礼が一部継承されていたことが注目された。

以上、北海道の事例における葬儀の変化について、全国的な変化の中での位置づけを試みてみた。全国的には一九九〇年代ごろに葬儀社の利用（葬儀の商品化）へと変化したがその動向と比べて、北海道でのそれは昭和四十年ごろとやや早かった。そうした中でも遺体に直接触れる湯灌や入棺はやはり血縁的関係者が行なうべきものとして維持される力が強かった。移住者が定着する過程で寺の納骨堂が早くから一般化したという指摘もできる。公営火葬場の普及以後は「後火葬」が一般化しながらも、「前火葬」が採用される地域があり、その「前火葬」には「クサヤキ」という呼称も生まれており、通夜の前に火葬を済ませてしまうという事例もあることが注目された。ただし、これらはまだ広大な北海道のほんの一部の事例から示すことができたにすぎず、今後さらに事例を集め、より精緻な分析を試みていきたいと思う。

註

（1）柳田國男は北海道移民の実態について、移民は出稼ぎの心持ちで北海道にやってきており、そうした人たちの開拓実績をみて、後続がやってきたと述べている。さらに、大正以後の北海道の人口増加率は東京府に次ぐ二位であったといい、その中には帰郷していった人も多かったと述べている（柳田　一九三一）。

（2）いずれも『資料集成』の情報。山形県は武田正「東日本編」一、三重県は野村史隆「西日本編」一、島根県は喜多村理子「西日本編」一、に所収。

（3）『資料集成』で福岡県を調査した香月靖晴「西日本編」二、による情報。

（4）宮良、小田嶋の事例は『資料集成』「東日本編」一、に所収。

（5）『資料集成』で北海道苫前郡羽幌町を調査した小田嶋政子「東日本編」一、の事例による。

参考文献

井上治代　二〇〇三「人口流出・親子別居地域の墓祭祀の変容―鹿児島県大浦町調査から―」『墓と家族の変容』岩波書店
帯広市市史編纂委員会　二〇〇三『帯広市史』北海道帯広市
金田久璋　二〇〇一五「若狭における葬送墓制の変転―福井県三方郡美浜町の場合―」『国立歴史民俗博物館研究報告』一九一、二五五～二九七頁
国立歴史民俗博物館編　一九九九『死・葬送・墓制資料集成東日本編』一・二
国立歴史民俗博物館編　二〇〇〇『死・葬送・墓制資料集成西日本編』一・二
新谷尚紀　一九九一『両墓制と他界観』吉川弘文館
杉渕徳治　一九七一『三笠市史』三笠市役所
関沢まゆみ　二〇一四「土葬から火葬へ―新たな納骨施設営の上での3つのタイプ：熊本県下の事例より―」『国立歴史民俗博物館研究報告』一八三、二三一～二四四頁
関沢まゆみ　二〇一五「火葬化とその意味―「遺骸葬」と「遺骨葬」：納骨施設の必須化―」『国立歴史民俗博物館研究報告』一九一、九一～一三六頁
関沢まゆみ　二〇一七「葬儀と墓の構造的変化の50年」同編『民俗学が読み解く葬儀と墓の変化』朝倉書店
高倉新一郎　一九七四『日本の民俗北海道』第一法規出版
高橋史弥　二〇一五「北海道帯広市域における葬送習俗の変容―『資料集成』に見る全国的な傾向を踏まえて―」『国立歴史民俗博物

館研究報告』一九一、三七三～四〇六頁
高橋史弥　二〇一六「三笠市における葬送習俗の変容」北海道民族学会『北海道民族学』一二、一五～二四頁
松田香代子　二〇一五「葬送習俗の変容にみる地域性―静岡県裾野市の葬儀の現状―」『国立歴史民俗博物館研究報告』一九一、四二三～四三三頁
三笠市史編さん委員会　一九九三『新　三笠市史　通史編』三笠市
宮良高弘・萩中美枝・小田嶋政子　一九九八『北海道の家族と人の一生』北海道新聞社
矢島　睿　一九七九『北海道の葬送・墓制』明玄書房
柳田國男　一九三一『明治大正史　世相篇』（一九六三『定本　柳田國男集』二四、一二七～四一四頁　筑摩書房）

七夕の人形

柴田千賀子

はじめに

七夕の行事では、笹竹に短冊を飾る事例が多いが、ネブリ流しなど灯籠を作って流す事例、船を作って流す事例も東北地方から北陸地方にみられる。その他に人形を飾る事例、馬を飾る事例もみられる。ここではとくに人形を飾る事例を中心に馬を飾る事例にも注目し、その伝承状況の概要について整理してみる。

一　文献にみえる七夕の人形

七夕の人形が文献にみえる早い例は、天野信景（一六六三〜一七三三）『塩尻』（一七〇〇年代初頭）の「初秋七夕、町々縄を以て家と家との軒にかけ、路を横切りてこれをはり、末に木にて人形をいとおろそかに作りて紙衣をきせいくつとなく彼縄につりおく事、城下皆おなし」という記事である。信州松本地方では、家と家の軒に縄をかけて道路の上に張り渡し、それに木の人形に紙の着物をきせて吊るして飾る習俗があったことが記されている。それに次ぐのは、菅江真澄（一七五四〜一八二九）の「委寧乃中路」（一七八三）と「来目路乃橋」（一七八四）の記事である〔菅江一七八三・一七八四〕。「委寧乃中路」には、信州松本盆地の南端の東筑摩郡洗馬村あたりでみた光景が挿絵とともに記されており、「六日より、軒はに方なる木にて、めおのかたしろを造りて糸にて曳きはへてけり」とある。また、「来目路乃橋」にも、信州新町上水内あたりの七夕の人形が挿絵とともに、「七日、同じ宿にけふも暮れなんとす。女の童、竹のさえだに糸ひきはへて、ささやかなる男女のかたしろをいくらともなうかけならべたるに、秋風、さと吹きなびかいてけり」とある。

二　民俗にみる七夕の人形

1　東日本の事例

長野県松本市域の事例　現在も七夕の人形でよく知られているのは、その『塩尻』や「委寧乃中路」「来目路乃橋」が記していた長野県松本市域のそれである。男女一対の板製や紙製の人形に着物や浴衣を着せて家の軒下に吊るして飾り、着物や浴衣はたなばたさまに貸してあげるなどという。むかしは家庭で作っており、七夕が終わると人形はオナガシといって川に流していた。現在では、人形は人形店が製作販売しており、川には流さずに毎年同じ人形を飾る。

図１　菅江真澄「委寧乃中路」

図２　新潟県糸魚川市根知（2017年７月７日撮影）

図３　群馬県館林市郷谷（館林市教育委員会提供）

松本市では商店街と市立博物館の協力のもとに「まちなか展示」といって商店街などで期間を設けて人形を飾る動きも起こってきている。

新潟県糸魚川市根知の事例　この松本市域以外で、現在七夕の人形で知られるのは新潟県糸魚川市根知とその一帯である。根知では、二五〜三〇《メートル》の縄に布製の人形を吊るし、道を横切ってこれを飾る。七夕飾りの縄一本につき、婿二体、嫁二体、「お供」と呼ばれる人形約六〇体、ヒョーチューと呼ばれる三角形を縦に三つつなげた飾りを大中小で約二〇〇個、輪飾り約一二〇《メートル》を吊るして飾る。六月下旬から集落で七夕飾りを作り、七月七日に七夕人形を道に渡して飾る。むかしは木と木の間に渡していたが、現在は電柱の間に渡している。一カ月間吊るし続けたあと、八月七日の夕方にその七夕飾りを降ろし、松明を持ち行列しながら根知川へ向かい飾りを流す。流すさいに「オタナバタサマイノ　マタライネン　ゴザイノ」と歌う地区もある。

この松本市域の事例も糸魚川市根知の事例も、筆者は平成二十九年（二〇一七）に現地調査をしたが、そのときに注目されたのは、『塩尻』の記述では道を横切って人形を飾るとあるが、現在の松本市では家々の軒下に吊るすかたちとなっていること、そして、道を横切って人形を飾るかたちは新潟県の糸魚川市根知で伝えられていたということであった。七夕の人形の飾り方にも時代ごとに事例ごとに変化があるということが考えられる。

長野県下の七夕の人形　長野県下では松本市域だけでなく人形を飾る例が多く、その素材としては、紙製の人形は長野市桜枝町、大町市館之内、北安曇郡堀之内、松本市下角など、板製の人形は佐久市安原、松本市内田など、また布製の人形を飾る例もある。その分布は概して北信、中信、東信に濃く南信には薄い状況である(1)。

北陸・中部・関東の人形と真菰馬　七夕に人形を飾る事例は、他にも富山県黒部市尾山の「姉さま流し」が知られており(2)、新潟県下では糸魚川市今井、柏崎市、塩沢町などにもみられ、塩沢町の事例では藁人形を藁馬に乗せて飾っている。藁馬といえば、新潟県下には「田の神馬」といって七夕に馬を作って飾る事例が中蒲原郡や山北町など中越・下越の山間部に伝えられている(3)。新潟県下では人形を飾る事例とともに馬を飾る事例も伝承され、両者が併存している。その七夕の馬を麦藁や真菰や茅などで作って飾る事例は、北陸越後から関東地方の群馬県、埼玉県、東京都、千葉県、茨城県へと連なり、広く濃密な分布をみせている。しかし、なぜか長野県下には真菰や麦藁の馬を飾る事例はみられない。

2　西日本の事例

西日本では、東日本でみられたような北陸から中部、関東へという濃密な分布圏はみられず、少しずつ事例が点在するかたちである。ただ、熊本県南部にはかつてはやや濃密な分布圏があり、現在でも芦北町域から八代市域にかけて五カ所の事例が伝えられている。

図４　熊本県芦北町上原（2018年８月６日撮影）

図５　熊本県芦北町下白木（2018年８月７日撮影）

熊本県芦北町白木の七夕の藁人形と藁馬　下白木では各家から集めた藁で長さ一五《メートル》ほどの縄を綯い、集落を流れる川の上にその七夕縄を張る。その縄に藁で作った人形、馬、草鞋、卵、団子、牛の草履などをぶら下げる。[4] この一帯ではかつては三〇カ所以上の地域で行なわれていたというが、[5] 現在でも、この下白木の他に、上原、岩屋川内、祝坂、八代市木々子で、藁綱を張りわたして藁製の人形や牛馬の履物、農具その他を吊るす行事が行なわれている。

二〇一八年八月にこの五つの事例の現地調査を行なった。下白木では、奥野氏の調査の時点では見られたという紙の人形は失われていたが、他の集落と離れて細い道をたどるしかないような高い山地の上に位置する集落、上原では、藁人形ではなく、色紙製の人形が飾られていた。

七夕にキュウリの馬やナスの牛を飾る事例　西日本では、七夕にキュウリの馬やナスの牛を飾る例が、岡山県、広島県、島根県に点在している。岡山県真庭郡美甘村では短冊を付けた笹竹の間に竹を渡して農作物を吊るし、縁側の机上にキュウリの馬、ナスの牛、ミョウガの鶏を飾る。(6) 広島県甲奴郡上下町(7)や島根県美保関町(8)では笹竹にキュウリの馬や牛を吊るす事例がみられる。

3　東西に隔絶した分布

このように七夕の人形の伝承が東西に隔絶した状態で、東日本では北陸・中部に一定の分布圏を形成しながら、西日本では九州にごく少数の事例ながら点在して見出せるのはなぜか。何らかの歴史的な情報がそこに潜在している可能性がある。その問いに迫る一つの方法として、七夕の人形の亜型ともいえる七夕の着物の伝承に注目してみる。

三　民俗にみる七夕の着物

1　七夕の人形に着物を着せる

七夕の人形に着物を着せて飾るという事例が長野県下の中信地方に伝えられている。(9) それは前掲の『塩尻』の記述にもみられたものである。七夕に人形を飾るということと、その人形に新調した着物を着せるということとが併行して伝えられているのである。つまり、七夕に人形を飾ることと、七夕に着物を飾ることとは、つながりがある習俗であると考えられる。そのことを示す事例として注目されるのが、兵庫県姫路市および朝来市周辺の、市川流域に伝え

図６　姫路市大塩（姫路市教育委員会提供）

られる七夕さんとか七夕さんの着物と呼ばれる習俗である。

兵庫県姫路市の七夕の人形　『姫路市史　民俗編』(10)によれば、姫路市の七夕飾りには三種類が確認できるという。(1)Ｂ５判程度の紙製の人形風で男女の結び方の帯を付けるもの（姫路市東南部海岸地域の大塩・的形など）、(2)短冊のやや大きめの七夕紙とほおずきを用いて男女の人形を作りそれぞれキュウリの馬とナスの牛に乗せるもの、(3)七夕紙・千代紙を用いて裃の感じで男女一対を作り紐で吊り下げるもの、である。(1)は笹竹二本を中庭か縁側に立て、枝を切り払った竹竿を横に渡してそれに通す。(2)と(3)は笹竹の枝に吊り下げる。もとは流したり焼却したが、最近は家で作らずに買い求めるようになり、破れるまで繰り返し使うようになっている。松本市立博物館編『七夕と人形』〔松本市立博物館　二〇〇五〕によれば、この他にも播磨灘沿岸から朝来市生野町にかけての市川流域一帯にも、七夕の着物の事例がみられる。

長崎県五島の七夕の紙雛　五島では一対の紙雛を作って下端に吊るす事例がある。色紙で雛の着物を切って付けたりもする。(11)

２　七夕に着物を飾る・着物を貸す

このように七夕にとくに人形を飾るわけではないが、着物を作って飾る、着物を貸すという事例は多い。井原西鶴

『好色五人女』巻二（貞享三年〈一六八六〉）に「折ふしは秋の初めの七日、織女《たなばた》に貸小袖《かしこそで》とていまだ仕立てより一度もめしをせぬを」云々とあるのはよく知られているとおりである。民俗の中にも七夕さまに新調した着物をお貸しするという伝承が日本各地に伝えられている。布ではなく紙で着物を作って飾るという事例も多い。『日本民俗地図Ⅰ』（一九六九）にも、岩手、山形、福島、群馬、埼玉、愛知、奈良、福岡、熊本、大分、鹿児島の事例がみえる。また、自治体史の民俗編や民俗調査報告書の類にも数多く見出すことができる。たとえば、鹿児島県加世田市や川辺町の七夕の着物の伝承も報告されている。(12) 京都でも七夕の紙の着物の伝承があったことが知られている〔石沢　二〇〇四〕。

そうした七夕の着物の伝承の中でもとくに注目されるのは、宮崎県西臼杵郡日之影町に伝えられていた「精霊着物」の伝承である〔松本市立博物館　二〇〇五〕。お盆に訪れる先祖の霊、精霊さまに着てもらうといって七夕に着物を飾る事例である。この時期に来臨する霊的存在に対して、それを着てもらうための着物が用意されるという伝承であり、そこには棚機つ女が来臨する神のために神衣を織るという伝承に通底するものがあるといってよい。

四　七夕の人形と馬の分布／七夕の着物の分布

ところで、七夕の人形の分布と馬の分布は、前述のとおり東西で隔絶しながら対応しあうように伝承されていることから、柳田國男のいう「遠方の一致」という視点が想起される。それに関連して、七夕のねぶた流しについても、かつて小野重朗が東北地方のそれと南九州のねぶた流しの伝承に注目していたことが想起される〔小野　一九五九〕。このような、七夕の民俗伝承の中にみられる、Aねぶた流し・灯籠流し、B真菰馬（麦藁馬）飾り、C人形飾り・人形流し、という三者が併存していることと、その「遠方の一致」という現象については今後もより多くの事例情報を収集して検討をしていく必要があるであろう。

それに対して、D七夕の着物、の伝承の特徴は、その分布が畿内の京都から東北の岩手、南九州の鹿児島まで広く全国的であるということである。そこから想定されるのは、限られた範囲に伝承されているC人形飾り・人形流しの習俗の背景には、広範で基盤的なD七夕の着物の伝承があったという推論である。このCの背景にDがあったという推論を根拠づける一つは、前述の長野県中信地方の、人形に新調した着物を着せるという事例であり、それは『塩尻』にも記されていた伝承であった。人形は着物を着せるためのものでもあったのである。

五　折口信夫のたなばた論から

折口信夫のたなばた論は、中国伝来の牽牛織女の七夕行事と、日本伝来の棚機つ女信仰との関係を、明断に論究解明しているものとしてよく知られている。その中でとくに、七夕の着物については次のように述べている。

「今日残っている棚機祭りに、漢種の乞巧奠は、単なる説明としてしか、面影をとどめていない。事実において、笹につけた人形を流す祓えであり、棚機つ女の、織り上げの布帛の足らないことを悲しんでそれを補足しよう——「たなばたにわが貸すきぬ」などという歌が、これである——という、可憐な固有の民俗さえ、見られるではないか。だから、この日が、水上の祭りであることの疑念も、解けるわけである」〔折口　一九二九〕。

つまり、七夕の着物の民俗の背景には、裁縫の上達を願う乞巧奠ではなく、水辺の建物「たな」に籠って機織りをしながら神の来臨を待つ棚機つ女の信仰があったというのであり、第一には神の来臨を待つ禊ぎ・吉事祓えの意味があったのが、第二に穢れを送り神に托して持ち去ってもらおうという考えがすでに古い時代から生じていたのだというのである。そして、人形はその祓えのためのものだというのである。

おわりに

現在、七夕に着物を飾るという事例についての解説で、よく言われるのは、(1)着物の虫干しの意味がある、(2)中国伝来で貴族社会に伝承されていた乞巧奠の影響によるもので、織物の上達を祈る意味がある、という二つの解釈である。しかし、その解釈にはやはり無理がある。(1)については、新しい着物を飾るという点で矛盾がある、(2)については、着物を貸すという点で矛盾がある。技芸の上達を願うという未熟な段階での着物では、貸すことはできない。もう一つ、東北から九州までの広い範囲にこの七夕の着物の伝承がかたちを変えながらも根強く伝承されている事実を、単なる京都の貴族社会の乞巧奠の影響とだけ考えるのには無理がある。[13] やはり、この折口信夫の見解を参考にする必要があろう。詳細については今後に検証の結果を提示したいが、本章は、民俗学の伝承分析の視点と方法にもとづき、七夕の人形とその背景について、折口信夫が指摘していたように七夕の着物の習俗があること、それは中国伝来の牽牛織女や乞巧奠の習俗からではなく、日本在来の機織つ女の信仰と伝承につながるものであるということ、その可能性を指摘しておくものである。

註

(1) 『長野県史　民俗編　第一巻（三）東信地方　仕事と行事』（一九八六年）四七二頁、『長野県史　民俗編　第二巻（三）南信地方　仕事と行事』（一九八八年）五〇三頁、『長野県史　民俗編　第三巻（三）中信地方　仕事と行事』（一九八九年）五四九頁、『長野

県史　民俗編　第四巻（二）北信地方　仕事と行事』（一九八五年）五六五頁。

（2）『黒部市史　歴史民俗編』（一九九二年）によれば、尾山の七夕では代々伝えられてきた紙の折り方で、女子が色紙を使って十二単に島田を結った姿の姉様人形を作り、行灯の舟に乗せて流すという。

（3）『新潟県史　資料編22　民俗・文化財一　民俗編Ⅰ』（一九八二年）七一三頁。

（4）『九州の歳時習俗』（明玄書房、一九七五年）二〇二頁。

（5）奥野広隆「七夕の綱張り行事―熊本県南部の特殊な分布―」（『日本民俗学』第一五一号、一九八四年）。

（6）『岡山県史　第十六巻　民俗Ⅱ』（一九八三年）一八四頁。

（7）『上下町史　民俗篇』（一九九一年）四八四頁。

（8）『美保関町誌　上巻』（一九八六年）九五一頁。

（9）『長野県史　民俗編　第三巻（二）中信地方　仕事と行事』（一九八九年）五四九頁。

（10）『姫路市史　第十五巻　上　別編　民俗編』（一九九二年）八二頁。

（11）『九州の歳時習俗』（明玄書房、一九七五年）一四七頁。

（12）下野敏見編『加世田市の民俗』（加世田市教育委員会、一九九四年）一二四頁、同『川辺町の民俗』（川辺町教育委員会、一九九四年）一一五頁。

（13）『新編　日本古典文学全集66　井原西鶴集①』（小学館、一九九六年）の二八〇頁の、頭注二〇の解説には疑問がある。

参考文献

天野貞景　『塩尻』（『日本随筆大成』〈新装版〉第三期第一五巻　一九九五　吉川弘文館）

石沢誠司　二〇〇四　『七夕の紙衣と人形』ナカニシヤ出版

井原西鶴　一六八六　『好色五人女』（『新編　日本古典文学全集66　井原西鶴集①』一九九六　小学館）

尾崎織女　二〇〇五　「兵庫県市川流域に伝わる紙衣」『七夕と人形』　郷土出版社

小野重朗　一九五九　「大隅のネブイハナシ」『日本民俗学会報』第八号

折口信夫　一九二九　「たなばたと盆踊りと」『民俗学』第一巻第一号（『折口信夫全集』第三巻　一九六六　中央公論社）

菅江真澄　一七八三・一七八四「委寧乃中路」（一七八三）・「来目路乃橋」（一七八四）（内田武志・宮本常一編『菅江真澄全集　第一巻』一九七一　未来社）
福田アジオほか編　二〇〇〇『日本民俗大辞典　下』吉川弘文館
文化庁　一九六九『日本民俗地図一』年中行事一
松本市立博物館編　二〇〇五『七夕と人形』郷土出版

あとがき

日本民俗学は民俗伝承学 the study of traditions: *traditionology* である。柳田國男が創唱し折口信夫が深く理解しその普及に協力した日本創生の独創的な歴史科学である。その事実を、次世代を担う若き研究者たちに向けて、理解と継承とそしてさらなる発展を託したいと願って刊行するのが本書である。まだまだ稚拙なレベルではあるが、民俗学、民俗伝承学の視点と方法の独自性を説明できる若い研究者の確かな論文の作業例をここに収めてある。

このような論文の書き方と方法なら自分でもできるというところをみつけたら、若き研究者たち、それは民俗学はもちろんのこと、歴史学や考古学や文化人類学や社会学や宗教学などを志している他分野の若き研究者たちにも、ぜひ民俗伝承学の視点と方法を習得してもらい、そこからさらに磨き上げて、新たな歴史世界を解明していく歴史科学の学際協業が進むことになればありがたいと願っている。

柳田の提唱した民間伝承学をもっともよく理解し協力を惜しまなかった折口が亡くなったのは、昭和二十八年（一九五三）九月三日のこと、享年六十七であった。その折口が医師に懇願した最期の言葉は、「私はまだまだ死ねないのです。國學院も慶應も私のあとを継ぐ者が、まだ十分に育っておりませんので、どうあってももうしばらくは、生きていなければ困ります」（岡野弘彦『折口信夫の晩年』、一九六九）であった。

その折口より干支が一回り上で、同じ亥年の柳田が亡くなったのは、昭和三十七年八月八日、享年八十八であった。孤独な柳田はその晩年、「日本民俗学の頽廃を悲しむ」というタイトルの講演を行ない、「あとどうなるのか、猫も杓子も民俗学というが、そうでもなさそうなのが混じっている。で、私のような欲望のないのが現れて、苦労をしている」（菱田忠義のノート）と嘆いている。自分が開拓した新しい学問の独創的な視点と方法論とが誰にも理解されず継承もされないという当時の状況を深く悲しんでいたのであった。

「柳田の学問への無理解と誤解と否定」「折口の学問への無理解と無視」というのが、一九七〇年代後半から八〇年代の民俗学の世界での圧倒的な状況であった。そして、その流れはいまもある。しかし、そのような現実の波動に迎合することなく、ひたすら柳田の切り開いた日本民俗学の挑戦への共感と、その学問の独自性と可能性への希望を抱いて、日本各地への貧乏旅の民俗調査の現場で思索と試行錯誤とを孤独な中で重ねていった二十歳代後半から三十歳代の自分の若き日々が、すでに七十歳になったいまなつかしく思い出される。

大きな勇気を与えられたのは、井上光貞初代館長の新たな歴史科学の構想をもとに、文献史学・考古学・民俗学の三学協業そして分析科学との協業による新しい広義の歴史科学創生を、その基本理念と将来構想として設立された国立歴史民俗博物館の研究現場への参加によってであった。それは民俗学研究のさらなる深化が可能となる場であったと同時に、では、民俗学とは何か、民族学とどこがちがうのか、文化人類学、社会学、宗教学とどこがちがうのか、文献史学とはどこがちがうのか、そして、同時にそれらの隣接学問とどこが共通しているのか、どのように学術協業が方法論的に可能なのか、このような根本的で逃れることのできない民俗学の存立にとっての問いが、自らにきびしく課されることとなったのであった。そして、その課題への挑戦としての研究論文が、その職場での約二〇年間の成果として不十分ながらいくつかまとめられたのであったが、最大の問題点は、そこでは自分の研究は進められるが、この肝心の民俗学、民俗伝承学の後継者が育成できないという現実であった。

不思議なめぐりあわせから、柳田國男と折口信夫の二人にゆかりの深い國學院大学で、民俗学、民俗伝承学の後継者育成のための教育の場を与えられたのは、平成十八年（二〇一〇）四月からであった。現実は困難の連続であったが、この九年間の小さなしごとの中でつぎつぎと若い研究者の卵が育ってきているという現在へのめぐりあわせには、あらためて感謝しているところである。これからも、絶えることなく若い世代が続いてもらえるように、まだしばらくこの世に生あるかぎりはこの民俗伝承学という学問の世界を応援していきたいと思っている。民俗学の博士の学位を授与できる唯一の大学である國學院大学の教授小川直之氏をはじめとして、民俗学の研究と教育の最前線にあって共同研究や学際協業の現場でお世話になったその他の多くの方々に感謝すると同時に、次世代の研究者育成のためにそれぞれの現場でますます奮闘していただければ、こころざしなかばで逝った柳田や折口の深い学恩に向けての、研究者各位からの報恩ともなるのではないか、と思っている。

民俗学の創生にあたって、

外部には「好意の軽蔑」があり、内には又「謙遜なる無責任」とも名づくべきものがあった。是を一つづつ取払って行くことが、言はばこの学問の成長である（『民間伝承論』、一九三四）。

と門下を激励していた柳田が、その学問創生へと奮闘した末の晩年に発していたのは、

願いのかなえられないのを悲願という。日本では昔から想いが残れば幽霊になって出るという。このあたりに民俗学研究所があった、といわれるようにならぬものでもない（今井冨士雄「柳田國男の民俗学」、一九〇〇）。

という深い嘆きの言葉であった。

これは、民俗学という学問に出会えていま何とか充実感のある人生を送ることができているすべての人たちにとって、決して忘れることのできない柳田の言葉ではなかろうか。「死者への想像力の豊かな社会は文化の豊かな社会である」とよくいわれるが、それは、時間と空間に対する認識と感覚とがよく磨かれている人びとの社会だからである。

これからの若い世代の研究者の皆さんも、柳田や折口の膨大な著作の中から自分の取り組んでいく研究テーマに関する論点を読み取りながら、学び直しさらにそこから批判的に継承発展させていくことこそが、何よりも先人の熱き思いに応えることになるのではなかろうか。

本書の出版を発進させ支えていただいたのは、民俗学、民俗伝承学の推進と発展へというしごとの中で、これまでも長く協力を積み重ねてきている国立歴史民俗博物館教授関沢まゆみ氏である。そして、はじめの出版社への働きかけ、序言執筆、そして収載論文の査読と編集を共に進めていただき厚く感謝している。具体的な本書の出版にあたってたいへんお世話になったのは、吉川弘文館の石津輝真氏と並木隆氏、歴史の森の関昌弘氏である。このお三方にはここに格別な謝意を捧げる次第である。そして、本書の刊行についてのすべての関係者の皆さんに、あらためてありがとうございました、とお礼の言葉をのべておきたい。

二〇一八年九月

新谷尚紀

執筆者紹介（生年／現職）――執筆順

関沢まゆみ（せきざわ　まゆみ）　一九六四年／国立歴史民俗博物館教授
新谷尚紀（しんたに　たかのり）　→別掲
小川直之（おがわ　なおゆき）　一九五三年／國學院大學教授
黒田迪子（くろだ　みちこ）　一九八八年／國學院大學研究開発推進機構ＰＤ研究員
川嶋麗華（かわしま　れいか）　一九八九年／國學院大學大学院文学研究科博士課程後期学生
大山晋吾（おおやま　しんご）　一九九二年／國學院大學大学院文学研究科博士課程後期学生
岸澤美希（きしざわ　みき）　一九九四年／フリーランス編集者・ライター
石垣絵美（いしがき　えみ）　一九九一年／國學院大學大学院文学研究科博士課程後期学生
高橋史弥（たかはし　ふみや）　一九八七年／福井県教育庁生活学習・文化財課学芸員
柴田千賀子（しばた　ちかこ）　一九九二年／國學院大學大学院文学研究科博士課程前期学生

編者略歴

一九四八年　広島県に生まれる

一九七七年　早稲田大学大学院文学研究科史学専攻博士後期課程単位取得

現在　國學院大學文学部教授、国立歴史民俗博物館名誉教授、総合研究大学院大学名誉教授

〔主要著書〕

『柳田民俗学の継承と発展』（吉川弘文館、二〇〇五年）

『民俗学とは何か―柳田・折口・渋沢に学び直す―』（吉川弘文館、二〇一一年）

『葬式は誰がするのか―葬儀の変遷史―』（吉川弘文館、二〇一五年）

民俗伝承学の視点と方法
新しい歴史学への招待

二〇一八年（平成三十）十二月十日　第一刷発行

編　者　新《しん》谷《たに》尚《たか》紀《のり》

発行者　吉川道郎

発行所　株式会社　吉川弘文館
郵便番号一一三―〇〇三三
東京都文京区本郷七丁目二番八号
電話〇三―三八一三―九一五一〈代〉
振替口座〇〇一〇〇―五―二四四
http://www.yoshikawa-k.co.jp/

印刷＝亜細亜印刷株式会社
製本＝株式会社 ブックアート
装幀＝山崎　登

ISBN978-4-642-08203-7

新谷尚紀著

柳田民俗学の継承と発展
その視点と方法
〈僅少〉A5判／一二〇〇〇円

民俗学とは何か
柳田・折口・渋沢に学び直す
A5判／一九〇〇円

葬式は誰がするのか
葬儀の変遷史
A5判／三五〇〇円

両墓制と他界観〈オンデマンド版〉
（日本歴史民俗叢書）
A5判／一二〇〇〇円

新谷尚紀監修／広島県北広島町編集

ユネスコ無形文化遺産 壬生の花田植
歴史・民俗・未来
（DVD一枚付）A5判／三三〇〇円

（価格は税別）
吉川弘文館